한국의 권력구조와 경제정책

새로운 정치, 경제의 틀을 찾아서 | 조윤제 지음

한울
아카데미

이 도서의 국립중앙도서관 출판시도서목록(CIP)은 e-CIP홈페이지(http://www.nl.go.kr/ecip)에서 이용하실 수 있습니다(CIP제어번호 : CIP2009001980).

서문

이 책을 준비하는 과정에서 책의 주제와 범위가 크게 바뀌었음을 먼저 고백해야 할 것 같다. 처음에 책을 준비할 때는 광복 이후 한국의 경제발전 과정을 정리해볼 계획이었다. 필자는 경제학을 전공하고 세계은행(World Bank)과 국제통화기금(IMF)에서 이코노미스트로 10년 가까이 근무하면서 여러 나라의 경제정책을 분석하고 자문을 제공할 기회를 가졌고, 이를 통해 한국의 경제발전 과정에 늘 깊은 관심을 가지고 있었다. 이와 관련된 국내외 학자들의 많은 논문과 저서를 읽었고 적지 않은 연구논문을 해외 학술지에 발표하기도 했다.

그러나 늘 만족스럽지 않은 무언가가 있었다. 외국 학자들의 논문은 분석의 틀과 접근방법에서 배울 점이 많았으나, 그들은 한국의 역사와 제도, 정치 환경에 대한 이해가 부족해 그 관점과 결론에 깊이 수긍할 수 없는 경우가 많았다. 경제발전이 단순히 생산요소 투입의 증가나 배분의 효율성 증대로 설명될 수 있는 것이 아니라, 국가 자원을 효율적으로 동원·배분할 수 있는 제도적 기반과 시의적절한 정책을 채택할 수 있는 정치적·사회적 환경을 포함한 여러 요인의 복합적 결과물이라는 생각 때문이었다. 반면 국내에서 발표되는 논문들은 정치 환경과 제도는 잘 이해하고 있지만, 이를 설득력 있는 분석의 틀로 소화해내지 못한 경우가 많았고, 국제 환경의 변화와 한국 경제정책의 상응 작용에 대해 분석하는 관점이 부족해 보였다.

이 양자의 갭을 메우는 데 힘을 보태는 것이 해외에서 그리고 한국에 돌아와 경제정책을 연구해온 필자가 해야 할 임무라고 생각했다. 한국의 경제정책과 경제발전을 국제 환경의 변화와 국내 정치 흐름의 변화라는 틀 속에서 종합적으로 분석하는 책을 써보고자 하는 희망을 늘 품고 있었다.

1993년 귀국해 한국조세연구원 부원장, 두 번의 부총리 겸 재정경제원 장관 자문관 등을 지내면서 한국의 경제문제에 대해 현장에서 접하고 국내외에 여러 논문을 발표했다. 그러나 이상의 관점에서 한국 경제발전 과정을 종합적으로 정리하는 책을 준비하지는 못했다. 1997년 서강대학교로 옮겨 한국경제론을 강의하면서 자료를 계속 모아왔으나, 외환위기와 함께 시작된 금융구조 조정에 대한 세계은행과 국제통화기금의 자문역을 맡게 되었다. 게다가 곧 이어 중국의 금융개혁에 대한 자문 역할을 담당하게 되어 책의 집필에는 큰 진전을 보지 못했다. 2003년 서강대학교에서 첫 안식년을 맞아 본격적으로 책을 집필하려 했으나 이번에는 또 뜻하지 않게 노무현 대통령의 부름을 받고 2년간 경제보좌관으로 일하게 되었다. 이어 2005년에는 주영국 대사로 발령을 받아 3년간 외교관 생활을 하고 지난해 봄 귀국했다.

영국에 있는 동안에도 한국의 경제발전에 대한 책을 쓰겠다는 희망은 계속 가지고 있었으나, 필자의 게으름과 대사로서의 외교업무 및 각종 행사 참석으로, 특히 주재국의 주요 인사들을 만나 한국의 대외정책을 설명하고 이에 대한 이해를 넓히는 것이 늘 우선적으로 해야 했던 일이라 역시 집필을 하지 못하고 있었다.

그러는 동안에 책의 주제에 대한 필자의 관심도 조금씩 변해갔다. 영국에서 근무하는 동안 그곳의 정치와 사회를 관찰하면서, 그리고 영국의 정치와 역사에 대한 이런저런 책을 읽으면서, 이를 한국이 당면하고 있는 정치·사회문제에 비추어 생각하게 되었고, 필자가 정부에서 일하면서 부딪히고 느꼈던 여러 가지 문제에 대해 정리해보고 싶은 마음이 들었다. 무엇보다 근대 민주주의와 시장경제의 발전을 주도해온 영국의 정치제도와 권력구조, 그리고 자유주의 시장경제를 발전시켜온 영국인들의 철학과 가치관이 발전해온 과정에 많은 관심을 갖게 되었다. 그리고 그곳의 지식인들과 교유(交遊)하며 이를 한국의 역사와 현실에 투영해보면서 많은 생각을 하게 되었다. 이웃 유럽 국가들이 중국과 아시아 국가들의 부상에 위협을 느끼며 스스로 경쟁력을 회복하기 위해 펼쳤던 여러 노력들이 종종 정치적·사회적 갈등으로 좌절되는 것을 보면서, 오늘날 국가 간 경쟁에 국가지배구조가 무엇보다 중요함을 느꼈다.

영국에 있는 동안 주말을 이용해 틈틈이 생각의 단편을 정리해둔 기록과 그동안 늘 관심을 기울여온 우리 경제사회의 문제들을 바탕으로, 지난 여름방학을 맞아 본격적으로 원고를 집필하기 시작했다. 쓰다 보니 오히려 필자가 제대로 공부하지 못한 한국의 권력구조와 정치에 많은 부분을 할애하게 되었다. 정치학이나 법학을 전공하지 않은 필자로서는 이에 대해 쓰면서 많은 한계와 두려움을 느끼기도 했다. 그렇지만

2년간 청와대에서 어떻게 권력이 행사되고 정책이 준비되는지를 지켜본 경험을 바탕으로 한 시민의 관점에서 문제를 제기해보고자 하는 희망으로, 또 이제 막 시작되는 개헌 논의에 참고자료가 될 수 있을 것이라는 기대로, 많은 질책을 받을 것을 감수하면서 이 책의 제1부에서 권력구조에 관해 논했다. 제2부에는 한국 사회에서 돌파구를 찾지 못하고 정치적으로도 늘 큰 쟁점이 되어온 몇 가지 경제정책 분야, 즉 경제정책에서 보수와 진보의 문제, 재벌 문제, 중소기업 문제, 노사관계에 관해 썼다.

집필하는 동안 지식의 한계와 분석 능력 부족을 통감해 이 책에서 다루는 주제들을 중간에 그만두려고 한 적도 여러 번 있었다. 그래도 우리 사회가 당면한 주요 의제에 대해 문제를 제기하고 이에 대한 토론을 활성화하는 데 보탬이 된다면 보람 있는 일이라 생각되어, 집필을 계속해 감히 책으로 내게 된 것이다.

이 책에서 다루는 주제들은 결국 한국 사회의 선진화와 관련된 문제들이며, 이를 통해 이 책이 한국 사회에 던지는 궁극적인 물음은 '한국 국민과 사회는 어떤 가치를 추구하고 있는가' 하는 것이다. 경제와 정치는 불가분의 관계이며, 오늘날 우리 국민은 경제구조와 제도가 정치 변화의 바탕을 제공하고, 정치가 다시 경제정책의 지향점과 우선순위를 결정해가는 대중민주주의의 전형적인 '정치-경제의 상호작용'을 보고 있다. 과거 발전 초기와는 달리 이제 우리가 그대로 따라가기만 하면 되는 모델은 없다. 우리 스스로 길을 찾아 오늘날 우리 사회에서 가장 잘 작동할 수 있는 제도를 모색해야 하는 지점에 서 있다. 어떤 권력구조, 어떤 경제정책, 어떤 대북정책과 외교노선을 택할 것인지는 결국 우리 국가와 사회가 궁극적으로 추구하는 가치가 무엇인지에 달려 있다.

한국의 경제·사회 정책에 일관성이 부족하고 그 방향이 자주 바뀌는 것은, 아마도 우리 사회가 공유하는 가치와 철학의 뿌리가 깊지 못하기 때문일 것이다. 서구에서는 17, 18세기부터 자유주의, 공리주의, 사회주의 등의 사상이 출현하고, 이에 대한 사회적 토론이 깊어지면서 그들의 제도도 이러한 가치를 추구하기 위해 모양을 갖추고 뿌리를 내리기 시작했다. 영국과 미국에서 왜 자유주의적 경제정책이 일관되게 추진되고 있는지, 프랑스와 독일에서 왜 국가의 역할이 강조되고 사회적 평등이 중요시되는 정책이 일관되게 추진되는지는 그들이 수세기에 걸쳐 사회적 변혁을 겪으면서 토론과 설득, 조정을 거쳐 공유하게 된 그 사회의 철학과 가치관을 통해 이해할 수 있다. 이웃 일본만 해도 개화기에 제도의 도입과 정책의 방향을 결정해가면서 적지 않은 사상가들이 출현했고, 사회적 공론에 의한 내재적 가치 형성을 통해 국가발전을 이루어왔다. 국가정책도 그것이 경제정책이든 외교정책이든 국가와 국민이 추구하는 가치에 바탕을 두고 추진되는 것이며, 그러한 가치의 뿌리가 약할 때 일관성을 잃고 혼돈에 빠지게 된다. 영국에서는 재무부든 외무부든 국가기관의 홈페이지에 들어가보면, 먼저 그들이 추구하는 가치가 무엇인지 명시하고, 거기에 맞추어 원칙을 정하고 정책 목표를 제시하고 있는 것이 인상 깊었다. 정책은 원칙에 바탕을 두고 원칙은 가치에 바탕을 두는 것이다.

건국 이후 우리 국민은 너무나 힘들게 살아왔다. 민족 간에 참혹한 전쟁을 치렀으며, 산업화에 매진하고, 정치민주화를 위해 투쟁해왔다. 편한 삶이 아니었고, 가치와 철학을 논하기에는 매일의 생활이 너무도 급박했다. 과거 유럽사회처럼 사상가를 배출할 유한계급이 있었던 것도 아니며, 유한계급의 후원을 받은 사상가와 예술가가 배출될 토양을 가지고 있지도 못했다. 한국전쟁을 겪고 동서 냉전 시대의 최전선에서 늘 안보에 위협을 느끼며 살았던 탓에 사상과 철학에 대한 자유로운 토론도 허용되지 않았다. 우리 국민은 산업화에 성공하고 민주화에도 성공했으나 아직 선진사회를 이루었다고 할 수는 없다. 선진국의 산업 생산능력과 기술수준에 대한 추격이 오늘날 대한민국을 여기까지 끌고 왔지만, 대한민국이 선진사회가 되기 위해서는 이제 소프트 파워(soft power)가 선진화하지 않으면 안 된다. 우리의 경제력은 세계 13위, 군사력은 세계 10위권이라고 한다. 그렇다면 우리의 지식수준, 제도와 법률의 적절성, 사고와 행동의 합리성은 세계 몇 위쯤 될까?

한국을 여기까지 끌고 온 데에는 산업근로자, 기업경영인, 군인, 정부 관료의 역할이 컸다. 그러나 향후 한국의 발전에서는 언론인, 지식인, 정치인의 역할이 더 중요해졌다. 언론과 발표의 자유, 인권의 신장, 정치의 투명화 면에서는 이제 한국도 여느 선진국에 크게 뒤지지 않는 수준에 와 있다고 생각한다. 소득의 증가는 지속적으로 이루어내야 한다. 현재와 같은 성장률을 지속하면 머지않아 선진국의 소득수준에 가까워질 것이다. 한국이 아직도 취약하다고 생각되는 부문은 지식(기술이 아닌)의 수준과 사회적 합리성, 법질서의 준수, 사회적 약자에 대한 복지제도의 구축, 공동체에서 상호 간의 예절과 존중 등이라고 생각한다. 이를 굳이 국가의 힘에 견주어 이야기하면 '소프트 파워'라고 할 수 있다.

우리의 지식인(여기서 말하는 지식인은 주로 인문·사회 계통의 학자)들은 일반적으로 국가정책과 사회적 의제에 대한 참여의 폭이 넓다. 이것은 아마도 조선 시대의 전통이 아직도 흐르고 있기 때문이 아닌가 한다.

외국의 경우도 사회과학자, 특히 정치학자, 행정학자, 경제학자의 사회 참여의 폭은 넓다. 그러나 언론에 글을 기고하고 정부 관련 위원회에 참석하는 학자는 이미 그 분야에서 최고에 이른 소수에 불과하다. 그만큼 한국 학자들과 지식인들의 사회적 책임과 여론의 향배에 대한 책임은 넓다. 그러나 이에 비해 한국의 지식인들이 가지고 있는 지식의 깊이와 넓이는 선진국에 많이 뒤진다는 것을 솔직히 고백할 수밖에 없다. 불철주야 열심히 공부하고 연구에 몰두하고 있는 학자들도 많이 있지만, 평균적으로 우리의 지식인들이 공부하고 연구하는 시간은 그들의 사회적 활동에 비해 절대적으로 뒤진다. 현재 국내 대학에서 일고 있는 개혁의 바람은 이런 면에서 대단히 바람직하다고 생각한다. 특히 교수의 임용과 승진에 대한 개혁이 무엇보다 중요하다고 본다. 지금 대학에서 시작되고 있는 이러한 움직임은 한국이 선진국이 되기 위해 무엇보다 필요한 가장 중요한 개혁이다. 지식인들의 연구가 깊어지고 토론 활동이 좀 더 활발해져, 우리 사회가 당면하고 있는 여러 가지 문제에 대한 더 깊이 있는 토론과 우리 사회가 추구해야 할 가치에 대한 폭넓은 여과가 이루어지기를 기대해본다.

  이 책을 내면서 과거 정부에서 추진된 정책과 일어난 변화에 대해 언급하지 않을 수 없었으며, 그 과정에서 전임 대통령과 정부에서 일했던 분들에 대해 혹시 부당한 평가를 하지는 않았는지 두려움이 앞선다. 만약 그분들께 그런 누를 끼쳤다면 너그러운 이해를 구하고 싶다.

  이 책이 다루는 주제는 우리 사회에서 그동안 많은 논쟁이 있어왔고 지금도 첨예한 논쟁이 계속되고 있는 문제다. 그만큼 이에 대한 우리 국민들의 관점과 견해가 다양하고 주장 간의 간극도 큰 문제다. 그러한 문제에 관해 전문적 지식을 충분히 갖추지 못한 필자가 여러 의견을 개진하게 된 것에 대해 큰 두려움을 느낀다. 강호제현의 많은 비판과 질책이 있으리라 예상된다. 그러나 이를 통해 이 책에서 다루고 있는 주제들에 대해 우리 사회의 관심과 토론이 더욱 활성화되고 여러 좋은 의견이 제시되어 적절한 해법을 찾아갈 수 있다면 이 책을 쓴 필자의 노력이 헛되지 않을 것이라 믿는다.

원래 대사는 주재국에서 임무를 마치고 귀임하면 귀국 보고서를 제출한다. 나름대로 영국에서 근무하면서 보고 느낀 점들을 우리 경제와 사회에 비추어 정리한 이 책을 국민들께서 일종의 귀국 보고서로 받아주셨으면 하는 것이 필자의 바람이다.

끝으로 이 책이 나오기까지 많은 지원과 수고를 해주신 분들께 감사의 뜻을 전하고 싶다. 삼성경제연구소의 정구현 고문께서는 이 책을 집필하는 과정에서 많은 격려를 해주셨고, 임진택 팀장과 함께 이 책의 초고를 읽고 유익한 코멘트를 주셨으며, 이순란 차장은 자료 검색에 많은 도움을 주셨다. 연세대 최흥식 교수, 금융연구원의 박종규 박사, 서강대 국제대학원의 김재천, 김시중 교수는 원고의 전부 혹은 일부를 읽고 대단히 유익한 조언을 주셨다. 그리고 이 책의 출판에 대해 주저하던 필자에게 출판에 대한 용기를 주셨다. 도서출판 한울의 김종수 사장님과 박행웅 고문님은 이 책의 출판을 흔쾌히 결정해주셨고, 최규선 씨는 이 책의 편집과 교정을 맡아 출판 과정의 끝까지 많은 수고를 해주셨다. 이 분들의 도움과 노고가 아니었으면 이 책이 지금과 같은 모양을 갖추기는 어려웠을 것이다. 이분들의 도움과 조언에도 불구하고 더 좋은 책을 내지 못한 것은 전적으로 필자의 책임이다. 영국에서 근무하는 동안 행사가 없는 주말이면 서재에 박혀 있던 재미없는 남편을 묵묵히 참아준 아내에게도 이 책의 출간을 통해 감사의 마음을 전하고 싶다.

이 책의 교정을 보던 지난 4월 말 아버님께서 영면하셨다. 평소 글을 좋아하셨으나 이 책의 출간을 보지 못하고 돌아가신 아버님의 영전에 이 책을 바친다.

2009년 6월

조윤제

차례

서문_3

프롤로그: 새로운 정치, 경제의 틀을 찾아서_15

제1부 권력구조 • 31

제1장 우리는 어떤 정치제도를 추구하는가 • 37
  민주주의와 국가지배구조 / 한국 지배구조의 문제점

제2장 대통령중심제: 지난 20년간의 변화 • 51
  경제구조 변화가 권력구조 변화를 주도 / 가신정치의 종식 / 권력기관의 역할 변화 / 민주화 이후의 정부 / 유럽의 경험과 고민

제3장 어떤 국가지배구조를 갖출 것인가 • 67
  경제구조와 관행이 과거로 돌아갈 수는 없다 / 민주주의와 국가 발전 / 민주주의의 효율적 작동을 위한 장치들 / 한국의 대통령 임기와 장관의 수명 / 권력구조 개편에서 고려해야 할 몇 가지 준거

제4장 권력구조의 개편 • 87
  내각책임제 / 대통령중심제의 유지 / 관료 시스템의 개편 / 정당제도의 개편 / 국가원로회의(가칭)

제2부 경제정책 • 125

제5장 경제정책에서 진보와 보수의 문제 • 137

제6장 재벌 • 159
경제정책의 동태적(종적) 공정성과 정태적(횡적) 공정성의 문제 / 국가권력과 시장권력: 재벌 문제의 정치경제 / 시장권력의 집중과 국가의 역할 / 재벌정책의 방향 / 친기업정책과 친재벌정책

제7장 중소기업 • 195
압축성장과 이중경제 / 중소기업정책: 경제정책과 사회정책의 혼재 / 중소기업정책의 방향: 구조 조정의 촉진 / 경제정책과 사회정책의 분리 / 중소기업회계의 투명화 유도

제8장 노사관계 • 221
노동 부문: 무엇이 문제인가 / 높은 파업 성향 / 상급 노조단위의 지나친 정치화 / 노동시장 내부의 양극화 / 노사관계 및 노동시장 여건의 개선 방향 / 법제도의 개선 / 임금체계의 개선 / 노사 관행의 개선 / 산별노조 확대의 견제

에필로그_241

프롤로그

새로운 정치, 경제의 틀을 찾아서

정확히 알 수는 없으나 인류의 역사는 200만 년 정도가 된다고 한다. 이 중 약 190만 년 동안 인류의 문명에는 발달이 거의 없었다. 인간이 돌을 주워 이용하기 시작한 구석기 시대가 약 10만 년 전 출현해 약 9만 년 동안 거기에 머물다가, 약 1만 년 전 신석기 시대가 출현했다고 한다. 문명의 역사가 시작된 것은 5,000~6,000년 전으로 메소포타미아, 인더스, 이집트, 황하 문명이 발달하기 시작했으나, 오늘날 사용되는 문자로 기록된 역사는 2,000~3,000년의 세월에 불과하다. 다시 말해 역사(history)의 영역은 길게 잡아 약 3,000~4,000년이며, 나머지는 모두 고고학(archaeology)과 인류학(anthropology)의 영역에 속한다.

철마의 발명으로 인간이 말보다 빨리 달리기 시작한 것도 200년이 되지 않는다. 개인용 컴퓨터가 널리 상용화된 지는 20여 년에 불과하며, 인터넷 사용이 보편화된 것도 약 15년 정도밖에 지나지 않았다. 인간 생활의 변화 양식은 시간의 흐름을 X축으로 했을 때 그야말로 기하급수적(exponential)으로 변화하고 있다. 오늘날 10년 동안 일어난 변화의 양은 과거 수세기 또는 수천 년간 일어난 변화의 양을 뛰어넘는다.

변화의 시간표는 짧아지고 있다

이처럼 빠른 변화의 속도는 국가 간의 위상과 상대적 국력의 신장에서도 비슷하게 일어나고 있다. 로마가 부상해 그리스의 세력을 대체하는 데는 5~6세기가 걸렸다. 지식, 기술, 제도의 이전과 습득이 그만큼 시간을 지체시켰기 때문이다. 그러나 오늘날 지식과 기술, 제도의 이전 속도는 기하급수적으로 빨라지고 있다. 20세기 초 미국이 영국의 세력을 대체하는 데는 한두 세기의 시간밖에 걸리지 않았다. 한국이 가난한 농업국가에서 산업 강국이 되는 데는 반세기도 걸리지 않았다. 비슷한 수준의 산업화 과정이 영국의 경우 약 2~3세기, 미국의 경우 약 1~2세기, 독일과 일본의 경우 약 1세기에 걸쳐 이루어졌다. 중국은 1970년대 말 개방을 시작해 가난한 농업국가에서 세계의 공장으로, 이미 영국과 독일을 제치고 세계 3위의 경제대국으로 부상했다. 실질구매력으로 환산하면 미국에 버금가는 경제가 되었다. 2008년에는 중국의 제조업 생산량이 전 세계 제조업 생산량에서 차지하는 비중이 17.6%로 추정되어, 중국은 미국이 약 100년에 걸쳐 누려온 세계 제일의 제조업국가의 지위를 빼앗았다. 청나라가 1840년대 영국에 이 지위를 내어주고, 이 자리를 20세기 초 영국이 미국에 내어준 뒤, 다시 중국이 세계 최대의 제조공장이 된 것이다. 중국은 불과 4반세기 만에 이러한 산업화 수준에 도달했다. 더욱이 미국에서 촉발되어 전 세계가 겪고 있는 세기적 금융위기는 이러한 국가 간 위상의 상대적 부침을 재촉할 것이다.

반면 인간의 수명은 점점 길어지고 있다. 해방 직후 한국인의 평균수명은 47세, 1960년대 초의 평균수명은 62세, 그러나 2007년 현재 한국인의 평균수명은 남자의 경우 74세, 여자의 경우 82세가 넘는다. 2009년 현재 57세인 필자가 만약 평균적인 수명을 누릴 수 있다면, 남은 생애에는 지난 50여 년 동안 보아왔던 것보다 훨씬 많은 변화를 목격하게 되리라 생각한다. 지금의 20, 30대 그리고 10대들이 그들의 생애 동안 보고 겪을 변화의 폭을 상상하는 것만으로도 흥미롭고 가슴이 뛴다. 아마도 인간의 생활 형태, 즉 주거와 식생활, 혼인 풍습, 여가 활용 방법, 의사를 교환하는 방법뿐 아니라 정부의 역할, 나아가 국가의 개념과 지배 형태(governance system) 등 모든 면에서 지금 상상하는 바를 뛰어넘는 변화가 일어날 것이다.

우리는 역사서적을 읽으면서 오늘날의 자신과 동시대 사람들의 생활을 경탄의 눈으로 보게 되고, 앞서 살았던 사람들의 지혜와 노력이 지금 우리의 생활을 얼마나 윤택하고 편하게 해주었는지를 깨닫고는 감사한 마음과 경건한 마음을 가지게 된다. 전구를 발명한 에디슨, 페니실린을 발견한 플레밍, 증기기관을 발명한 와트, 주옥같은 음악을 작곡한 베토벤, 자연의 아름다움과 인생에 대한 소회를 절절히 느끼게 해주는 도연명과 소동파의 글귀들, 오늘날 민주정치제도 및 시장경제를 발전하게 한 로크, 루소, 스미스, 밴덤, 밀, 베버 등 수많은 사상가들, 그 밖에 우리가 누리고 있는 문명을 발전하게 한 수많은 선각자들과 과학자들의 노력이 없었다면 오늘날 인류의 생활은 얼마나 불편하고 억눌려 있겠는가. 아마도 그들의 노력이 없었다면 우리가 TV로 타국에서 열리는 경기의 생방송을 보고, 뉴욕이건 런던이건 그곳에서 공연되는 오페라나 연주회를 같은 시간에 같은 음질로 즐길 수는 없을 것이다.

그리고 수만 킬로미터 떨어져 있는 부모, 가족, 연인과 언제 어디서나 마음을 주고받는 통화를 할 수도 없을 것이다. 또한 오늘날과 같은 풍부한 음식과 긴 수명도 누릴 수 없을 것이다.

더욱 경이로운 것은 바로 이러한 변화가 매일매일 더욱더 빠르게 진행되고 있다는 것이다. 반도체의 발명, 컴퓨터와 인터넷의 출현은 인간의 생활양식, 정보와 지식의 전파 및 습득에 혁명적인 변화를 가져왔다. 필자가 박사학위 논문을 쓸 당시 개인용 컴퓨터가 처음으로 상용화되기 시작했다. 당시 커모도어(Comodore)사의 제품을 썼던 것으로 기억하는데, 게으른 필자의 경우 과거의 타이프라이터로 학위논문을 쓸 수밖에 없었다면 수십 번을 고쳐야 하는 학위논문을 끝내는 데 아마도 훨씬 더 오랜 시간이 걸렸을 것이다. 필자가 세계은행(World Bank)에서 근무하기 시작한 후인 1980년대 중반에는 인트라넷이 발전되어 메모와 보고서, 논문을 복사기로 복사해 일일이 전달하지 않고도 동료들 간에 의견을 주고받고 상사에게 결재를 받을 수 있어 훨씬 더 시간을 절약하고 일을 많이 할 수 있게 되었다. 그리고 한국에 귀국해 대학 교수로 재직하던 1990년 중반에는 인터넷이 발전하기 시작해 세계 각국의 대학과 연구소, 정부기관에서 발행하는 논문과 보고서를, 그곳의 친구나 지인에게 편지나 전화로 부탁할 필요도 없이 수시로 받아 읽어볼 수 있게 되었다. 개인적인 문제를 제외하면 여건의 제약은 거의 사라졌다.

이러한 정보통신의 혁명은 1970년대 후반에 시작된 선진국 경제의 자유화 및 개방화와 1980년대 말 공산 진영의 붕괴 및 시장경제로의 편입과 더불어 세계화(globalization)의 거센 물결을 일으켜왔다. 1930년대의 대공황, 양차 대전의 참혹한 경험으로 전후 세계는 다시 국가 간 교역과 교류의 장벽을 쌓기 시작했고, 시장 개방과 자유화의 물결은 1970

년대 중반까지 주춤할 수밖에 없었다. 냉전 시대는 자본주의 진영과 공산주의 진영 간 사람의 왕래나 물품의 교역도 중단시키고 말았다. 정부의 역할이 강화되고 규제가 늘어났으며, 양차 대전의 비참한 생활에서 인내를 요구받던 시민들의 복지에 대한 요구가 폭발해 자유 진영의 국가에서도 정부의 복지 지원 및 재정 규모가 급격하게 팽창했다. 유럽 각국은 결국 사회주의 복지국가의 모델로 치달을 수밖에 없었다.

그러나 1970년대부터 미국 및 유럽 선진국, 특히 영국을 중심으로 서서히 시작된 시장의 자유화와 개방화, 그리고 규제 완화 및 민영화는 정보통신의 혁명과 더불어 다시 시장경제의 확대와 세계화의 물결을 거세지게 했다. 1980년대 대처와 레이건의 정책으로 대표되는 '신자유주의' 정책은 이러한 흐름을 더욱 거세지게 했고, 1980년대 말 냉전체제의 붕괴와 더불어 소련 및 동구 공산권을 중심으로 이루어져오던 경제상호원조회의(CMEA: Council for Mutual Economic Assistance) 무역 구역이 붕괴되면서, 이른바 세계경제의 통합은 더욱 가속화하여 오늘날 지구촌의 어느 나라도 이러한 세계화의 거센 물결에서 자유로울 수 없게 되었다. 이러한 국제 정세를 잘 활용하고 동참하는 국가들은 날로 경제가 번영하며 그렇지 못한 국가들은 침체를 거듭하고 있다. 중국과 북한의 경우가 좋은 대조를 이룬다.

미국의 주택담보대출시장에서 시작해 전 세계를 강타하고 있는 세기적 금융위기로 각국은 다시 금융규제를 강화하려는 정치적 움직임을 보이고 있다. 그러나 이미 시작된 세계화의 거센 물결과 국가 간 경쟁의 심화 추세를 근본적으로 되돌릴 수는 없을 것이다.

물론 우리가 예측하기 어려운 불확실성은 많다. 인류의 역사는 되풀이되면서도 예측하지 못한 방향으로 흘러온 경우가 많았다. 되풀이되는 것은 시대가 흐름에도 국가 사회를 구성하는 인간의 본성과 기본적 욕구로 인한 갈등, 그리고 이들의 조합으로 이루어진 사회의 속성이 변하지 않기 때문이며, 예측하기 어려운 것은 과학기술의 발달과 어느 날 혜성처럼 나타난 영웅들 및 지도자들이 그동안 수면 아래서 자라온 한 사회의 잠재력을 결집해 그것을 도도한 새 물결의 흐름으로 터놓기 때문이다. 냉전이 종식된 지 10년이 되지 않아 오늘날과 같이 국경 없는 테러와의 전쟁이 세계 질서를 흔들고, 아시아 금융위기가 수습된 지 10년도 채 못 되어 대공황 이후 최대의 세계 금융위기를 맞을 것이라는 예상을 한 이는 거의 없었다.

오늘날 최대의 화두인 세계화의 물결은 19세기 후반에도 세차게 흘렀다. 텔렉스(telex), 증기선, 철도 등의 발명으로 인한 정보통신, 교통수단의 혁명으로 세계는 좁아지고 국가 간 경쟁은 치열해졌다. 선진 제조업 기술이 영국에서 유럽 대륙으로, 다시 러시아나 신대륙, 일본으로 빠르게 이전되었으며, 대량생산기술의 발달과 군수산업의 발달은 해외시장 선점을 위한 식민지 경쟁과 제국주의의 팽창을 가져왔다. 셔먼호·운양호 사건, 청일·러일 전쟁과 일제의 침략도 이러한 과정에서 일어난 일들이다. 사람의 이동도 급속히 늘었다. 유럽 대륙에서 신대륙으로 수천만 명이 이주했으며, 유럽인들의 아시아, 아프리카 대륙으로의 교역과 탐험이 빠르게 늘어났다. 여권과 비자는 20세기의 발명품일 뿐이다. 교역의 급속한 확대로 물류산업이 발전했으며, 새로운 상품에 대한 기호와 유행이 전 세계적으로 빠르게 확산된 것도, 문화의 교류가 확대된 것도 오늘날과 크게 다르지 않다. 1851년 런던의 하이드파크에서는 세계무역박람회(EXPO)가 처음으로 열렸다. 국민경제 간 상호의존성도 교역이라는 채널을 통해 확대되었다.

20세기 초 유럽에는 이제 더 이상 전쟁이 없으리라는 평화에 대한 희망으로 가득 차 있었다. 그 당시 유럽에서 베스트셀러였던 두 책은 독일 생물학자 에른스트 해켈(Ernst Haeckel)의 『The Riddle of the Universe(우주의 수수께끼)』와 영국 경제학자 노먼 에인절(Norman Angell)의 『The Great Illusion(위대한 환상)』이었다. 전자는 과학의 발전이 전쟁을 포함한 모든 세계 문제를 곧 해결할 수 있을 것이라고 주장했고, 후자는 국가 경제 간에 금융과 무역이 당시와 같이 크게 상호의존적이 된 상황에서 이제 전쟁은 무용지물이 되었으며 더 이상 일어나기 어려울 것이라고 단언했다. 이는 당시 통신·교통 기술의 발달로 인한 교역 규모의 확대와 국제 분업체제의 발전으로 어떤 나라도 다른 나라의 경제활동의 도움 없이는 번영할 수 없게 되어, 과거 농업사회에서 전쟁을 통해 그 당시의 가장 중요한 생산시설과 생산수단인 토지와 사람을 점령했던 때와는 달리, 전쟁을 일으켜 서로의 산업생산시설을 파괴하는 것은 전쟁의 모든 당사자에게 손해가 될 뿐이라는 논리에서였다. 이 책들이 당시 베스트셀러가 된 것은 그만큼 그러한 논리가 당시 대중에게 파고들었다는 이야기다.

그러나 19세기 말~20세기 초의 국제 질서는 그러한 빠른 세계화와 기술이전으로 새롭게 부상한 독일, 일본 등 경제적 강자에게 그에 상응하는 국제적 지위와 역할을 부여하는 데 실패했다. 그 결과 독일, 일본 등과 기존 경제대국 간 식민지 시장 확보 경쟁과 갈등은 결국 1차 세계대전으로, 그리고 다시 2차 세계대전으로 연결되고 말았다. 1930년대 대공황으로 수많은 사람들이 일자리를 잃고 희망을 잃게 된 것도 주요 인이었다. 유럽에서는 파시즘이 등장했고, 산업기술의 발전이 곧바로 대량살상무기의 발전으로 이어졌으며, 세계화의 진전은 주요 국가 간 갈등을 세계대전으로 확대시켰다.

산업혁명과 유럽 국가들의 산업화는 지주와 농민이라는 구분을 벗어나 자본가와 노동자라는 새로운 계급계층을 발전시켰다. 도시와 산업현장으로 몰려든 노동자들의 불만은 계층 간 갈등을 심화시켜 러시아혁명과 더불어 거의 모든 유럽 국가에 심각한 노동운동과 사회주의 운동을 불러일으켰다.

우연한 변화는 없다

과거 역사의 흐름을 주의 깊게 분석해보면 항상 역사를 그쪽으로 이끌어간 요인들이 존재하고 있었다는 것을 알게 된다. 한 국가나 사회가 지닌 잠재적 요인을 간파하고 그것이 주변 국가나 국제 정세와 연관되어 어떤 방향으로 힘을 받을 수 있을지에 대한 예지를 가진 지도자가, 사회의 힘을 그 방향으로 결집해가는 능력을 가지고 창조적인 제도를 도입해 국민들의 동기와 의지를 유발할 때, 그 사회는 발전적 동력을 받아 번성한다. 그렇지 못한 경우 그 사회는 정체가 지속되거나 혹은 심한 역풍을 일으켜, 그 사회뿐 아니라 주변 국가에도 엄청난 재해와 피해를 입히기도 한다.

한 사회의 발전, 역사의 발전은 어느 하나 하늘에서 뚝 떨어지듯이 갑작스럽게 변화하는 것이 아니다. 우리가 입으로 먹는 음식 한 톨, 한 방울이 우리 몸에서 화학작용을 일으켜 에너지와 심장박동과 감정의 폭에 영향을 미치듯이, 한 사회에서 일어나고 있는 매일의 일, 특히 한 국가의 틀에서 이루어지는 정책의 추진이나 제도의 입법은, 비록 그것이 지금 당장 눈에 띄는 효과를 나타내지는 않더라도 수면 아래에서 상호작용을 하고 축적되어 언젠가는 우리 사회에 어떤 현상으로 표출된다. 결국 사회도 하나의 유기체로서 여러 가지 투입(input)이 상호작용을 통해 어떤 형태로든 산출(output)되어 나타난다. 어떤 결과가 있으면 반드시 그 원인이 있으며, 어떤 조그마한 움직임도 언젠가는 그 사회에 크고 작은 현상으로 실현된다. 그리고 변화는 기울기의 문제이지, 언제나 연속선을 그리며 일어난다. 어떤 사회든지 자연재해로 일어나는 변화를 제외하고 불연속적 변화는 없다. 자연재해도 인간의 눈에 갑자기 들이닥치는 것으로 보이는 것일 뿐, 지표 밑에서 그리고 구름 위에서 서서히 연속적으로 일어난 변화의 결과다.

따라서 지금 우리 사회가 토의하고 입안하고 실행하는 하나하나의 제도와 정책은 하나도 소홀히 지나칠 수 없다. 지금 효과가 눈에 띄게 나타나지 않더라도 그것은 그냥 흘러가지 않고 어딘가에서 작용하여 장래 우리 사회 모습의 일부분으로 나타나게 될 것이다. 어떤 시대의 정책이 중요하고 어떤 시대의 정책은 중요하지 않은 것이 아니다. 모든 제도와 정책은 그 사회의 유기체적 진화 과정에 녹아든다. 그 사회를 발전적으로 또는 퇴행적으로 움직이게 했는지의 차이는 있되, 모든 정책은 그 성격과 강도에 따라 한 사회의 흐름에 영향을 미친다. 역사를 이루어온 어떤 세대도 오늘날과 미래의 세상에 대한 책임에서 자유로울 수는 없다.

오늘날의 국가 간 경쟁은 국가지배구조의 경쟁이다

한 사회의 앞날을 예측하기 위해서는 과거에 진행되어온, 그리고 현재 진행되는 정책과 제도의 틀을 보고, 그것이 그 사회의 인재와 기풍,

습속의 형성에 미치는 영향을 보며, 그것들이 가져올 종합적인 효과를 점쳐보는 일을 거칠 수밖에 없다. 한 나라에서 정책이 정해지고 새로운 제도가 도입되는 과정은 단순하지 않다. 그것은 경제적 합리성 추구와 정치적 역학, 시대적 조류, 사회적 갈등의 타협으로 이루어진다. 그리고 국가정책의 결정이 원활하며 시의적절하게 이루어지느냐 하는 것은 그 나라의 국가지배구조와 지도자의 역량에 달려 있다. 지금의 시대와 같이 국가 간 경쟁이 치열한 환경에서 국가경쟁력은 결국 국가지배구조의 효율성과 지도자의 역량에 좌우되며, 그에 따라 국가 사회의 부침은 더욱 빠르게 변화되어갈 것이다.

한국의 지난 반세기의 역사는 성공의 역사다. 지난 반만 년의 한반도 역사에서 국운과 국세가 오늘날처럼 융성했던 시기를 찾아보기는 어렵다. 물론 북한의 현실을 고려했을 때 한반도 전체가 그렇게 되었다고 볼 수는 없으나, 대한민국의 지난 반세기 역사는 분명 자랑스러운 역사다. 빈곤국에서 산업 강국으로 일어섰으며, 2차 대전 후 출발한 신생국으로서 오늘날 한국처럼 민주주의를 정착시키고 발전시킨 나라는 찾아보기 어렵다. 경제적·정치적 발전에서 한국의 지난 반세기의 역사는 세계사의 관점에서 보더라도 경이롭고 유례를 찾아보기 어렵다. 이러한 발전의 결과는 오늘날 세계 속에 확산되고 있는 한류라는 문화 현상이나 베이징 올림픽 종합 순위 7위라는 결과에서도 여실히 나타난다.

그러나 이와 동시에 한국은 여러 가지 국내외의 심각한 도전과 불확실성에 직면해 있다. 물론 여기까지 온 것을 행운으로 알고 여기에 만족할 수도 있을 것이다. 그러나 우리 국민 모두는 그러기를 원하지 않는다. 이 지점에 안주하기에는 우리가 이루어야 할 기적이 아직도 남아 있고 후세대에 대한 책임이 끝나지 않았다고 믿기 때문이다.

그러나 여기서 더욱 발전해 정치, 경제, 사회관습의 측면에서 선진국이 되고자 한다면, 또는 날로 빠르게 진행되는 세계화의 추세 속에 더욱 치열해지는 국가 간 경쟁에서 지금의 상대적 지위라도 유지하려 한다면, 지금 우리가 맞닥뜨린 도전과 문제에 현명하게 대응해가야 한다. 2004년 한때 한국은 세계 10위의 경제력을 지닌 나라가 된 적도 있었다. 우리보다 경제력이 큰 나라는 선진 G7 국가와 중국, 스페인밖에 없었다. 그러나 지난 4년 사이 인도, 브라질, 러시아가 우리의 경제 규모를 추월해 우리는 13위로 밀려났다.

한국이 당면한 도전

그러면 현재 한국이 처한 도전과 불확실성의 핵심은 무엇인가?

첫째, 이제 더 이상 모방에 의한 발전은 힘들어졌다는 것이다. 한국은 싱가포르와 같은 도시국가도, 대만처럼 국제사회에 제대로 이름을 걸기가 쉽지 않은 나라도 아니다. 한국은 4, 5천만의 인구 규모를 가진 국가로서, 전후 개도국에서 선진국으로 이행해가는 최초의 나라가 될 것이다. 이제 한국이 따라가기만 하면 되는 발전모델이 더 이상 없다는 것, 이것이 우리에게 주어진 큰 도전이라고 할 수 있다. 산업기술에서도, 정치·경제·사회 제도에서도 이제 모방에 의한 발전은 거의 종착점에 이르렀다. 과거에는 우리보다 앞서 서양의 문명을 도입하고 이를 동양의 가부장적 문화와 접목해 성공적인 경제발전과 국가발전을 이룩한 일본의 모델을 따라 하면 우리도 유사한 발전경로를 밟아갈 것이라는 어느 정도의 확실성이 있었다. 그러나 지금은 다르다. 세계의 경제환경이 과거에 비해 엄청나게 변화했으며, 스스로 길을 잃고 많은 문제점에 봉착해 있는 일본은 더 이상 우리가 답습해야 할 모델을 제공하고 있지 않다. 국민의 의식과 관행 그리고 정치에서 어쩌면 한국이 이제 일본보다 오히려 더 빠르게 서구화·글로벌화해가고 있다고 볼 수도 있다. 외환위기 이후 우리의 금융과 기업 부문의 제도는 일본보다 앞서 영미식 기준을 도입해 이를 실험하고 있다.

이제 우리 국민은 스스로 우리에게 맞는 발전 시스템을 창의적으로 만들어가야 하는 지점에 서 있다. 이는 선진국들도 이미 거쳐온 길이다. 정치제도와 경제제도도 과거 선진국들이 정착시켜온 제도를 잘 연구해 받아들이되, 이를 맹목적으로 도입해서는 안 될 것이다. 산업화는 우리 국민의 땀과 열정으로 이루어내었지만, 선진화는 우리 사회 지식 수준의 제고와 차가운 합리성으로 이루어내야 한다.

오늘날 국가 간 경쟁에서 승패의 결과는 결국 국가지배구조의 효율성에 달려 있다. 세계화된 지구촌에서 각국 정부가 취해야 할 정책의 거시적 방향에서는 이미 큰 이견이 사라졌다. 자본과 인재와 기술을 자국으로 유치하기 위해서는 자국 경제의 유연성을 높이고 세금 부담을 줄여야 하며, 이를 위해서는 불가피하게 과도한 복지 혜택의 부담을 줄여가는 수밖에 없다. 문제는 어떻게 시의적절하게 이를 위한 국내 제도와 정책의 개혁을 단행할 것인지에 달려 있으며, 이는 결국 그 나라의 국가지배구조에 크게 좌우된다.

지난 20년이라는 짧은 기간에 우리의 정치민주화는 엄청난 발전을 이룩했지만, 민주화된 국가지배구조에서 국가의 정책 결정은 더디어지고 필요한 개혁은 답보 상태에 있다. 민주화 이후 세계 환경은 급변하고 있으나, 우리의 정책과 제도는 나날이 계속되는 정쟁과 시위에 갇혀 필요한 변화를 이루어내지 못했다. 정체되어 있던 개혁 과제는 위기를 겪고 나서야 국제통화기금(IMF)과 같은 외부의 힘을 빌려 풀어낼 수 있는 상황이 되었다. 그러나 외환위기를 극복하고 난 이후 우리 경제의 주요 개혁 과제들은 다시금 정체를 거듭하고 있다. 지금과 같은 국가지배구조, 권력구조, 국가의사 결정구조를 답습해서는 치열한 국가 간 경쟁에서 좋은 성과를 기대하기 어렵다. 뒤에서 자세히 논하겠으나, 같은 대통령중심제이지만 과거 1960~1980년대에 우리의 성공적 발전을 이루어낸 국가권력구조와 지금의 권력구조에는 엄청난 차이가 있다.

둘째, 중국, 인도의 부상과 세계화의 가속화다. 이 인구거대국들이 제조업국가로 부상하면서, 압축성장에 의해 여전히 최첨단 수출대기업과 재래식 중소·영세기업이 공존하는 이중경제구조를 지닌 한국은 향후 더욱 심각한 소득분배의 악화와 사회적 갈등의 심화를 겪을 수밖에 없는 상황이 되었다. 중국과 직접 경쟁해야 하는 국내 중소기업의 분야가 확대될수록 이들은 한계기업화할 것이며, 이들에 종사하는 근로자는 임금이 답보 상태에 있거나 실직의 위기에 처하게 될 것이다. 이미 이러한 현상은 지난 10년간 한국 경제의 구석구석에서 나타났다. 한국에서 중소기업은 전체 고용의 약 80%를 점하고 있다. 이는 한국만 겪고 있는 문제는 아니다. 세계화의 진전과 중국의 '세계의 제조공장화'는 소비자들의 복지를 높여주었지만 소득분배의 악화와 빈곤층의 문제를 심화시키고 있다. 특히 한국은 제조업의 비중이 높고 중국과 인접해 있어 이러한 영향을 더 심각하게 받는 반면 사회안전망의 확충은 미흡해, 우리 사회가 이에 대처할 수 있는 능력은 매우 취약하다.

이러한 환경의 변화가 우리 경제에 요구하는 과제는 심대하다. 중소기업 부문의 구조 조정이 지금보다 빠르게 일어나야 하고 이를 뒷받침해주는 사회안전망이 지금보다 확충되어야 한다. 대기업의 노사문제도 개선되어야 기업이 시장 환경 변화에 민첩하게 대응할 수 있으며, 나아가 날로 증가하는 비정규직으로 인한 고용의 불안정화와 고용의 질 저하에도 대비할 수 있다.

과거에는 경제학에서도 성장우선정책이 일자리 창출을 통해 최선의 분배정책이 된다는 사실이 계량적으로 뒷받침되었으나, 2000년대 들어서 이러한 관계는 무너지고 더 이상 그러한 주장이 지지받지 못하고 있다. 이제 성장이냐 분배냐 하는 우리 사회의 진부한 논쟁을 넘어 어떻게 사회적 갈등과 불안정을 막고 통합된 힘으로 우리 경제의 험로를 헤쳐가야 할 것인지에 정책 토론의 초점이 모아져야 한다. 오늘날 세계 경제 환경의 변화는 경제정책에서 진보와 보수의 독자적인 선택 영역을 모두 좁히고 공동 영역만을 가능한 선택으로 남기고 있다. 그것은 개방과 경쟁의 심화와 동시에 사회안전망을 확충해가는 것이다.

셋째, 이러한 우리의 입지에 불확실성을 더해주는 것은 북한 문제다. 북한이 현재의 모습대로 지속될 수 없는 것은 분명한 일이다. 현재의 북한체제는 세계가 흘러가는 방향과 일치하지 않는 길을 걷고 있다. 역사의 경험은 세계사의 흐름과 반대로 흘러가는 나라의 존망에 대해 분명히 말해주고 있다. 현재 북한의 지배 형태와 사회체제가 지속될 수 없다는 것은 자명한 일이다. 우리는 오늘날 세계가 추구하는 질서 및 가치와 양립할 수 없는 북한체제를 상대로 평화와 공존을 추구해가야 하나, 그러한 노력에는 분명 한계가 있을 수밖에 없다. 그리고 북한의 향후 진로는 우리의 정책 방향과 노력으로 결정되는 부분보다 국제 정세, 주변 4강의 대북한 정책, 북한 지도부의 대응, 북한 주민의 인식과 반응이 더욱 중요한 역할을 하게 될 것이다. 따라서 북한체제의 붕괴와 변화는 향후 10년, 20년 내에 언제든지 일어날 수 있는 변수다.

현재 남한에서 추구하고 있는 정치, 경제, 사회 분야의 정책과 대북정책은 이러한 변수와 불확실성을 염두에 두고 추진되어야 한다. 북한 체제의 붕괴는 그것이 당장 남북통일로 연결되지 않더라도 한국의 정치, 경제, 사회 및 대외정책에 주요한 도전을 제기할 것이기 때문이다.

이 책은 한국이 당면해 있는 이러한 도전과 불확실성 등을 배경으로 우리 사회가 나아가야 할 방향에 대한 모색의 한 단편이다. 따라서 이상의 도전 모두에 대해 명쾌한 해법을 제시하고 있지는 못하나, 적어도 우리 사회가 이에 대해 문제의식을 가지고 토론하는 과정에서 현명한 의견들이 제시되어 적절한 해법을 찾아가도록 하는 데 기여해보고자 하는 목적에서, 제1부에서는 한국의 권력구조에 대해 논한다. 이어 제2부에서는 그동안 우리 사회에서 주요 정치적 쟁점이 되어온 몇 분야의 경제정책에 대해 살펴보고 앞으로의 방향을 제시한다.

제1부

권력구조

오늘날 국가 간 경쟁은 이념과 정책 방향의 경쟁이 아니다.
바로 국가지배구조 간의 경쟁이다.

지난 20년간 헌법 조항 하나 바뀌지 않았지만 한국의 실질적인 지배구조와 권력구조에는 엄청난 변화가 있었다. 이러한 변화를 주도한 가장 큰 요인은 외환위기 이후 한국의 기업·금융 부문의 변화였다. 관치금융이 사라지고 기업의 재무구조가 크게 개선되면서 기업과 권력의 관계에 변화가 생기고 정경유착이 단절되기 시작했다. 「정치자금법」이 개선되고 「선거법」이 개정되면서, 그리고 기업들의 회계가 투명화하면서 한국 정치는 훨씬 투명해졌다. 이와 더불어 지역 맹주인 정당지도자가 대통령이 되던 시대가 마감되었으며, 가신정치, 계보정치가 맥을 잃고, 대통령의 정당 영향력이 크게 축소되었다. 또 행정부와 여당, 청와대와 국회 간의 연결고리도 모호해졌다. 이에 더해 노무현 전 대통령은 검찰, 국가정보원, 국세청 등 이른바 권력기구를 더 이상 정치적으로 이용하지 않겠다고 선언하고, 정기적으로 대면보고를 받는 것도 스스로 없애버림으로써, 과거 대통령들이 가지고 있던 정당에 대한 자금 지원을 통한 회유적 수단과 권력기관을 통한 징벌적 수단을 모두 잃었다. 그 결과 정당과 국회에 대한 영향력이 크게 축소되면서 정부가 입안한 정책이 국회를 통해 입법화되는 과정이 불확실해지고 원활하지 못하게 되었다.

지난 반세기 동안 한국의 성공적인 발전은 대통령중심제하에서 이루어졌다. 그러나 필자가 보기에 이것이 가능했던 것은 현재 대한민국 헌법에서 규정하고 있는 대통령중심제의 권력구조가 우리의 사회 현실과 정치 토양에 적합했기 때문이 아니라, 과거의 대통령들이 우리의 풍토와 현실에서 이를 비정상적이고 편법적으로 사용해왔기 때문이다. 대한민국 헌법은 대통령중심제하에서도 엄격한 삼권분립을 통한 권력의 견제와 균형을 권력구조의 골자로 하고 있다. 그러나 과거에는 정경유착을 통한 자금 지원과 권력·사정기관을 이용해 대통령이 여당을 통제하고, 나아가 국회를 '시녀화' 혹은 '고무도장화'함으로써 삼권분립이란 사실상 유명무실했다. 역설적으로 이러한 권력구조를 통해 국정 운영의 효율화를 기하고 국가정책을 강력히 추진해나갈 수 있었다. 1987년의 민주화, 1997년의 외환위기와 구조 조정을 겪으면서 이러한 권력구조는 서서히 변하기 시작했으며, 노무현 정권에 이르러서는 정치와 권력 행사의 투명화가 어느 정도 정착되어 정치권력의 견제와 분권화가 실질적으로 거의 헌법에 규정된 관계만큼 진전되었다.

1987년 민주화 이후의 노태우, 김영삼, 김대중, 노무현 네 대통령은 모두 국정을 성공적으로 이끌지 못했다는 평가를 받는다. 반면 박정희 대통령의 지도력과 공적에 대한 평가는 점점 높아지고, 이에 동의하는 정서도 넓게 퍼지고 있다. 전두환 대통령은 그의 많은 허물에도 불구하고 재임 중 국정 운영에 대해서는 높은 평가를 받고 있다. 민주화 이후 우리 국민이 선택한 네 대통령이 모두 지도력이 부족하고 국가 경영 능력이 부족한 인물이기 때문인가. 아니면 민주화의 진전과 더불어 한국의 정치제도와 권력구조가 그들이 제대로 국가 경영을 할 수 있는 권한과 재량을 제공하지 못하고, 성과를 낼 수 있는 충분한 시간을 주지 못했기 때문인가. 이 네 명의 대통령은 모두 그들을 대선 후보로 내어 대통령으로 당선하게 한 (또는 그들 스스로 만든) 정당에서 탈당을 요구받고 당을 떠났으며, 한국에서는 지난 20년 동안에 총 31개월간 대통령의 여당 없는 국정 운영이 지속되었다. 이는 대통령 개인의 성향과 능력의 문제라기보다는 한국의 현 정치제도와 현실에서 초래된 구조적인 문제로 봐야 하지 않을까.

제1부에서는 이러한 문제들을 논하고 현재 한국의 헌법에서 규정하고 있는 권력구조의 개편을 위한 몇 가지 대안을 제시하고자 한다. 이제 한국의 정치권력의 행사도 투명해졌으므로 헌법도 투명한 권력이 효율적으로 국가 경영을 할 수 있도록 이에 상응하는 충분한 권한과 책임을 명시적으로 제공하고 이러한 새로운 권력구조를 재구성해내도록 개헌이 이루어져야 한다고 생각한다.

제1장 우리는 어떤 정치제도를 추구하는가

한국은 민주주의에 기반을 둔 국가지배구조를 채택하고 있지만, 정작 우리가 채택하고 있는 현재의 국가지배구조가 우리 국민이 추구하는 민주주의적 가치와 이상을 잘 반영하고 있는 것인지, 동시에 국가의 장기적 발전과 융성을 가져올 수 있는 제도인지에 대해서는 충분한 국민적 토론과 검증을 거치지 못했다. 국민들은 한국의 정치와 정치제도에 대한 실망과 염증을 자주 표해왔고 무언가 현재의 상태보다 발전과 개선이 있어야 한다는 의견을 가지고 있으나, 그것이 어떤 형태의 변화여야 할 것인지에 대한 관심과 토론은 아직도 주로 정치학자나 헌법학자의 전문적 토론의 영역에서 크게 벗어나지 못하고 있다. 반면 국회를 중심으로 개헌을 준비하기 위한 모임이 시작되고 있다. 이제는 국민들이 지난 건국 60년의 경험을 바탕으로 스스로가 원하는 민주주의와 국가지배구조에 대해 생각해보고, 이에 대한 깊이 있는 토론을 통해 국민적 공감대를 형성하여 새로운 국가지배구조를 정립해가야 할 때다.

오늘날 세계는 빠르게 변하고 있다. 기술이전의 속도, 자본이동의 속도, 인력과 기업이동의 속도 또한 점차 빨라지고 있다. 그것과 비례해서 한 국가의 부상과 쇠퇴도 빠르게 일어나고 있다. 과거 수세대에 걸쳐 진행되었던 국가의 부침이 이제는 한 세대도 채 안 되어 일어나고 있다. 어떤 나라가 부상하고 어떤 나라가 쇠퇴하는가? 국내외 환경의 변화에 적시에 대응해 내부 체질을 개선하는 유연한 나라가 부상한다. 반면에 의사 결정구조가 경직되어 있고 정책 과제가 적체된 나라는 뒤쳐지게 된다. 찰스 다윈은 "결국 살아남는 종은 가장 강한 종도, 가장 지적인 종도 아니다. 변화에 가장 잘 적응하는 종이다"라고 했다. 세계화와 정보화 시대에 어떻게 하면 경쟁력을 갖출 수 있을 것인지에 대해서는 식자들 간에 의견이 대체로 모아져 있다. 이를 어떤 나라가 적시에 효율성 있게 추진할 수 있는지가 바로 국가경쟁력을 가름하고 있다. 오늘날 국가 간 경쟁은 이념과 정책 방향의 경쟁이 아니다. 바로 국가지배구조 간의 경쟁이다.

어떤 사회에서든지 계층에 따라 또는 각자가 처해 있는 환경에 따라 다양한 의견과 관점이 있고, 같은 사안에 대해서도 이해관계가 엇갈리게 마련이다. 어떤 정책도 변화를 시도할 때는 기존의 정책에 혜택을 받던 이들의 반발이 있게 마련이며, 민주주의사회에서의 정책 변화의 시도는 이해당사자들의 조직적인 힘에 부딪힐 때 돌파구를 찾기 힘들어진다. 특히 이해당사자들의 목소리에 편승해 그것을 자신들의 정치적 기반과 입지를 강화하는 데 이용하려는 전문적인 정치인 집단, 시민사회의 행동주의자들, 노동조합 등이 그 사회에서 상당한 권력과 지배력을 행사하는 경우에는 민주주의사회에서의 개혁과 변화는 지난한 경우가 많다.

　민주주의가 발전해온 긴 역사적 과정에서 이러한 이해관계를 조절할 수 있는 가시적·비가시적 제도와 관습 그리고 조직이 발전되어온 나라는 비록 시간은 걸리지만 서서히 사회적 갈등의 문제를 긍정적인 방향으로 풀어갈 수 있는 유연성을 가지고 있다. 그러나 민주주의 역사가 일천하고 그러한 제도와 관습이 국민의 생활 속에 들어와 있지 않은 나라에서 민주주의의 정착 과정은 때로 너무나 긴 시간의 사회적 혼란이나 경제적 정체와 같은 큰 비용을 치르게 한다. 대개 제2차 세계대전 이후 민주주의적 정치제도를 도입한 나라들이 아직도 이러한 비용의 소용돌이에서 크게 벗어나지 못하는 경우가 많다. 아프리카나 남미의 여러 민주주의국가들이 그러한 예다. 아시아에서도 민주주의체제를 도입한 나라는 예전에 영국의 식민지였던 곳이 대부분으로 인도, 방글라데시, 파키스탄 등이 이에 속한다. 그나마도 수차례의 정난과 암살, 쿠데타가 반복되어, 민주주의가 뿌리내렸다고 하기는 어렵다. 영국의 식민지였지만 말레이시아는 오랜 기간 독재를 겪었고, 아직도 근대적 의미의 민주국가로 보기 어렵다. 싱가포르도 마찬가지다. 그러고 보면 아시아에서 실질적 민주주의가 이루어지고 있는 나라는 일본, 한국, 대만, 필리핀 정도라고 할 수 있으나, 이 국가들에서도 민주주의가 제대로 효율적으로 작동하고 있다고 보기는 어렵다. 일본은 일본식으로 민주주의를 운영해오고 있는 것으로 보이며, 짧은 야당연합의 집권 기간을 빼면 거의 자민당 일당의 집권이 전후 지속되어오고 있다.

　현재 한국의 헌법에 기반을 둔 정치제도와 권력구조는 우리에게 최선의 제도인가? 우리는 민주주의를 어떻게 발전시켜가야 할 것인가?

　오늘날 우리가 도입해 실행하고 있는 서구식 대중민주주의라는 제도는 약 반만 년이라는 한민족의 역사 속에서 극히 최근에 도입된 제도다. 지난 60년(1948년 헌법에 의한 건국), 또는 지난 20년(1987년 헌법에 의한 민주화)을 제외하면 한국인의 문화와 전통, 생활방식에 익숙하지 않은 제도인 것이다. 영국에서는 1215년 '마그나카르타(Magna Carta)' 이후 20세기 초반에 지금과 같은 대중민주주의의 모습으로 정착하기까지 수세기에 걸쳐 수십 세대의 갈등과 적응의 시간이 걸렸다. 그 긴 시간 동안 왕과 귀족, 귀족과 신흥지주 및 상인, 전문직 지식인, 나아가 엘리트 지배계급과 일반 근로자 계층 간의 끊임없는 권력과 이해의 갈등을 겪어오면서 민주주의제도를 발전·정착시켜온 것이다. 그러나 근대 민주주의의 발상지인 영국도 우리의 관점에서 보면 아직도 충분히 민주주의화한 나라라고 보기 어렵다. 권력의 견제와 분산이라는 면에서 보면 오히려 우리보다 더 집중화해 있다. 영국 국민은 아직도 '시민(市民, citizen)'이 아닌 '신민(臣民, subject)'이다. 그리고 양원제도의 한 축인 상원은 신분에 의해 세습되는 귀족과 각 분야에 일가를 이루어 총리의 추천을 받아 여왕이 임명하는 종신귀족(Life Peers)들로 구성되어 있다. 즉, 국민의 선거로 상원의원이 되는 것이 아니다. 물론 하원우위제도를 취하고 있고, 상원의 권한이 점점 축소되어왔다. 더불어 상원의원도 선거로 선출해야 한다는 주장이 노동당에서 제기되어 상원개혁 논의가 이루어지고 있으나 별다른 진전은 없다.

현재 대한민국 헌법이 추구하고 있는 바와 같이 권력의 '견제와 균형'을 지향하는 정치제도는 그 자체가 지상의 가치와 목표가 될 수는 없다고 생각한다. 주권재민(主權在民)이라는 민주주의의 큰 가치를 실현하면서도 각국의 전통과 문화, 발전 단계에 따라 여러 가지 형태의 권력구조를 가질 수 있다. 인류의 오랜 역사에서 모든 성인이 재산의 유무, 성별, 교육의 정도에 관계없이 모두 일인일표를 행사해 정치에 참여하는 '대중민주주의'는 그것이 출현한 지 한 세기도 채 되지 않은 짧은 역사를 가지고 있다.

한때 한국은 '민주화'가 다른 어떤 가치보다 우세를 점하고 그 자체가 일종의 이데올로기가 된 적이 있다. 민주화의 기수들이 대통령이 되었고, 민주화운동의 경력이 독립운동의 경력처럼 존중되었으며, 이러한 현상은 지금도 계속되고 있다. 그 민주투사들이 머릿속에 그리고 추구한 민주주의는 어떤 것이었을까? 어떤 민주주의 정치제도가 한국의 장래 국익을 최대화하고 현재의 국민에게도 가장 큰 만족을 줄 수 있는 제도인지 숙고하고, 구상을 정리하며 민주화운동을 했을까? 왜, 어떠한 과정을 거쳐 서유럽과 미국이 오늘날과 같은 그들의 정치체제와 국가지배구조를 갖추게 되었는지에 대한 깊은 분석과 성찰을 해볼 기회가 있었을까? 우리는 무엇을 위해 오늘날 우리가 가지고 있는 것과 같은 정치제도로서의 민주주의를 추구해왔는가?

한국의 정치 지도자들이, 그리고 한국의 국민들이 지난 수십 년간, 적어도 1970년대 이후 추구해온 '민주화'라는 것의 개념은 무엇인가? 그리고 거기에 합당한 정치제도와 권력구조를 우리는 오늘날 가지고 있는가?

1987년 민주화 이후 우리 국민들이 선택한 지도자와 정부는 한결같이 실패한 정부로 낙인찍히고 있다. 노태우 정부, 김영삼 정부는 물론, 김대중 정부, 노무현 정부도 '물 정부', '무능 정권', '아마추어 정권', '잃어버린 10년'의 정부로 각인되었다. 그리고 최근에는 박정희 정부의 공적에 대한 인정과 향수도 폭넓게 되살아나고 있다. 이것은 과연 민주화 이후의 지도자, 그리고 그들이 구성한 정부가 무능했기 때문인가, 아니면 민주주의 공명선거하에서 국민이 잘못된 지도자들만 선택한 것인가, 아니면 우리 정치권의 토양이 워낙 척박하여 인물을 끌어들이지 못하고 선거로 잘 선택할 만한 인물을 키우지 못했기 때문인가?

이제는 우리가 그동안 추구해온 민주화와 민주주의를, 또한 이를 위해 구성한 국가권력구조를 되돌아보고 새로운 변화를 모색해야 할 때다. 우리는 민주주의와 국가 시스템에 대한 깊이 있는 성찰이 부족했고, 어떤 정치제도와 국가권력구조가 우리에게 최선인지에 대한 심도 깊은 토론 없이 적당히 미국과 서구의 제도를 이식하면 그것이 최선의 민주화라는 맹목성을 가지고 있지는 않았나 되돌아봐야 한다. 정치인들은 우리에게 적합한 권력구조가 무엇이냐보다 어떻게 직접선거에 의해 권력을 차지하고 권력을 나누어 갖느냐에 더 많은 관심을 가지고 국가권력구조를 생각해온 것은 아닌지 성찰해볼 필요가 있다.

민주주의와 국가지배구조

민주주의의 핵심은 국민이 국가의 실질적 주권을 가지고 선거를 통해 정부를 선택하는 것이다. 민주주의제도에서는 국민이 선출해 권력을 위임한 정부가 국민과 국가의 이익을 위해 일하고, 그것을 잘 수행하지 못할 경우 국민은 선거로 정부를 갈아치울 수 있는 권한을 갖는다. 다시 말해 국민의 정부 선택권을 보장하는 제도가 민주주의의 핵심이라고 할 수 있다. 그리고 국민들의 기본적인 인권과 언론·표현·집회의 자유 등이 철저하게 지켜지는 제도가 민주주의의 실현에 필수적이다. 국민의 선택을 받기 위해 권력을 꿈꾸는 사람들은 정당을 구성하고, 국민들의 선택을 받기 위한 비전과 가치를 내걸고, 이를 구체화하기 위한 정책을 설정해 당내에서 공유하며 선거를 준비한다. 그리고 국가의 현재와 미래를 위해 제시한 정책의 정당 간 경쟁을 통해 국민의 선택을 받는다. 이것이 민주주의체제의 근간이다. 이러한 민주주의의 원칙하에 여러 가지 권력구조와 선거제도가 있을 수 있다. 다시 말해 정부와 지도자에 대한 국민의 선택권이 지켜지는 투명하고 공정한 선거제도를 마련한다면, 그 국가의 권력구조는 다양한 가능성을 열어두고 선택될 수 있다.

각국의 지난 역사를 살펴보면 국민이 선출한 지도자라고 하여 모두 훌륭한 업적을 남겼던 것은 아니다. 전제군주 중에도 위대한 왕과 못난 왕이 섞여 있으며, 독재자 중에도 나라와 국민을 위해 훌륭한 업적을 남긴 이들이 많다. 한편 오늘날 빠른 발전과 성장을 이루고 있는 나라들 중에는 서구식 민주주의를 그대로 모방해 따르는 나라들보다 그렇지 않은 경우가 많다. 중국은 선거를 통해 국민이 정부와 지도자를 직접 선출하지는 않지만, 적어도 지난 20여 년간 중국의 지도자들은 현명한 판단과 국가 경영을 해왔고 권력 이양도 순조롭게 해왔다. 오히려 대중민주주의를 선택해 국민의 직접선거로 선출했을 경우보다 지금의 집단지도체제나 공산당 내에서의 경쟁 시스템으로 지도자를 선출하는 것이 훨씬 더 훌륭한 자질을 지닌 인사들을 중국의 지도자로 만들고 있는지도 모른다.[1]

대중민주주의 자체가 지닌 한계도 많다(이에 대해서는 뒤에서 좀 더 자

---

[1] 필자는 최근 영국의 주요 인사와 대담하던 중 그에게 중국의 강점이 무엇이라고 생각하는지 물은 적이 있다. 그러자 그는 오늘날 중국이 유럽 국가들과 미국보다 훨씬 더 훌륭한 국가 지도자를 배출하고 선택하는 시스템을 가진 것이 가장 큰 강점이라고 대답했고, 필자도 이에 대해 공감을 표한 적이 있다.

세히 논할 것이다). 우선 민주주의는 그야말로 국민의 뜻에 의해 지도자를 선출하고 공공정책을 결정하기 때문에 국민들의 지식과 관점에 따라 그 결정이 달라지며, 국민들이 바른 결정과 판단을 할 수 있게 하는 대중화된 교육 시스템이나 높은 문화수준을 가졌는지 여부에 따라서도 차이가 생긴다. 최근 ≪파이낸셜타임스(Financial Times)≫의 칼럼니스트 클리브 크룩(Clive Crook)은 기고문에서 "in a free country, you get the media and politician you deserve(자유국가에서 언론과 정치인의 수준은 바로 국민의 수준에 달려 있다)"라고 주장했다(Crook, 2008.7.28). 즉, 대중 민주주의체제하에서 한 국가의 언론과 정치인의 수준, 나아가 의사 결정의 수준은 바로 그 나라 국민 대중의 수준으로 결정된다는 것이다. 극단적으로 보면 후진국가들이 민주주의 정치체제에 의해 선진국가들을 따라잡을 수 있는 가능성은 점점 낮아진다고 할 수도 있다. 일반 대중의 평균적 지식과 문화의 수준이 선진국 국민보다 뒤지므로, 민주주의하에서 선택되는 지도자나 국가적 의사 결정이 세계적 환경과 그 국가가 처한 지점에 따라 시의적절하게 채택되고 추진될 확률이 선진국보다 뒤떨어질 수 있는 것이다. 역사는 오히려 독재와 엘리트 정치하에서 비약적인 국가발전을 이룬 경우를 흔히 보여주며, 오늘날 선진국이 되어 있는 서구의 나라들도 그 국가의 도약기에 이러한 정치체제를 가지고 있었다.

또 선진국이든 후진국이든 공히 민주주의는 세대 간의 이해가 갈릴 때 공정한 제도가 되지 못한다. 현재 투표권을 가진 국민들의 의견만 선거에 또는 공공정책의 결정에 반영되기 때문이다. 세대 간의 이해가 교차하는 문제에 대해 민주주의는 왜곡되고 편향된 결정을 내리기 쉽다. 연금개혁의 문제, 노동개혁의 문제, 사회보장지출의 규모 문제 등이 모두 현재의 재정지출과 미래의 국가 부채라는 문제와 직결되고 미래 세대에 대한 교육투자의 여력과 연결되는 문제인데도, 미래를 살아갈 세대의 의견과 관점이 이러한 결정에서 제도적으로 차단되어 있는 것이 민주주의제도다.

그러나 문제는 오늘날 민주주의 정치제도보다 더 나은 대안을 찾기 어렵다는 것이다. 독재를 허용할 경우 그 독재자가 국민과 국가의 장래를 위해 '선의의 독재자(benevolent dictator)'가 되어주지 않는 이상 국가와 국민은 그의 압제하에서 오랫동안 비용을 치러야 한다. 중국과 같이 원로집단에서 경험과 식견에 대해 오랫동안 관찰한 바를 토대로 지도자를 선출한다고 하더라도, 그 지도자가 대다수 국민이 원하는 방향과 다른 방향으로 국가 경영을 해나간다면 국민이 그 정부와 지도자를 거부할 수 있는 선택권을 가지는 것이 그렇지 않은 것보다 나으며, 그 사회가 더 건강하게 발전할 수 있는 여지를 남길 수 있는 길이다. 민주주의가 많은 취약점과 한계를 가지고 있는데도 오늘날 세계가 민주주의 체제를 최고의 제도로 생각하고 받아들이는 이유도 여기에 있다.

한국 지배구조의 문제점

그러면 우리는 민주주의라는 큰 원칙을 받아들이면서 우리에게 적절한 정치제도와 국가지배구조를 채택해 실행하고 있는가? 이에 대해 긍정의 답을 하기는 어렵다. 물론 이 또한 절대적으로 옳은 답은 아닐 것이다. 모든 제도는 장점과 단점을 동시에 지닌다. 우리가 어떤 가치와 목표를 우선적으로 추구하느냐에 따라 각 제도의 장점과 단점이 상대적으로 다르게 부각되어, 결과적으로 어떤 특정한 제도가 그 시대의 제도로 채택된다. 만약 한국이 지금의 국제사회에서의 상대적 위치에 만족하지 않고 선진국들을 (경제적 면에서뿐만 아니라 사회의 다방면에서) 따라잡고 우리 국가의 긴 장래의 번영을 도모하는 것이 중요한 국가적 과제이며 오늘날 우리 세대가 최우선시해야 하는 가치와 목표라고 대다수 국민들이 공감한다면, 지금의 국가지배구조나 정치제도가 최선이 아니라는 것이다. 다시 말해 우리의 현 정치제도는 이러한 목적을 위해 최적의 제도라고 할 수 없다는 것이다.

어떤 나라든 그 나라의 지배구조를 선택하고 발전시킬 권한은 국민에게 있다. 한국은 외부의 힘을 빌려 독립을 맞이하여 그 영향력하에서 급하게 정부를 구성하고 국가를 건설하면서, 스스로 최적의 지배구조와 권력구조를 사회적 공론을 통해 선택했다기보다는 미국과 서구의 제도를 거의 맹목적으로 이식(transplant)한 측면이 크다. 강영훈 전 총리는 최근 그의 회고록에서 "해방 후 우리나라의 민주주의는 마치 대나무 뿌리에 소나무를 접목한 것과 같다"라고 기술하기도 했다(강영훈, 2008). 이런 경험이 박정희 대통령이 표방한 이른바 '한국적 민주주의'의 시대를 거치게 했다고도 볼 수 있다. 1987년 민주화와 더불어 채택한 6공화국 헌법 또한 대통령의 임기를 제외하면 우리가 과거에 도입했던 국가지배구조와 거의 동일한 지배구조로 돌아가는 선택을 한 것이다. 그것도 주로 정치적 타협의 산물이었으며 우리 국민 나름대로의 깊은 토론과 숙고를 통해서 이루어진 선택이라고 하기는 어렵다. 이제야말로 이 문제에 대해 국민적 토론과 성찰이 필요한 시점이라고 생각한다.

그러면 현재 우리의 국가지배구조에는 어떤 문제점이 있는가? 우선 다음과 같은 문제들을 지적할 수 있다.

첫째, 이원적 민주주의 정통성(dual democratic legitimacy)의 문제와 국회의 지나친 국정 견제 기능이다. 한국의 정치 발전 정도에 비해 현재 법으로 부여된 국회의 권한과 역할은 너무 크고 포괄적이다. 대통령을 민주적 선거를 통해 국민들이 선출했으면 대통령에게 주어진 임기 동안 그의 비전과 국가 경영 철학을 충분히 실현할 수 있도록 그에 상응하는 권력을 위임해야 한다. 그러나 지금의 제도는 국회를 대통령 임기 중에 따로 선출해 국민 스스로 선출한 대통령을 또한 국민 스스로 선출한 국회의원들로 하여금 견제하게 하고 때로는(특히 야당이 다수당이 될 경우에) 무력화하게 함으로써, 대통령이 권력을 제대로 행사하지 못하게 하는 이원적 민주주의 정통성 문제를 안고 있다.

물론 의회가 역할을 제대로 수행하는 것이 민주주의의 중요한 요소인 권력의 분산과 상호 견제에 도움이 된다. 그러나 오늘날 한국의 상황은 국민이 정부를 바꿀 수 없는 예전의 절대왕정 같은 상황에서 의회의 권력과 역할의 신장이 바로 민권의 신장으로 연결되어왔던 때와는 다르다. 오늘날의 대통령은 4~5년의 짧은 임기를 부여받고 국민들이 직접 선출한 최고행정관(chief executive)이기 때문에 이를 의회가 철저히 견제하게 하는 것만이 반드시 민주주의의 원칙에 부합된다고 할 수는 없다. 오늘날과 같이 세계화의 시대에는 국가의 의사 결정이 신속하고 과감하게 이루어져야 하는데, 의회의 지나친 권력과 행정부에 대한 견제는 결국 국정의 정체를 가져오기 쉽다. 이른바 '오지도 가지도 못하는 사회(blocked society)'로 가는 길이 될 수 있는 것이다. 기업과 국가가 직접 비교될 수는 없겠으나, 이는 마치 CEO를 이사회가 사사건건 견제하고 무력화하는 것과 같다.

과거 한국은 국회가 막강한 법적 권한을 가지고는 있으나 여당이 거의 대통령의 사당처럼 됨으로써, 국회가 실질적으로는 정책적 토의와 국정의 견제보다는 정책적 거수기 역할을 했다. 그러나 야당이 다수당이 되고 권력 행사가 투명해지면서, 특히 노무현 정부 이후 대통령과 집권 여당의 관계 설정이 모호해지면서 이러한 권력관계는 크게 변화되었다. 국회의 권한이 헌법에 명시된 그대로 살아남으로써, 이는 오히려 한국이 스스로 '오지도 가지도 못하는 사회'로 접어드는 중요한 요인이 되고 있다.

둘째, 정당의 취약성이다. 한국의 정당은 크게 보아 양당 정치의 전통을 지켜오고 있으나, 실제로 정당의 구성, 뿌리, 운영, 역할 등을 볼 때 민주주의 정치체제하에서 정당이 해야 하는 역할에 비해 크게 취약하거나 왜곡되어 있다. 우리의 정당은 우리 사회가 추구해야 하는 가치와 목표에 대해 문제의식을 가지고 비슷한 견해를 가진 정치지망생, 정치인들에 의해 구성되고 조직된 정당이라기보다 대통령을 추구하는 개인을 중심으로 개인적인 연과 지역적 고리를 중심으로 이합집산을 거듭해왔다.

민주주의 정치는 정당을 중심으로 그 국가 사회가 추구하는 가치와 목표를 구체적 정책으로 내걸고 선거를 통해 국민의 선택을 받아 집권하는 정당이 그 가치와 정책 목표를 추진함으로써, 국민이 원하는 방향으로 국가를 운영해가는 것이다. 그러나 우리의 정당은 가치와 정책적 목표보다는 지역적 정서에 기반을 둔 정치적 투쟁과 상대 당에 대한 무조건적인 비방과 반대를 업으로 삼는 정당정치의 전통을 고수하고 있다. 어느 나라에서나 '정치인'이라는 직업이 크게 존경받지는 못하지만, 한국에서 '정치인'은 긍정적인 면보다 부정적인 인상을 더 많이 내포하는 직업으로 인식되어가고 있다. 이러한 정당이 집권했을 경우 구체적 정책 방향에 대한 국민의 뜻과 기대를 정책적으로 현실화하는 작업은 주로 민주적 절차로 선출되지 않은 전문적 관료의 영역에 머물고, 정당과 행정부의 정책 입안과 추진의 연결고리는 미약해진다. 그 결과 정당이 하는 역할은 무엇인지, 그리고 우리는 과연 국가의 정책을 주도해갈 정부와 인사를 국민이 선출하는 민주주의적 권력구조를 가지고 있는지에 대한 근본적인 의문에 부딪힌다.

셋째, 집권 여당과 대통령의 공조 및 협력 관계가 제도적으로 매우 모호하다. 대통령 선거에서 정당은 후보를 배출하고 이 후보를 통해 집권을 추구한다. 그러나 정당의 후보로 선거에서 선출된 대통령과 집권 여당의 관계가 어떻게 설정되는지 살펴보면 상당히 모호하다. 헌법에서도 이에 대해서는 아무런 규정도 제공하고 있지 않다. 말이 집권 여당이지 여당이 집권하고 있다고 보기는 어렵다.

이 부분에서는 대통령제와 내각책임제의 경우가 크게 다르다. 가령 영국과 같은 의원내각제(Parliamentary System)하에서는 선거에서 다수를 점한 당의 당수가 자동적으로 총리에 임명되며, 선거 전에 구성된 예비내각이 행정부를 접수해서 정당이 선거 과정을 통해 국민에게 내건 정책을 추진한다. 당이 바로 정책의 산실이며, 집권하면 바로 당료들이 행정부를 장악하고 당의 정책을 추진한다. 정당과 의회가 행정부를 주도하며, 비선출직인 직업 관료들은 국민이 선출한 정치인 장관과 차관의 지휘하에서 정책을 집행하는 역할을 한다. 물론 이러한 직업 관료들은 정책 자료를 만드는 등 세부적인 정책 추진에서 주도적인 역할을 한다. 그러나 각 부처가 추구하는 가치와 큰 정책 목표는 당의 주도로 만들어져 선거를 통해 국민의 선택을 받아서 당료들이 추진하게 된다.

그러나 대통령중심제하에서는 정당이 추구하는 가치와 정책을 현실화하는 방법이 조금 다르다. 미국의 경우에는 정당의 후보로 대통령에 당선되면 행정부의 차관보 또는 국장까지 정치적 임명(political appointment)을 통해 대개 당원들이 자리를 맡는다. 물론 당원이 아닌 전문인이 담당하는 경우도 적지 않다. 그러나 이때도 주로 직업 관리가 아닌 외부에서, 대통령 및 그가 속한 정당과 관점이나 가치를 공유하는 인사가 임명된다. 새 정부가 출범하면 7,000여 명의 새로운 정부관리가 외부에서 임명된다고 한다. 그리고 이들은 집권정당의 당원이거나 아니면 대개 집권당과 전통적인 연결고리를 가지고 있다. 그러나 한국의 경우는 다르다. 대통령에 선출되면 장관과 차관은 대개 관료 출신과 외부 전문가로 충원되며, 이들은 정당과 구체적인 연결고리를 가지고 있지 않은 인사가 대부분이다. 대통령은 직업 관료들과 더불어 국가를 경영하는 것이다.

넷째, 대통령의 임기 문제다. 현재 한국에서 어떤 문제가 정책 이슈로 등장해 그것이 국회를 통해 입법화되고 법률로 공표되어 실제 적용되는 데는 평균 3년이 걸린다. 그리고 정책이 실시되고 나서 실제 우리 사회와 경제에 효력이 나타나는 것은 그로부터 최소 수년이 경과하고 나서부터다. 5년 단임제하에서는 대통령이 국정을 위해 내건 목표에 대해 제대로 성과를 이루어내고 거기에 책임을 지기에는 임기가 너무 짧다. 또한 국회의원과 선거 주기가 달라서 대통령은 집권 1~2년 만에 실질적 중간평가를 받고, 그 결과 여소야대가 될 경우에는 국정에 대해 실질적 책임을 지고 일하기가 더욱더 어려워진다.

이상과 같은 문제에서 보듯이 현재 한국의 권력구조, 또는 국가지배구조는 효율적인 국가 경영을 하는 데나 민주주의의 취지를 실현하는 데 많은 한계를 가지고 있다.

제2장 대통령중심제 지난 20년간의 변화

한국에서 본격적인 정치민주화가 시작된 것은 1987년 이후라고 볼 수 있다. 그러한 민주주의의 경험이 이미 20년을 넘었다. 그리고 현재 한국의 국가지배구조와 권력구조가 기반으로 하고 있는 것은 1987년의 헌법이다. 지난 20년간 우리는 이 헌법에 따라 국가 권력을 구성하고 행사해오고 있다.

그러나 실제의 권력구조, 즉 권력이 향유되고 행사되며 이를 통해 국가가 운영되는 실상에는 커다란 변화가 있어왔다. 그것은 국가를 통치하고 국정을 운영하는 과정이 단순히 명문화된 제도에 의해서만이 아니라 실제로 암묵적인, 보이지 않는 제도와 관행, 그리고 그것을 가능하게 해주는 정치의 하부구조에 기반을 두고 있기 때문이었다. 지난 20년 동안 이러한 암묵적 제도와 관행 그리고 경제구조에는 많은 변화가 있었다. 특히 외환위기 이후 지난 10년간 경제구조에 큰 변화가 있었다. 그 결과 우리는 지난 20년간 똑같은 헌법을 가지고 있지만 실제로 권력의 기반과 그것이 행사되는 과정과 한계에서는 커다란 변화를 겪었다.

이렇게 된 주요인은 바로 실질적으로 대통령 중심의 권력구조를 형성하던, 보이지 않는 제도를 지탱해주던 기반이 무너졌기 때문이다. 성문화되지 않고 보이지 않는 제도가 무너지면 이를 새로운 성문화되고 보이는 제도로 보완해주든가, 아니면 시민사회의 성숙과 사회적 자본(social capital)의 축적으로 사회적 문화와 관행이라는 또 다른 보이지 않는 제도의 발전이 이를 보완해주어야 한다. 이와 더불어 성문화되지 않고 그 사회의 경제구조 또는 어떤 이유에서든 생겨난 관행에 의해 권력이 행사될 수 있었다가, 이것이 그러한 관행의 소멸로 더 이상 행사될 수 없다면, 성문화된 법으로 다시 권력을 재구성해주어야 한다. 국가의 권력이 효율적으로 행사될 수 없으면 국가가 제대로 기능할 수 없으며, 그 사회는 혼란과 정체의 나락으로 떨어질 수밖에 없다. 지금 한국 사회는 이러한 기로에 놓여 있는 것으로 보인다.

지난 20년의 눈부신 정치민주화의 진전은 국가 경영의 효율성이라는 관점에서 볼 때 많은 문제를 노정해왔고, 이러한 문제는 더욱 깊어지고 있다. 지난 20년간 한국에서 '국가의 정책 추진' 기능과 '법질서의 엄격하고 공정한 적용'이라는 기능은 크게 약화되었다. 국가의 가장 중요한 이 두 가지 기능이 약화됨으로써 국가와 정부의 기능에 대한 국민들의 신뢰가 낮아지고 있다. 경제정책에서 우리 경제사회의 환부가 깊어지는 것을 보고도 도려낼 수 있는 국가 기능이 약화되었으며, 위기가 닥쳐왔을 때에야 외부의 힘을 빌려 그동안 미뤄두었던 과제를 겨우 정리할 수 있는 상황이 되어버렸다.

1997년의 외환위기는 민주화 이후 국내외 경제 환경이 급속히 변화하고 있었는데도 이에 대해 적시에 정책적·제도적 대응을 할 수 있는 국가의 기능이 얼마나 취약했는지를 단적으로 보여주었다. 우리 경제에 적체되어 있던 개혁의 과제를 제대로 처리하지 못했기 때문에 일어난 위기였다. 위기를 겪고 나서야 IMF 관리체제하에서 그러한 과제를 부분적으로나마 겨우 정리할 수 있었다.

경제위기를 극복한 이후의 국정도 위기 이전과 유사한 양상을 보인다. 실질적 권능이 강해진 국회, 권력화한 노조, 정치화한 언론, 투쟁적 시민단체의 틈에서 국가 기능은 점점 더 취약해졌으며, 외환위기 이전에 보이던 정책 추진의 답보와 정체가 되풀이되고, 오히려 더욱 심해지고 있는 듯하다. 한국은 또 다른 위기가 닥쳐야만 정체되어 있는 개혁의 과제를 해결할 수 있는 '위기의존형' 국가가 되어가고 있는 것은 아닌가?

우리는 왜 이런 상황을 경험하고 있는가? 필자가 보기에 그것의 주된 이유는 한국의 국가권력이 지난 20년간 대통령과 행정부에서 국회, 검찰, 법원 등으로 크게 분산된 반면, 재벌, 노조, 시민단체 등의 사적권력(이것이 적당한 표현인지는 모르나)은 오히려 집중되고 강화되었기 때문이다. 그리고 그 분산된 국가권력이 이러한 사적권력에 포획되어 국가 기능 자체가 위약해지고 있기 때문인 것으로 보인다.

이런 현상은 왜 일어난 것인가?

경제구조 변화가 권력구조 변화를 주도

지난 20년간 한국 정치 변화의 뚜렷한 추세는 민주주의의 심화이며 국가권력의 분산화(decentralization)다. 이러한 변화는 근본적으로 지난

20년간 우리 경제사회에 일어난 구조 변화에 기인한다. 그리고 이러한 대중민주주의로의 꾸준한 심화·발전과 정치권력의 분산화를 밑바탕에서 주도해온 큰 힘은 바로 경제 개방과 자유화라는 경제정책 패러다임의 변화였다고 할 수 있다.

경제의 개방과 자유화는 필연적으로 정치권력의 분산으로 연결되어 왔다. 개방과 자유화는 동시에 투명화를 지향하기 때문이다. 이는 한국의 현상은 아니다. 금융실명제의 도입, 그리고 외환위기 이후의 광범위한 금융구조 조정, 자본시장 개방, 금융질서의 변화, 외국 투자자들의 국내 자본시장에서의 영향력 증대 등이 이러한 정치질서의 변화를 주도한 근본적인 요인이었다.

실제로 외환위기와 이로 인한 한국 경제정책과 질서의 커다란 변화는 우리의 정치와 권력구조에 일대 변화를 예고한 것이기도 했다. 외환위기 이후의 구조 조정과 경제 환경 변화는 관치금융을 실질적으로 종식시키고 기업에 획기적인 재무구조의 개선을 가져왔다. 이는 결과적으로 기업의 입장에서 볼 때 정경유착의 필요성을 크게 줄였고, 권력과 정치계의 입장에서 볼 때 탈법적 정치자금의 모금을 더 이상 어렵게 하는 경제 환경을 만들었다. 다시 말해 경제적 변화가 정치적 변화를 초래한 가장 중요한 힘으로 작용한 것이다.

1993년 김영삼 정부 때 도입된 금융실명제는 권력자들의 부정 축재를 어렵게 하고 이에 대한 추적을 가능하게 했으나, 그 자체가 정경유착을 완전히 차단할 수 있는 제도라고 할 수는 없었다. 정치권력자들이 기업에 이권을 나누어줄 수 있는 경제체제하에서는 기업은 무슨 수를 써서라도 이러한 이권을 얻기 위한 로비를 할 수밖에 없다. 따라서 방법이 불편해지고 더 많은 비용이 들더라도 정치권력과 관련한 부정부

패는 지속될 수밖에 없다. 그러나 외환위기 이후 IMF 관리체제하에서 도입된 일련의 구조 개혁과 정책의 변화는 결과적으로 기업의 부채의 존도를 획기적으로 줄여놓았고, 금융 질서를 크게 변화시켜 정부의 금융자원 배분에 대한 개입(이른바 '관치금융')의 여지를 대폭 축소했다. 이와 더불어 금융감독 및 회계 관련 제도가 변화하고, 주요 기업에 대한 외국인 투자지분이 60% 내외를 육박하는 상황이 되면서 기업의 경영과 재무, 회계에 대한 시장의 감시 기능이 대폭 강화되었다.

이러한 일련의 변화는 기업들이 대출 확대 및 연장을 위해 정부 권력에 로비를 해야 할 수요를 줄였을 뿐 아니라 그렇게 할 수 있는 여지도 크게 감소했다. 기업회계와 경영은 좀 더 투명해지고 건전해질 수밖에 없었다. 그 결과 비옥하던 정경유착의 토양이 척박해지고 정치자금의 불법 모금이 줄어들 수밖에 없었으며, 나아가 최고 권력을 가진 대통령이 정치자금 지원으로 정당과 소속 의원에게 영향력을 행사할 여지도 사라졌다.

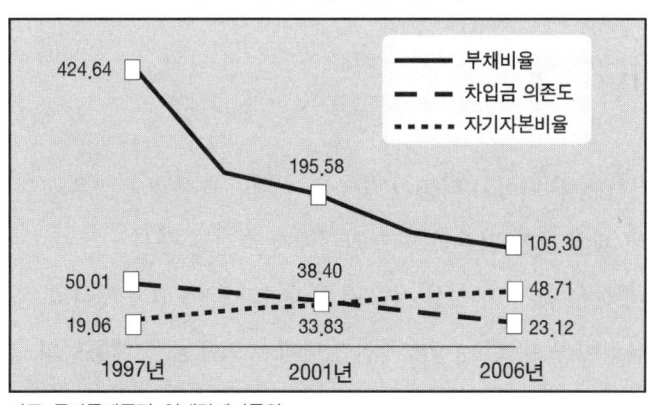

그림 2-1 **안정되는 기업 재무지표**

자료: 국가통계포털, 현대경제연구원.

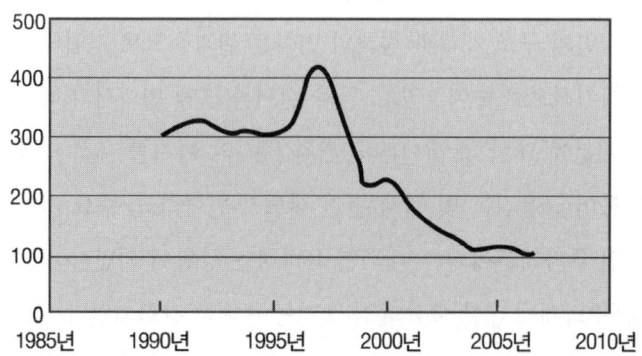

그림 2-2 전 산업 부채비율

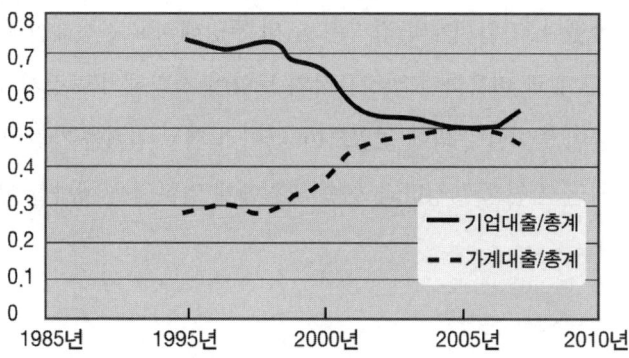

그림 2-3 은행의 대출 비중 구성 변화

가신정치의 종식

 이러한 상황 변화와 더불어 김영삼, 김대중 대통령의 경우와 같이 과거 오랜 세월 동안 민주화 투쟁 과정에서 축적된 끈끈한 동지 관계, 가신 관계 같은 것이 더 이상 정당과 청와대의 끈이 되지 못하고 정당 내의 응집력이 될 수 없는 상황에서 정당과 국회에 대한 대통령의 영향력은 크게 축소되어왔다. 이러한 문제는 노무현 정부에 와서 특히 심화되

표 2-1 **대통령의 무정당 통치 기간**

대통령	무정당 통치 기간
노태우	1992.9.18~1993.2.25(총 160일. 약 5개월)
김영삼	1997.11.7~1998.2.25(총 110일. 약 4개월)
김대중	2002.5.6~2003.2.25(총 295일. 약 10개월)
노무현	2007.2.28~2008.2.25(총 362일. 약 12개월)

자료: 박명림(2008).

었다. 실제로 헌법에서 대통령과 여당, 정부와 여당과의 관계를 규정하는 문구는 한 자도 찾아볼 수 없다. 법이 규정하는 바가 아닌 관행과 습속으로 대통령과 여당, 그리고 정부와 여당의 관계가 이루어져왔다. 한국과 같이 정당이 이념과 정책으로 결속되기보다는 지역 배경에 기반을 두고 구성된 경우, 그 지역 맹주가 아닌 이가 대통령으로 당선되면 대통령이 추구하는 정책을 추진하는 데 집권 여당의 공조와 여당의원의 협력을 보장받기 어렵다. 대통령이 과거와 같이 당 총재를 맡지 않고 집권 여당에 정치자금을 지원하지 못하며 공천에도 별다른 영향을 미치지 못하는 상황에서는 더욱 그러하다.

더욱 심각한 문제는 노태우 정부 이래 대통령의 탈정당으로 민주화 이후 네 정부에서 모두 예외 없이 무정당 대통령이 민주주의국가에서 국가 통치를 맡아왔다는 것이다.[1] 나아가 한국에서는 정당 자체가 뿌리 없이 이합집산을 거듭하며 정책을 책임지지 않고 있다.

이제 헌정 60년을 맞았다. 지난 60년간 대한민국의 역사는 수많은 곡절과 굴곡을 겪었으나 분명 자랑스러운 역사다. 경제와 정치 모두 우리

---

[1] "민주화 이후 지난 20년 동안 네 정부에서 전체적으로는 총 31개월, 927일을 정당에 기반하지 않은 통치를 수행해왔다"(박명림, 2008).

과거사에서 보기 어려운 도약을 이루어낸 성공의 역사다. 필자가 볼 때 이는 과거 대통령제하에서 행정부가 중심이 되어 정책을 입안하고 이를 입법화해 주요 국가정책을 시의적절하게 효율적으로 추진할 수 있었기 때문이다.

그러나 그 배경을 보면 이러한 발전은 한국의 헌법상 규정된 대통령중심제와 삼권분립이라는 권력구조가 효율적이어서가 아니라 대통령이 정당을 실질적으로 지배하고 나아가 국회에 막강한 영향력을 행사해 국회를 사실상 무력화했던 권력의 역학 관계가 있었기 때문이다. 다시 말해 우리가 지닌 헌법상의 엄격한 삼권분립의 권력구조가 우리의 상황에 맞는 효율적인 권력구조여서가 아니라, 이를 과거의 대통령들이 비정상적으로 운영해왔기 때문에 효율적인 정부와 국가 시스템을 가질 수 있었던 것이며, 당시 한국의 경제구조가 이를 가능하게 해주었던 것이다.

권력기관의 역할 변화

이는 또한 검찰, 국가정보원, 국세청 등이 대통령이 정치권력을 행사하고 국가 경영을 해나가는 데 중요한 도구로 작용을 해왔기 때문이다. 물론 이는 이 기관들의 원래의 취지와 부합하는 역할이었다고 할 수 없고 바람직한 일이었다고도 할 수 없다. 그러나 한국과 같이 누구에게나 공정하고 투명하게 법이 적용되지 않던 사회에서 (만약 최고 통치자가 바른 의도를 가지고 있다면) 이러한 권력기구의 정치적 목적을 위한 자의적 활용은 국가 경영에 도움이 되는 '성문화되지 않은 제도'였기도 했다고 볼 수 있다.

한국 기업들이 고속 성장을 하는 과정에서 모든 세법과 상법을 준수하면서 영업활동을 해온 것도 아니고, 기업의 비용과 기업주 가족의 사적 비용이 엄격히 구분되어 사용되어온 것도 아니다. 그리고 정치인이나 기업인, 고위 관료의 재산 축적 과정이 모두 투명하게 이루어진 것도 아니다. 이러한 사회질서하에서 법이 모든 이에게 공정하고 투명하게 적용·집행되어온 것도 아니다. 이는 거의 모든 후진사회가 보인 공통적인 현상이기도 하다. 오늘날 선진사회는 시민혁명과 오랜 기간에 걸친 경제적·사회적 발전과 민주주의제도의 정착을 통해, 그것도 수많은 사회적 비용을 치르면서 투명성과 공정성에 기초한 법치사회를 이루어냈지만, 아직도 이러한 문제에서 완전히 자유롭다고 할 수는 없다.

민주주의 정치제도를 가지고 있지만 법질서가 투명하게 적용되지 않고 또한 시민들에게 절제와 질서 준수가 생활문화로 정착되지 않은 사회일수록, 국가 사회의 발전과 국세 융성을 위한 성공적인 리더십을 발휘하기 위해 국가는 이른바 '공안당국'의 힘을 빌리거나 국가가 자원의 상당한 부문을 직접 관리할 수 있는 시스템을 확보하려 한다. 러시아의 푸틴 전 대통령이 재임 당시 성공적인 지도자로 평가받은 것도 바로 모든 석유개발권을 국유화하고 정보기관을 확실하게 장악했기 때문이다. 싱가포르의 리콴유(李光耀) 총리도 비슷한 경우다. 그가 테마섹(Temasek)이나 싱가포르투자청(GIC)을 통해 국가 자원을 직접 통제하고 공안을 장악해 거의 일당체제를 지속해오지 않았다면, 싱가포르에 오늘날과 같은 발전을 가져다준 성공적 지도자로 평가되지 못했을지도 모른다.[2]

---

[2] 현재도 싱가포르투자청의 이사회 의장은 리콴유 전 총리가 맡고 있으며, 테마섹의 총재는 그의 며느리, 즉 현 리셴룽 총리의 부인이 맡고 있다.

물론 이러한 보이지 않는 제도의 정치도구화는 양날을 가진 칼과 같아서 인권을 억압하고 권력자 개인의 권력 유지와 일가집단의 영달을 위한 무지한 독재의 도구로 활용될 수도 있다. 그러나 최고 권력자가 바른 동기로 이를 국가를 위해 공정하게 활용한다면 국가의 기강을 다스리고 정책을 효율적으로 추진하는 데 훌륭한 도구로 작동될 수 있는 것이다. 또한 굳이 상시적으로 활용하지 않더라도 이를 최고 권력자가 언제든 활용할 수 있다는 인식을 사회구성원(특히 고위 관료, 기업인, 정치인, 언론인, 시민단체의 리더 등 사회의 권력을 나누어 가진 사람들)이 지니는 것만으로도 어느 정도 자기절제(self-restraint)의 장치로 작용될 수 있는 것도 사실이다.

민주화 이후의 정부

1987년 제6공화국 헌법 개정이 있은 이후에도 노태우 정부에서는 여전히 관치금융과 정경유착이 지속되었고, 이러한 현상은 김영삼 정부 시기에 금융실명제로 어느 정도 줄어들었으나 여전히 금융시장의 질서로 보아 정경유착의 문제가 구조적으로 남아 있었다. 이는 이른바 한보 사태, 김현철 사건 등으로 표출되기도 했다. 그러나 1997년 외환위기를 맞아 금융·자본 시장 질서의 커다란 전환기를 거치면서, 결국 김대중 정부 시대에 들어와서는 정경유착이 거의 근절될 수밖에 없는 구조적 변화가 일어났다. 그러나 이 당시만 해도 기업과 금융의 구조 조정 과정에서 정부의 재량적 판단이 기업의 사활에 중대한 영향을 미칠 수 있었으므로, 특히 부실해진 기업과 구조 조정의 대상이 된 회사의 집중적인 대정부 로비가 있었고, 정경유착의 구조적 요인이 강하게 잔존하고 있었다.

  그러나 금융 부문과 기업의 구조 조정이 대략 마무리되고 기업의 재무구조가 획기적으로 개선되어가던 김대중 정부 말기에는 이러한 정경유착의 구조적 요인도 크게 축소되었다. 따라서 재계는 정부의 정책을 공개적으로 비판하는 것에 더 이상 큰 두려움을 느끼지 않게 되었다. 또 이들의 영향력하에 있는 언론을 중심으로 정치권력에 대한 두려움도 없어졌다. 그러나 김대중 정부 시기에도 대통령이 검찰, 국세청, 국가정보원 등을 국회의원, 언론, 기업을 통제하는 등의 정치적인 목적으로 사용한 흔적은 많이 있다. 정권 초기 검찰 수사 위협으로 야당 국회의원을 여당으로 빼오기도 했으며, 주요 언론사에 대해 세무조사를 벌여 사주들을 탈세 혐의로 구속하기도 했다.

  경제구조 변화로 정경유착의 기반이 무너지고 정치의 투명화 추세가 확연해져 대통령의 권력 약화가 심화된 것은 노무현 정부에서다. 노무현 정부가 출범했을 당시에는 이미 금융기관의 종합적 대차대조표가 크게 조정되어 은행의 최대 부채자들은 가계와 중소기업이었으며, 외환위기 이후 구조 조정 과정에서 살아남은 대기업들은 재무구조 개선 노력으로 더 이상 자금 수요가 없어졌고, 있더라도 그들이 자금을 조달하는 창구는 정부가 영향력을 행사하는 금융기관이 아니라 외국인 투자자들이 영향력을 행사하는 국내 자본시장이나 국제 금융시장이 되었다. 따라서 정부와 대기업의 정경유착의 구조적 요인은 거의 사라졌다.

  게다가 노무현 대통령은 취임하자마자 스스로 검찰, 국가정보원, 국세청 등 이른바 권력기관들을 국가 통치를 위한 도구로 사용하지 않고 원래의 취지에 맞는 기능을 수행하는 데 충실하도록 하겠다고 천명했으며, 실제로 이 기관들로부터 대면보고도 받지 않고 정치적 개입을 중단했다. 노무현 정부 출범과 더불어 시작된 여야 대선자금에 대한 검찰의 수사는 정경유착의 여지를 차단해버렸다. 따라서 김대중 정부 후반기에 정경유착의 구조적 요인이 소멸된 데 이어 노무현 정부 때는 자금 지원을 통한 정당과 국회에 대한 '회유적 영향력'뿐 아니라 검찰, 국세청, 국가정보원을 통한 '징벌적 영향력'마저 거의 사라졌다.

그 결과 대통령과 대통령을 중심으로 한 행정부와 정당 간의 관계에 적지 않은 변화가 일어났으며, 나아가 대통령이 국회를 통해 정책을 입법화하는 과정을 관리해가는 중요한 통로가 붕괴되었다. 이러한 변화는 청와대와 여당, 행정부와 국회 간 기존 관계를 변화시켰다. 그뿐만 아니라 우리 사회에서 최고 권력자에 대한 두려움을 없애고 기업, 언론, 시민단체 및 일반 국민이 대통령과 정부를 원색적으로, 때로는 사실 여부와 관계없이 과도한 비난을 할 수 있도록 만들었으며, 이는 다시 국민 대중의 인식에 영향을 끼쳐 국정 지지율을 떨어뜨리고 대통령의 국정 수행 능력마저 저하시켰다. 그야말로 어린 학생부터 지식인에 이르기까지 '대통령 때리기'가 우리 사회의 일상적인 일이 되어버렸다.

이에 더해 국무위원, 국가정보원장, 검찰총장, 국세청장 등 요직의 인사를 국회의 청문회를 거쳐 임명하도록 한 제도가 도입되어 대통령의 재량적 인사권도 제한을 받게 되었다. 그리고 인사 청문회 과정에서 정책에 대한 검증보다는 과거 행적에 대한 비판과 흠집 내기에 치중하여, 취임하기도 전에 국민에 대한 도덕적 권위와 국회에 대한 입지를 취약하게 만들어버리는 경우도 적지 않게 되었다. 미국에서도 주요 정부 인사의 임명 시 의회의 청문회를 거치지만, 하원이 아닌 당파적 색채가 옅은 상원에서 청문회를 주관하고 있다.

다시 말해 지난 약 10년간 우리 경제의 구조적 변화로 급격하게 변화되어온 대통령(행정부)과 정당, 대통령(행정부)과 국회와의 관계는 대통령(행정부)의 효율적인 국가정책 결정과 추진 능력을 크게 떨어뜨렸을 뿐 아니라, 여기에 추가로 검찰, 국가정보원, 국세청 등 이른바 권력기관의 역할 변화로 대통령의 국가 경영 능력은 크게 제한받게 되었다. 이러한 상황에서는 누가 대통령이 되더라도 효율적으로 국정을 수행하기 어렵다. 현재와 같이 정치가 지역으로 분할되어 있는 상황에서, 더욱이 보수, 진보의 대립이 심한 가운데서는 누가 대통령이 되든지 반대편 언론과 지역, 단체의 집중적이고 때로는 도가 지나친 공격을 받아 후반으로 갈수록 국정을 제대로 수행하기가 어려워진다. 이명박 정부도 이미 임기 초반부터 이러한 현상을 경험하고 있다.

유럽의 경험과 고민

오늘날 지구상에서 급격히 진행되고 있는 세계화(globalization)의 물결로 모든 나라들은 이러한 흐름에 맞춰 정책을 전환해야 하는 문제에 봉착했다. 자본과 기술, 기업이 국경을 자유롭게 넘나들고 있으며, 나아가 인재와 인력의 국가 간 이동도 확대되고 있다. 이제는 국가의 번영이 얼마나 많은 외국의 자본과 기업을 유치하고 기술과 인재를 끌어들이느냐에 좌우되는 시대가 되었다. 이러한 시대에 국가경쟁력을 갖추기 위해서는 이에 대해 우호적인 경제 환경을 조성해야 한다. 낮은 조세부담률, 유연한 노동시장, 자유로운 기업 환경, 법치, 투명성, 생활의 안락함과 자녀 교육의 수월함을 제공하는 각종 인프라를 구축해야 한다. 지금 세계 각국은 이를 위해 치열하게 경쟁하고 있고, 동시에 이 과정에서 여러 장애를 극복하는 데 국가 능력이 한계에 부딪히기도 한다.

지난 20여 년간 빠르게 진행된 세계화의 물결에 더해 각국에서 진행되고 있는 고령화, 저출산의 추세는 인구의 구조를 급속히 변화시키고, 연금, 청년 실업 등 세대 간 문제에 대한 정책 간 대립도 더욱더 첨예화하고 있다. 특히 오늘날 많은 유럽 국가들은 이러한 과제를 풀어가는 데 한계에 부딪혀, 이를 극복하기 위한 과정에서 심한 사회적 갈등을 겪고 있다. 이에 따라 종국적으로 어떤 나라가 이러한 문제에 효율적으로 대처할 수 있는 국가지배구조(state governance system)를 갖추느냐가 그 나라의 성쇠를 결정짓는 관건이 되고 있다.

중국과 인도가 급격히 부상하고 유럽연합(EU)의 확대로 중동부 유럽과 서부 유럽의 경제 통합이 빠르게 일어나고 있는 지금, 그동안 세계 질서와 경제를 주도해온 서방 세계는 위기감을 느끼고 있다. 서부 유럽 국가들은 그들이 발전시켜온 연금·복지·노동제도로 경제의 유연성에 제약을 받고 경쟁력이 떨어지는 등 중대한 도전에 직면해 있다.

높은 복지 비용을 감당하기 위해서는 법인세 및 소득세의 감면 등 투자와 기업을 유치하기 위한 유인책을 펴기 어렵다. 따라서 기업과 투자는 중국, 인도, 동유럽 등지로 속속 옮겨가고 있으며, 제조업의 경쟁력은 날이 갈수록 열악해지고 있다. 이미 서유럽 국가는 연금·복지제도 및 근로자 보호제도가 열악해져 기업의 부담이 적고 정책과 의사 결정이 빠른 중국 및 여타 동남아시아 국가들과 구소련에 속해 있던 신생국들의 경쟁력을 따라갈 수 없는 상황이다. 반면 폴란드, 체코, 헝가리 등 중부 유럽은 지난 10여 년간 IMF 주도의 신자유주의적 개혁으로 서유럽 국가들이 수십 년간 노력해야 이룰 수 있을 개혁 과제를 (물론 커다란 고통과 혼란을 겪었지만) 단시일에 해결하여 경제의 유연성이 훨씬 높아졌다.

이러한 상황에서 서부 유럽 국가들이 살아남으려면 지금의 각종 복지와 연금 혜택 등 무거운 짐을 다소 내려놓고 뛸 수 있게 하는 개혁이 필요하지만, 이는 그들의 권력구조와 대중민주주의체제하에서 쉽사리 추진되지 못하고 있다. 기업에게 근로자의 연금이나 의료비 등에 대해 과도한 부담을 지워서는 경쟁력을 갖기 어렵다. 또한 국가의 재정으로 이를 부담한다면 결국 기업과 개인의 조세 부담으로 돌아와 기업 투자와 인재 유치에 어려움을 겪게 된다. 이를 막으려면 국가 부채의 확대가 불가피해지는데, 이는 EU의 협약상 단일통화정책 유지를 위해서도 허용되지 않는다. 이것이 바로 프랑스, 독일, 네덜란드, 덴마크, 스웨덴 등 서유럽 및 북유럽 국가들이 안고 있는 절박한 과제다.

이들 나라에서는 이러한 과제들을 적시에 풀어내지 못하면서 정치는 더욱더 불안정해지고 국민적 합의가 표류하고 있는 상황이 지속되고 있다. 이는 오늘날 대중민주주의하에서 복지국가들이 가지고 있는 공통된 고민과 한계다. 나아가야 할 방향을 절감하고 있지만 몸이 움직여주지 않는 답답한 현실에 놓여 있는 것이다. 오죽하면 스스로 자신들의 사회를 '갇힌 사회(blocked society)'라고 부르겠는가. 가벼운 몸으로 뛰어가는 후발 경쟁국들과는 도저히 경쟁할 수 없고, 그렇다고 짐을 벗으려 해도 이미 복지 혜택에 젖어 있는 국민이 이를 지지해주지 않아 장래에 국가가 쇠퇴의 길로 들어설 것을 뻔히 보면서도 어쩌지 못하고 있는 것이 서구 경제의 현실이다. 유럽 내 국가들이 스스로 구속력을 가지게 하여 경쟁력을 높이기 위해서 리스본 협약* 등을 통해 많은 개혁 과제를 명시하고 이의 공동적 노력을 다짐했으나, 실제 이의 진전은 각국의 정치적 상황 탓에 지지 부진한 것으로 나타난다(Wanlin, 2006). 물론 유럽 내 국가들 간에도 차이는 있다. 아일랜드나 영국, 북유럽의 나라들은 대륙 국가들에 비해 더 유연한 개혁정책을 펼쳐왔다. 이는 국가지배구조와 효율적 정부가 어떠해야 하는지에 대해 중요한 물음을 던져준다.

* 리스본 협약(Lisbon Treaty): 2000년 3월 유럽연합이 2010년까지 세계에서 가장 경쟁력 있는 지식 기반 경제로 성장하기 위한 전략을 말하는 것으로, 지속 가능한 경제발전과 안정된 고용, 균형 있는 발전을 이룩하는 새로운 방법을 제시했다.

제3장 어떤 국가지배구조를 갖출 것인가

한국은 아직 선진국에 진입했다고 하기 어렵다. 그리고 우리 국민과 지도자들은 현재의 수준에 안주하기를 원하지 않는다. 우리가 더 많은 국가발전을 이루고 국가의 위상을 더 높이기 위해서는 정치, 경제, 사회 전반에 혁신을 거듭해야 한다. 그래야만 지난 반세기 동안 이루어온 성과를 바탕으로 지금보다 한 단계 더 도약할 수 있다. 이웃 일본이 20세기에 이룩했고 중국이 21세기에 달려가고 있는 국가 도약의 길을 우리도 계속 달려가고자 한다면, 지금의 국가권력구조와 지배구조에 변화가 있어야 한다.

경제구조와 관행이 과거로 돌아갈 수는 없다

경제의 구조가 과거로 돌아갈 수는 없다. 그리고 그것이 바람직하지도 않다. 시장은 더욱 개방화·자유화해야 한다. 기업들도 글로벌 플레이어(global player)가 되어야 우리 경제에 희망이 있다. 그러기 위해서는 국내 기업 및 금융 환경도 글로벌화해야 한다. 이는 우리의 경제가 앞으로 더욱 개방되어야 한다는 것을 뜻한다. 과거와 같은 정경유착의 경제구조로 돌아가는 것은 옳지 않다.

검찰, 국세청, 국가정보원 등의 권력기관도 본연의 모습을 찾아야 한다. 법이 자의적으로 적용되지 않고 좀 더 공정하게 적용될 수 있기 위해서는 우리 사회 전반이 더욱 투명해져야 한다. 다시 말해 경제의 시스템이나 사회의 문화에서도 선진화가 필요하고, 또한 그렇게 되어가는 과정이다.

무엇보다도 우리가 지금의 선진국을 따라잡고 국가 위상의 사다리를 오르기 위해서는 그들보다 국가 자원을 좀 더 효율적으로 가동할 수 있는 우리 나름대로의 창의적인 국가지배구조와 정치 시스템을 갖춰야 할 것이다. 1960년대 초반 박정희 시대에 구축한 정치·경제 시스템은 인권과 자유의 신장이라는 측면에서는 문제가 있었으나 그 당시 한국의 국가 도약을 이루어내는 데는 유효한 기능을 했다. 당시 상황에서 한국 나름대로 국가발전을 위한 창의적 제도를 구축했던 것으로도 볼 수 있는 것이다.

민주주의와 국가 발전

최근 한국에서 박정희 대통령에 대한 평가가 많이 새로워지고 있다. 민주화 이후 네 명의 이른바 '실패한 대통령'과 비교해 그의 성공적 업적을 기리는 사람들이 늘어나고 있다. 그러나 이들의 평가는 대개 경제적으로는 훌륭한 업적을 남겼으나 민주주의의 후퇴를 가져온 것은 잘

못한 일이라는 결론을 내고 있다. 이러한 평가는 정당하지만 동시에 이중적인 면이 있다. 박정희 시대의 권력구조와 경제적 성과는 무관하지 않기 때문이다. 박정희가 오늘날과 같은 권력구조에서도 그와 같은 경제적 성과를 이루어낼 수 있었을까 생각해보면 이에 대한 대답은 부정적일 수밖에 없다. 그것은 오늘날 중국이 한국과 같은 정치체제하에서도 저렇게 빠른 경제개발을 이루어낼 수 있을까 하는 물음과 비슷하다.

박정희가 택하고 구축한 지배구조와 그가 이루어낸 경제적 업적은 한 묶음이지 따로 떼어낼 수 있는 것이 아니다. 그것은 하나의 선택이지 각각의 선택일 수는 없었다. 다시 말해 엄격한 삼권분립의 정치제도를 갖추는 동시에 비약적인 경제발전도 이루는 것이 당시 한국의 정치적·사회적 현실에서는 가능하지 않다고 판단되었을 수도 있는 것이다.

박정희가 1960년대에 두 번의 직접선거로 선출된 대통령 임기 중에 택한 것은 정경유착과 권력기구의 정치도구화를 통한 대통령에의 권력 집중과 이른바 강력한 국가 개입에 의한 정부 주도의 경제발전전략이었다. 이러한 국가권력구조는 당시 국가의 자원을 동원하고 국민의 에너지를 경제발전으로 집중시키는 과정에서 유효한 역할을 했다. 그러나 1972년 그가 군부의 지원하에 강제로 도입한 유신체제에서는 아예 헌법을 통해 유정회를 만들어 집권 여당이 항상 다수당이 될 수 있도록 제도화했으며, 대통령의 국회해산권 등으로 국회를 거의 완전히 무력화했다. 이에 더해 정경유착과 정보정치는 강화했다. 이는 국민들이 대통령을 직접 선택할 권한을 빼앗고 대통령 개인이 영구 집권할 수 있는 길을 튼 것으로서, 분명 민주주의의 부정이었다.

오늘날 선진국의 지위를 누리고 있는 서양의 여러 국가들(미국처럼 독특한 역사적 배경을 지닌 나라의 경우를 제외하고)이 국가발전의 도약을 이룩했던 시기를 보면, 그것은 권력이 분산된 대중민주주의체제하에서 이루어진 것이 아니었다. 영국은 17~19세기 왕조시대, 독일은 비스마르크 시대, 프랑스는 나폴레옹 시대에 크게 번영했고 오늘날 선진국으로서의 기초를 이루었지만, 그 당시 이 국가들에 오늘날과 같은 대중민주주의체제가 도입되어 있었던 것은 아니다.

오늘날의 대중민주주의는 20세기 초반에 들어서야 정착되기 시작한 제도다. 근대 의회민주주의의 발상지라고 하는 영국에서도 그들이 해가 지지 않는 나라를 건설했던 19세기까지만 해도 이른바 엘리트 지배 정치가 이루어지고 있었다. 투표권은 일정 규모 이상의 재산과 소득을 가진 남성에게만 주어졌다. 영국에서 이른바 의회제도의 황금기라고 불렸던 19세기 중반에도 전 인구의 7%만이 투표권을 가지고 있었다. 그리고 이들은 대개 지방귀족, 지주 및 신흥 상인계층, 전문직 종사자들이었다. 상원은 아예 세습귀족으로 구성되어 있었으며, 선출직인 하원도 대개 지방의 지주와 상업으로 성공한 유지들로 구성되어 있었다. 영국에서 21세 이상의 남녀 모두에게 투표권이 주어진 것은 1928년에 이르러서다.

근세 역사의 흐름을 볼 때 일인일표로 대표되는 대중민주주의의 확산과 더불어 정치적 권리의 평등화는 경제정책에서도 평등화를 추구하는 것으로 이어졌다. 영국이나 유럽 대륙 국가 모두 이러한 길을 걸어왔다. 대중민주주의체제에서 정부가 국민에게 선택받기 위해서는 중간투표자(median voter)의 지지를 얻어야 하는데, 이러한 중간투표자의 성향은 대개 중산층 이하의 의견을 대표한다. 어떤 사회든지 경제적 자산이나 소득의 수준에서 중간(median) 순위는 항상 평균(mean) 수준보다 크게 낮다. 따라서 정치적 민주화가 이루어진 국가의 공공정책은 포풀리즘적 성향을 띠기 쉽다. 대중민주주의체제의 국가 지도자는 그 국가의 리더(leader)가 되지 못하고 여론의 추종자(follower)가 되는 경우가 허다하다.

민주주의의 효율적 작동을 위한 장치들

그러나 나라마다 그 정도의 차이가 있으며, 그러한 흐름이 지나치지 않도록 신중하게 견제하는 세력의 목소리도 존중될 수 있는 장치 또한 마련하고 있는 경우가 많다. 국가의 지배구조가 모두 똑같은 것은 아니다. 오늘날 많은 국가는 대중민주주의체제를 구축하고 있으면서도 국가의 의사 결정이 효율적으로 이루어지는 체제를 만들기 위한 나름대로의 장치도 가지고 있다. 특히 민주주의가 외부 세계로부터 이식된 것이 아니라 오랜 세월 그 사회에서 내생적으로 발전·진화해온 것일 경우에는 성숙된 언론의 역할과 시민들의 절제, 사회규범에 대한 존중과 질서의식 같은 사회적 자본이 축적되었을 뿐 아니라 대중민주주의의 취약점을 견제할 수 있는 제도적 장치도 살아 있음을 볼 수 있다.

영국의 경우 대중민주주의를 도입한 이후에도 정부의 정책 결정이 장기적 시각을 가지고 효율적으로 이루어지게 하기 위한 몇 가지 제도적 장치를 유지해왔다.

상원제도의 존속이 그 한 예가 될 수 있을 것이다. 1997년 블레어의 노동당 정부가 집권할 때만 해도 상원은 주로 세습귀족들로 이루어져 있었다. 비록 법률의 제정권은 없으나 법률안을 심의하고 수정을 요구할 수는 있다. 이들은 종신직으로서 대개 높은 식견과 경험을 가지고 있으며, 선출된 정치인이 아니기 때문에 장기적인 시각을 가지고 국가

정책의 입안에 임할 수 있고, 그러한 시각에서의 정책 토론의 수준을 사회에 제시해왔다.

노동당 정부가 최근 들어 상원의 개혁을 추진해오고 있으나 아직도 상원의원의 선출직화는 반대에 부딪혀 못하고 있으며, 비록 상원에서 세습귀족의 의석수는 크게 줄었으나(전체 723석 중 약 10분의 1) 나머지는 모두 종신귀족과 성직자들로 구성되어 있다. 종신 상원의원들은 대개 정치, 경제, 문화, 언론 등 각 분야에서 일가를 이룬 전문가들로 구성된다. 그들의 다수는 정당에 소속된 당원이기도 하지만 무소속 의원도 많다. 이들은 정치적 인기주의에 영합한 정책에 제동을 걸고 장기적 관점에서 국가의 정책을 추진하기 위한 토론의 장을 제공하고 있다.

영국은 양당제에 기초한 의원내각제를 채택하고 있다. 영국의 선거제도는 소선거구제도로서 비례대표제를 도입하지 않고 있다. 따라서 군소 정당이 의회의 의석을 확대하기는 어렵다. 어떻게 보면 충분한 대의정치라고 볼 수 없다. 예를 들어 지난 2005년 5월의 총선에서 자유민주당(Liberal Democratic Party)은 22%의 득표율을 보였으나 실제 의석수는 전체의 10%에도 미치지 못했다. 반면 여당인 노동당(Labor Party)은 35.2%의 득표율로서 약 55%의 의석을 차지했다. 이렇게 순수 소선구제를 고집해 양당제도를 유지함으로써 다수당이 되는 경우 의회 과반수를 차지하여 국정을 효율적으로 추진해갈 수 있다.

영국의 총리는 명목상 국가원수가 아닐 뿐, 그 권한이 막강하다. 필자가 보기에 영국 총리는 한국의 대통령보다 국정 운영에서 훨씬 더 막강한 권한을 가지고 있다. 부처의 통폐합과 조직 개편, 각료 임면을 의회의 동의나 청문회 없이 마음대로 할 수 있으며, 내각회의의 참석자 기준까지 마음대로 정한다. 내각에서 결정된 정책은 여당이 절대 다수당이므로 집권당 의원들의 큰 이탈이 없으면 어렵지 않게 의회에서 통과된다. 한 번 국민에게서 정권을 수임하면 국정을 효율적으로 처리해 갈 수 있게 하는 것이다.

물론 견제 장치는 마련되어 있다. 의회에서는 여야 간 토론이 활발하게 진행되며, 총리는 국민의 지지율이 떨어지면 당내에서 당수직 도전을 받게 되므로 국정을 합리적으로 수행해야 한다. 영국이 대륙 국가들에 비해 훨씬 더 국내외 환경 변화에 정책적으로 유연하게 대응해올 수 있었던 데는 우선 영국 국민들의 합리적이고 실용적인 철학과 사고가 바탕이 되었지만, 권력의 '견제와 균형'보다 '효율과 책임'을 강조하는 정치제도도 주요한 역할을 한 것으로 보인다.

한국의 대통령 임기와 장관의 수명

지금 우리의 권력구조는 미국의 대통령제와 가장 유사하다. 그러나 대통령이 지명하는 국무총리라는 선출되지 않는 어정쩡한 직제가 다소 내각제적인 요소를 가미하고 있다. 1987년 헌법의 핵심은 대통령직선제의 부활과 함께 5년 단임제를 채택한 것이다. 5년 단임제는 그 당시의 정치적 상황으로 보았을 때 장점이 있었다. 무엇보다 국민들이 두려워했던 것은 장기 집권과 이로 인한 또는 이를 위한 독재 통치였기 때문이다. 더욱이 5년 단임제는 당시 어느 누구도 국민들의 전폭적인 지지를 받지 못하고 거의 삼분되어 있던 노태우, 김영삼, 김대중 세 대통령 후보의 입장에서 볼 때 타협 가능한 대안이었다. 어쨌든 결과적으로 이 세 분이 5년 단임제의 대통령을 돌아가면서 마쳤다.

그러나 지금의 시점에서 볼 때 한국의 최고 권력자의 임기가 왜 5년 단임이어야 하는지에 대해서는 설득력 있는 답을 찾기가 어렵다. 대통령의 5년 단임제는 그가 실제로 일할 수 있는 기간을 3~4년으로 제한하고 있다. 과거에 대통령을 해본 사람이 대통령이 되는 경우는 없으므로 첫 1~2년간의 학습기간을 빼면 실제로 임기 3년차가 되어야 경륜과 경험이 쌓이는데, 이때는 이미 국민의 지지도가 떨어지고 정당에서는 차기 선거로 관심이 옮겨간다. 짧은 재임 기간 중 주요 정책을 추진하기 위해 대통령은 초조해질 수밖에 없으며, 각료의 교체가 잦은 것도 이와 무관하지 않다.

노태우 정부 이후 각료들의 평균 재임 기간은 겨우 1년 내외다. 예컨대 경제 관련 부처장을 보더라도 노태우 정부에서 경제기획원 장관 4명, 재무부장관 4명, 김영삼 정부에서 경제부총리 7명, 김대중 정부에서 5명, 노무현 정부에서도 4명이 맡아 했다. 교육부장관의 경우는 더욱 심하다. 심지어 가장 장기적이고 일관성 있는 정책이 요구되는 통일부장관의 경우는 노태우 정부에서 4명, 김영삼 정부에서 6명, 김대중 정부에서 6명, 노무현 정부에서 4명이 맡아 했다. 5년 단임 대통령을 한 네 대통령이 모두 예외 없이 이렇게 단명의 장관들을 기용한 것을 보면, 이는 단지 대통령 개인의 인사 스타일에 기인한다고 볼 수 없다. 구조적인 문제에서 비롯된 것이라고 봐야 할 것이다. 노무현 대통령도 취임 전 교육부장관은 본인과 임기를 같이하겠다고 했으나 임기 동안 무려 5명의 교육부장관을 기용해 평균 임기가 1년에 불과했다.[1]

---

[1] 제3공화국과 제4공화국(박정희 정부) 시절 각각 21개월, 24개월이었던 장관의 재임 기간은 전두환 정부 17개월, 노태우 정부 12개월, 김영삼 정부 11개월, 김대중 정부 10개월, 노무현 정부 14개월로 줄어들었다. 이는 평균 4년을 웃도는 미국이나 유럽 국가에 비하면 턱없이 짧다(≪국민일보≫, 2008년 11월 16일자).

이러한 환경에서는 주요 정책을 일관되게 추진하기 어렵고 주요 정책의 변화를 책임 있게 이루어내기도 어렵다. 한 정부에서 수많은 각료들을 양산해 국가의 인재를 낭비하게 되며, 그 자리에 익숙해져 제대로 일을 할 만하면 교체되기 일쑤다. 장관이 1년 만에 어떤 주요한 정책의 전환을 주도해 정착시키기가 쉽겠는가? 앞서 언급한 대로 한국에서 정책이 입안되어 실행되는 주기는 평균 3년이다. 그저 재임 중 대과(大過) 없이 물러날 수 있기만 바랄 뿐이다. 아니면 그 짧은 임기 중에 어떤 업적을 이루어내기 위해 설익은 정책을 무리하게 추진해 훗날 부담이 되게 하기 쉽다.

대통령의 참모들도 마찬가지다. 짧은 임기 동안 청와대에서 보좌한 참모들에게 보답하는 방법이 각료로 승진시켜 내보내는 것이며, 그러다 보니 참모의 재임 기간도 짧아지고 각료의 재임 기간도 짧아진다.

이에 비해 독일의 경우, 통일 당시 외무장관이었던 한스 디트리히 겐셔(Hans-Dietrich Genscher) 장관은 당시까지 무려 18년(1974~1992년)을 그 자리에 있었으며, 싱가포르의 리셴룽은 13년 동안 재무장관에 재직했다. 한국의 경우도 민주화 이전의 경우 남덕우 씨는 재무장관을 5년간(1969.10~1974.9), 경제기획원 장관을 4년간(1974.9~1978.12) 지냈으며, 김용환 씨는 재무장관에 4년간(1974.9~1978.12), 김학열 씨는 경제부총리에 3년간(1969.6~1972.1) 재임했다. 전두환 정부의 사공일 씨는 3년 반 동안(1983.10~1987.5) 경제수석을 지냈다(김충남, 2006).

과거에 훌륭한 업적을 낸 국가 지도자들을 보면 적어도 재임 기간에서는 그들의 철학과 소신을 정책과 제도로 정착시킬 수 있을 만큼의 충분한 시간을 가졌다. 물론 무능하고 시대와 국내외 환경이 던지는 도전에 적절히 대응하지 못하는 미숙한 지도자는 빨리 교체하는 것이 국익을 위해 최선이다. 그러나 지도자도 대통령직 수업이 필요하며, 잘하는 지도자야말로 충분한 시간을 가지고 국정을 주도적으로 운영해갈 수 있도록 해야 한다.

권력구조 개편에서 고려해야 할 몇 가지 준거

그러면 한국은 국가권력구조를 어떻게 개편해야 할 것인가? 필자는 정치학이나 행정학을 전공한 사람이 아니다. 국가권력구조에 대해 제대로 공부한 적도 없고 전문적 지식이 있는 것도 아니다. 다만 그동안 정부에서 일해본 경험과 사회과학을 전공한 시민의 관점에서 이에 대해 몇 가지 방향을 제시해보고자 한다.

이중적 민주주의 정통성으로 발생한 권력구조의 한계를 보완

앞서 논한 바와 같이 현재 한국의 권력구조는 국민이 선출해 민주주의의 정통성을 부여한 대통령이라는 권력과, 똑같이 국민에게 선출되어 역시 민주주의의 정통성을 가진 국회라는 권력이 상호 대립해, 국회가 대통령과 행정부의 국정 운영을 지나치게 견제하고 때로는 무력화해 국정 운영의 효율성과 유효성을 크게 제약하고 있다. 다시 말해 국민은 이 두 헌법기관에 똑같은 민주적 정통성을 부여하며, 여론의 동향에 더 민감하고 이해집단의 로비에 좀 더 취약한 국회에 다른 어느 나라 국회 못지않은 막강한 국정 감시와 견제 권한을 주고 있다. 그 결과 행정부의 정책 추진이 무력화되고 국가의 기능이 취약해지는 상황이 빈번하게 일어나고 있다.

이는 행정부 권력의 남용을 막고 이를 견제한다는 취지에서는 바람직하나, 국정 운영과 국가 경영의 효율성과 책임성이라는 측면에서는 바람직하지 않다. 특히 한국의 정치문화와 같이 여소야대의 정국이 될 가능성이 많은 상황에서, 이는 국정의 정체와 필요한 개혁의 실종을 불러오기 쉽다. 그러므로 국가 경영이 좀 더 효율적으로 집행될 수 있는 권력구조의 개편이 필요하다.

대중민주주의의 한계를 보완

현재 한국의 정치제도는 민주주의의 진전이라는 관점에서 볼 때 세계 어느 나라에도 뒤지지 않는다. 오히려 일반 대중의 정치 참여도는 웬만한 선진국보다 앞선다. 민주주의체제가 국가의 공공정책 결정에 가능한 한 폭넓은 대중이 참여하는 것이라면, 우리는 시민단체(NGO), 네티즌의 참여 폭에서 서구 민주주의보다 앞서 직접민주주의를 실현해가고 있는 상황이다. 대중민주주의는 인간이 모두 평등하게 태어났고 평등한 권리를 누리며 살아가야 한다는 취지에 부합하는 바람직한 제도이나, 동시에 많은 한계 또한 가지고 있다. 특히 이것이 제대로 작동하기 위한 제도적 장치나 사회적 자본이 축적되지 못한 경우에 그러하다.

첫 번째의 한계는 앞서도 지적한 바와 같이 차세대의 이익이 오늘날의 정책에 반영되기 어려운 제도라는 것이다. 아마도 오늘날처럼 세계 각국에서 세대 간 이해관계가 첨예하게 대립하고 있는 사회정책이 주요 쟁점화되어 있는 시대도 드물 것이다. 피임술의 발달과 여성의 사회진출 확대로 인한 출산율 저하와 의료기술의 발달에 의한 인구의 고령화 현상은 각국의 인구구조에 큰 변화를 일으켰다. 그리고 이는 사회에 세대 간 부의 이전과 자원 배분과 관련해 심각한 문제를 제기하고 있다.

이미 서구 선진국들은 고령화 사회(인구의 7%가 65세 이상)에 진입했으며, 우리도 세계에서 유래를 찾아볼 수 없을 정도의 빠른 속도로 2000년에 이미 고령화 사회에 진입했다. 그리고 2025년이 되면 초고령화 사회(인구의 25%가 65세 이상)로 전환될 것으로 예측된다.

인구구조가 고령화되면서 세대 간의 이해가 가장 첨예하게 대립하는 부분이 바로 연금과 청년 실업, 부동산 가격 상승, 국가의 재정 적자 등의 문제다. 과거와 같이 출산율이 높고 경제활동 인구가 빠른 속도로 증가할 때는 연금제도에도 큰 문제가 없었다. 또한 제조업이 활기를 띠고 고용 기회가 계속 확대될 때는 청년 실업 문제도 심각하지 않았으며, 따라서 기존 근로자의 고용보호제도 등 노동 관련 제도가 사회적으로 큰 무리 없이 수용되었다.

그러나 지금은 상황이 달라졌다. 거의 모든 선진국은 지금과 같은 연금제도가 지속될 경우 국가재정이 파탄 나거나 연금프로그램이 무너질 수밖에 없는 상황이다. 제조업의 비중이 축소되고 노동시장의 경직성이 지속되는 한 청년 실업 문제가 개선될 희망도 보이지 않는다. 세원과 세수는 줄어드는데 현재와 같은 복지체제를 유지하기 위한 재정 지출 규모를 지속하면 재정 적자와 국가 부채가 누적될 수밖에 없으며, 따라서 세제나 복지제도의 개혁 없이는 재정의 건전성을 회복하기 어렵다. 이렇게 될 경우 차세대를 위한 교육 투자는 상대적으로 줄어들 수밖에 없다. 국가 부채가 누적될 경우 차세대는 노인을 부양하기 위해 더 많은 연금을 부담해야 하며, 더불어 재정 적자의 이자를 지급하기 위해 더 많은 조세도 부담해야 한다. 한편 부동산 가격의 상승은 부동산을 소유한 현세대가 소유하지 못한 미래세대로부터 미리 부를 당겨 갖는 것과 같은 부의 이전을 가져온다.

이 모든 문제에서 세대 간의 이해관계가 충돌하고 있다. 대중민주주의체제가 가지고 있는 가장 큰 한계는 현재의 국가정책 결정에 투표권을 가진 현 성인세대만 참여한다는 것이다. 따라서 차세대의 이익이 국가정책 결정에서 소외되기 쉽다는 본질적인 한계가 있다. 세대 간 급격한 인구구조의 변화가 없을 경우에는 연금·복지제도와 같이 과거에 도입되어 현세대가 혜택을 누리는 제도도 큰 문제 없이 지탱될 수 있으나, 지금과 같이 각국의 인구구조가 빠르게 변화하는 상황에서는 이에 대한 대책 마련을 서둘러야 한다.

그러나 기존 세대가 의사 결정의 주체가 되고 고령화된 인구의 투표 비중이 점차 커짐에 따라 기득권을 유지하면서 미래세대에게 부담을 전가하는 정책에 대한 지지가 더욱 견고해지고 있다. 지난 20여 년간 일본의 경제개혁이 지지부진했던 이유도 이와 무관하지 않다. 나이 많은 세대가 기득권 세력으로 정착되어 미래세대의 권익을 제도적으로 잠식하는 것이다. 문제를 개선해가는 것이 아니라 오히려 지연하거나 확대하는 것이다.

따라서 오늘날과 같이 정치 지도자와 최고 권력자들이 여론의 지지에 맞춰 정책을 결정하며 투표로 선출된 의회가 정책을 추진해가는 상황에서는 국가 경제의 장기적 경쟁력 강화를 위한 구조적 개혁을 실현하기가 점점 더 어려운 상황이 된다.

대중민주주의의 또 다른 한계는 개인의 능력과 지식, 사회현상에 대한 정보의 깊이와 넓이, 결정된 정책을 책임 있게 준수할 수 있는 능력과는 상관없이 모두 일인일표로서 동등한 참여권을 가짐으로써, 어떤 사회현상에 대해 소수의 엘리트 집단이 내릴 수 있는 결정보다 덜 미래지향적이고 덜 합리적인 결정을 내릴 수도 있다는 것이다. 극단적으로 단순화해서 보면, 대중민주주의체제하에서 이루어지는 주요한 사회적 의제의 대두와 궁극적인 공공정책의 선택의 수준은 그 사회를 구성하는 일반 대중의 평균적 지식과 소양 및 문화의 수준으로 결정된다. 지식수준이 낮고 세상 흐름에 관한 정보에 어두우며 공정한 토론의 문화가 정착되지 않아 목소리 큰 집단들의 의견만이 지배하는 후진사회에서의 국가정책 결정 수준은 선진사회의 국가정책 결정 수준에 비해 뒤떨어진다. 그리고 이 때문에 장기적으로 상대적 국력과 국가경쟁력의 차이를 줄이지 못하고, 오히려 그 간격이 벌어지거나 국가의 상대적 위상이 고착되기 쉽다. 오늘날 미국과 서유럽이 민주주의의 확산을 그들이 추구하는 대외정책의 가장 주요한 가치로 내걸고 그것을 그들이 지향하는 세계 질서의 근간으로 삼고 있는 것은 물론 그들 사회가 추구하는 가치를 반영한 것이다. 그러나 그것이 지향하는 고상한 목표에도 불구하고 이를 개별 국가의 역사적 전통과 사회관습, 발전 정도에 관계없이 맹목적으로 지향하는 것은, 다른 한편으로 볼 때 선진국의 또 다른 '사다리 걷어차기'(장하준, 2004) 전략에 지나지 않는 측면이 있다고 볼 수 있다.[2]

앞서 언급한 바와 같이 과거 역사를 볼 때 후발 산업국들이 국가적 도약을 이룰 수 있었던 시대의 정치체제와 권력구조가 대중민주주의체제였던 적은 없다. 과거 메이지유신 이후의 일본, 제3공화국 때의 한국, 현재의 중국 모두 그러한 상황에서 국가의 혁신이 이루어졌으며, 그 결과 비약적인 국력의 도약을 이룰 수 있었다. 서구 국가들의 경우

---

2 오늘날 선진국들이 주도하는 이산화탄소 배출과 환경문제도 비슷한 맥락에서 비판받고 있다.

도 예외는 아니다. 영국은 17~19세기 왕조 시대, 프랑스는 나폴레옹 시대, 독일은 비스마르크 시대에 국력이 급격히 신장되어 오늘날과 같은 선진대국의 초석이 마련되었다. 이러한 국가혁신은 대중민주주의 정치체제하에서 이루어진 것이 아니다. 영국의 식민지였다가 독립하여 유럽 각국에서 들어온 이민자들이 서로 치열하게 경쟁하며 자유와 권력 분산이라는 연방제도로 출발한 미국만이 아마도 거의 유일한 예외일 것이다.

그럼에도 대중민주주의제도는 지금 세계가 추구하고 있는 보편적 가치이며, 자유와 평등이라는 인류 사회가 추구해온 기본 가치에 가장 충실할 수 있는 정치제도다. 우리가 당면한 문제는 이러한 대중민주주의 정치제도를 유지하고 발전시키면서도 장기적 국가 발전 과정에서 부딪힐 수 있는 한계를 보완하기 위해 어떤 국가지배구조를 정립해갈 것인가이다.

사적권력의 확대로부터 국가 기능의 확보

지난 20년간의 민주화를 통해 한국의 권력구조가 변화해온 과정을 보면, 크게 국가기관 내에서는 대통령, 그리고 그의 지배하에 있는 행정부, 군부, 정보기관에의 권력집중으로부터 국회, 검찰, 법원 등으로 권력이 분산되었다고 할 수 있다. 그러나 좀 더 큰 그림으로 우리 사회 전체의 권력구조를 보면, 국가권력에 비해 이른바 시장권력 또는 사적권력, 즉 재벌, 노조, 언론, 시민단체, 외국인 투자자의 영향력과 지배력이 강화되었다.

다시 말해 지난 20년간의 민주화를 통해 공적권력은 분산·약화되고 사적권력은 오히려 집중·강화되었다. 특히 4대 재벌을 중심으로 한 재벌의 우리 사회 전반에 대한 영향력은 점점 확대되었고, 이들은 청와대, 정부부처, 국회, 검찰, 법조와 같은 국가기관뿐 아니라 언론, 학계, 문화계 등에 막강한 영향력을 행사할 수 있는 네트워크를 형성해왔다. 그 결과 사적권력의 국가권력에 대한 직접적인 영향력을 통해서 또는 여론주도층에 대한 영향력을 통해서 국가가 추진해가야 하는 개혁 과제가 포획되고 정체되는 경우가 많아졌다.

한국에서 재벌은 1960년대 이래의 수출지원정책과 1970년대의 중화학공업 육성을 통해 급성장했다. 이러한 재벌의 성장과 팽창은 1997년 외환위기를 맞을 때까지 계속되었다. 외환위기를 맞으면서 30대 재벌 중 거의 절반이 부실로 해체되거나 국내외 다른 기업에 인수·합병되었지만, 생존한 재벌, 특히 4대 재벌의 시장지배력과 경제력 집중은 더욱 심화되었다.

정부는 과거 경제개발전략의 일환으로 재벌의 팽창을 지원하며 정경유착 구조를 심화시켰다.[3] 1980년 전두환 정부가 재벌 간 업종 교환을 통한 전문화 등 재벌개혁을 시도하기도 했으나 정경유착의 구조는 크게 변하지 않았다. 재벌과 권력 간 유착 관계는 계속되었지만 군부의 힘을 바탕으로 하는 국가권력이 재벌의 경제권력에 압도당하지는 않았다. 권력은 재계와 동반자의 관계를 유지했으나 여전히 국가권력의 자율성을 확보하고 있었다. 그런데 민주화 이후 군부권력이 물러나고 국가권력이 분산된 데다 대통령직선제가 실시되면서, 막대한 선거비용이 소요되어 재계의 국가권력에 대한 영향력과 사회 전반에 대한 영향력은 점점 강화되었다. 노태우 정부 이후 각종 재벌에 대한 개혁 내

---

3 자세한 논의는 제2부 참조.

지 견제정책의 시도가 번번이 좌절된 것은 이를 반영한다.

이와 더불어 민주화 이후 급속히 강해진 노동조합도 국가권력이 감당해내기 어려운 영향력을 행사해왔다. 김영삼 정부의 출범 이래 노동시장의 유연성 제고를 위해 3년에 걸친 토론과 협상을 벌였으나 끝내 합의점을 찾지 못했다. 그나마 그동안 이루어졌던 토의를 바탕으로 1996년 12월 정부가 정리해고, 변형근로제, 근로자파견제도, 무노동 무임금의 합법화 등을 포함하는 자체안을 만들어 국회에서 기습 통과되기까지 했으나, 복수노조 허용 및 제3자 개입 허용을 3년간 유예했다는 이유로 전국적인 노조 시위가 일어났으며, 결국 정부가 이에 굴복해 1997년 3월 이를 무효화하는 지경이 되었다. 외환위기 이후에도 노사 개혁에는 커다란 진전을 보지 못했다.

국가는 제반 사회세력에 대해 엄격한 중립성과 권위를 스스로 확보할 수 있어야 한다. 경제체제의 관리자, 감독자, 경영자로서 국가의 역할은 법과 제도의 제정, 이에 기초한 질서의 유지, 재산권의 확립, 계약과 분쟁 절차의 투명화 등을 통해 시장이 공정하고 효율적으로 작동하게 하는 것이다. 어떤 이는 시장이 정부의 존재와 관계없이 스스로 생성해 발전하는 것이라고 한다. 그러나 시장은 공중에서 떨어지거나 땅에서 솟아나는 것이 아니다. 공정한 룰과 질서가 없으면 시장은 사행과 착취가 만연하고 과잉으로 치달아 불안정해지게 마련이다. 이는 다시 장기적으로 시장의 발전 저해로 나타난다. 국가는 중립적인 지위에서 공정경쟁이 이루어지도록 하며, 상거래와 생산활동이 활발히 이루어질 수 있도록 제도를 만들어 시장에 제공하고 이를 감독하는 역할을 해야 한다. 그리고 그렇게 할 수 있는 기능을 확보해야 한다. 또한 사회구성원 모두가 법 앞에 스스로의 자유와 권리를 보호받을 수 있게 해야 한다.

그러나 여태까지 우리 정부는 중립적인 입장에서 관리자, 감독자로서의 제 역할을 충분히 해오지 못했다. 그 결과 경제주체들은 시장경제의 기본적인 규칙을 지키지 않는 것을 예사로 여겨왔고, 이들 중 힘 있는 집단, 특히 재벌이나 노조에 국가가 끌려다니는 형국이 되어버렸다. 이에 따라 소액주주, 일반 시민, 비정규직 노동자 등 힘없는 시민들의 권리가 침해되는 경우가 빈번해졌는데도 국가가 이를 보호하지 못하고 방관한 경우도 많았다.

이러한 관점에서 볼 때 현재 한국 사회가 당면한 주요 과제는 어떻게 국가가 공정한 법칙의 제공자, 심판자 및 감독자의 기능을 확립할 것인가 하는 문제다. 시장경제는 규제를 완화하고 국가의 간섭을 줄이기만 한다고 번성하는 것이 아니다. 경쟁의 규칙을 철저히 집행하기 위해 국가의 강제적인 힘의 동원도 필요한 것이다. 국가가 사적권력에 포획되어 이러한 역할을 제대로 해내지 못하면, 시장은 단순히 약육강식과 승자만의 잔치가 이루어지는 장(場)이 되고, 그 시장이 속해 있는 사회의 갈등이 심화되어, 결국 국가는 정치적으로 불안정해진다. 이렇게 되면 궁극적으로 경제적 발전도 정체될 수밖에 없다.

이상과 같은 관점에서 현재 한국의 권력구조가 처한 도전과 과제를 어떻게 개선하고 극복해갈 것인지에 대해 필자 나름대로 권력구조 개편의 방향을 다음 장에서 제시해보고자 한다. 이러한 방향 설정에는 대체로 다음과 같은 기준을 고려했다.

첫째, 세계화 시대에 급변하고 있는 국내외 환경에 유연하게 대응할 수 있도록 신속하게 정책을 입안하고 이를 입법화해 실행할 수 있는 시스템을 만들어야 한다.

둘째, 민주주의를 실현하는 권력구조를 만들되, 동시에 오늘날 대중민주주의가 지닌 한계를 보완하고 적어도 향후 수십 년간 선진국보다 빠른 경제발전을 지속하여 선진국으로 도약할 수 있도록, 국가 자원을 좀 더 효율적으로 운영하고 필요한 개혁을 적시에 이루어내는 시스템을 만들어야 한다.

셋째, 영국이나 미국처럼 수백 년간 지속될 수 있는 권력구조를 만들려고 하기보다는 향후 수십 년 정도 제대로 작동할 수 있는, 한국의 정치문화와 현실, 발전 단계 등 상황에 적합한 시스템을 만들 필요가 있다. 한국과 같이 빠르게 발전하는 사회에서는 국가권력구조와 제도도 영구적인 것을 추구하기보다는 상황의 변화와 발전에 맞추어 창의적으로 바꾸어갈 수밖에 없다.

제4장 권력구조의 개편

필자는 권력구조 개편의 큰 방향으로서 현재의 권력구조보다 더 '효율과 책임'이 강조되는 구조로의 전환을 제언하고자 한다. 헌법에 기초한 지금의 권력구조는 한국의 제반 현실을 고려했을 때 지나치게 '견제와 균형'을 강조하는 구조로 되어 있다고 생각된다. 그동안 실질적으로 분산되어온 권력으로 위약해진 국가 기능을 회복시키기 위해 현재의 상황보다 국가권력을 다소 집중화하는 시도가 필요할 것으로 보인다.

이를 위해서는 크게 두 가지 선택이 있을 수 있다. 첫째는 내각책임제로 권력구조를 개편하는 것이다. 둘째는 현재의 대통령중심제를 유지하면서 대통령이 좀 더 강한 권한을 가지고 국정을 운영할 수 있도록 대통령(행정부)과 국회의 상대적 권한을 재조정하는 것이다. 나아가 국정이 좀 더 효율적으로 운영될 수 있게 집권 여당이 국회에서 다수당이 될 확률을 높이고, 국정에 대한 대통령과 여당 간 협력 관계나 공동 책임 관계를 확립할 수 있는 제도적 장치를 도입하는 것이다. 물론 어떤 권력구조를 선택하든 한국의 정당이 지역정당을 넘어 정책정당이 되지 않으면 안 되고, 이렇게 될 수 있도록 하는 유인 방안을 찾는 것이 중요하다.

나아가 국가원로회의(가칭) 같은 것을 만들어 우리 사회의 주요 어젠다에 대해 장기적인 시각과 경륜을 제공해줄 수 있는 조직(institution)을 상설화하는 것도 검토해볼 만하다.

내각책임제

내각책임제는 많은 장점이 있는 제도다. 무엇보다 대통령제의 '이원적 민주주의 정통성'에 따른 국가 경영의 비효율성을 줄일 수 있다.

현재 한국과 같은 대통령제하에서는 국민이 민주주의 정통성을 지닌 대통령을 선출해 국정을 위임해놓고, 다른 한편으로는 또 다른 민주주의의 정통성을 지닌 국회의원을 선출해 국회에서 국정을 감시하고 대통령의 국정 운영을 견제하게 한다. 민주적 정통성을 지닌 대통령의 국정 운영을 또 다른 민주적 정통성을 지닌 국회로 하여금 견제하거나 반대하게 하는 이러한 이원적 민주주의제도가 과연 우리의 현실에 비추어 최선의 권력구조인지 재고해볼 필요가 있는 것이다.

내각책임제에서는 국민들이 의원들을 뽑는 직접선거를 한 번 하게 되며, 선거에서 다수 의석을 확보한 정당이 내각을 구성해 국민과 의회에 책임을 지고 국정을 운영한다. 야당은 예비내각을 구성해 국민들에게 장차 집권했을 때 국정을 운영해나갈 인물을 제시하고, 예비내각은 각 행정 분야에 대해 집권 내각과 거의 1대 1로 정책에 대해 토론과 논쟁을 계속함으로써 집권당의 정책에 대해 대안을 제시한다. 따라서 야당이 집권했을 때 어떤 정책을 펼 것이라는 것을 국민들이 미리 숙지한 뒤 선택할 수 있는 장점이 있다.

그리고 내각책임제에서는 대통령제에서보다 정권 교체 시 훨씬 더 준비된 정부가 들어서서 그들이 야당 시절에 제시하고 논의해온 정책을 바로 펼 수 있다는 장점이 있다. 또한 국민이 직접 선출한 의원들이 행정부를 책임지고 주요 정책 방향을 주도함으로써 민주주의체제에서 대표성, 책임성의 취지에도 더 잘 부합하는 제도라고 할 수 있다.

필자는 3년간 주영국 대사로 재직하면서 영국의 내각책임제가 지닌 장점들을 보며 부러워한 적이 많았다. 특히 영국과 같이 양당제가 확립되어 있는 나라에서는 연정의 필요성 없이 거의 늘 여당이 단독으로 다수당이 되며,[4] 대통령제가 안고 있는 행정부와 정당 간의 모호한 관계 없이 의회의 다수당이 행정을 책임지기 때문에 정책의 입안과 추진의 효율성이 대통령제보다 훨씬 높아 보였다. 내각책임제에서는 정당의 주요 멤버가 각 부처의 장관(Secretary of State), 국무상(Minister of State), 차관(Minister) 등 요직과 행정을 장악하고 정책 방향을 정하며, 직업 관리들은 이를 정책으로 구체화해 추진한다. 새로운 정책 방향을 추진하기 위한 정부정책의 국회 동의 과정도, 늘 다수당이 집권당이 되기 때문에 대통령제에서보다 훨씬 원활하다. 내각책임제에서는 여소야대 정국이라는 것이 없다. 물론 의원들은 독자적인 판단과 양심에 따라 독립적인 투표를 할 수 있지만(영국의 경우 의견이 첨예하게 대립되는 주요 사회의제의 경우 10% 정도의 의원이 당론과 다른 방향으로 투표하는 것으로 나와 있다), 여야 간 의석 차가 10% 이상 될 경우 집권 여당은 모든 개혁의제들

---

4 실제로 영국에서 연정을 한 경우는 거의 없다.

을 신속하게 처리할 수 있다. 다수당의 당수인 총리는 오히려 대통령보다 훨씬 더 막강한 권력을 행사할 수 있으며 국무위원의 임명, 내각회의 참석자 구성, 심지어 정부부처의 통폐합과 신설을 의회의 동의 없이 마음대로 할 수 있다. 행정부와 의회, 법원의 삼권이 엄격히 분리되어 있지 않고 상원이 동시에 최고법원의 기능을 하며 상원의장도 총리가 각료로 지정할 수 있다. 그리고 내각책임제하에서는 정부에 대한 국민의 지지율이 떨어지고 총리가 당내에서 지지가 떨어지면 언제든지 물러나는 책임정치도 구현할 수 있다. '견제와 균형'보다 '효율과 책임'을 중시하는 국가지배구조라고 할 수 있다.

영국의 경우 매주 수요일 낮 12시부터 30분간 총리가 의회에 출석해 야당의 당수 및 예비내각 멤버들과 정책 토론을 벌이며 이는 국민들에게 생중계된다. 여기서 드러나는 총리 및 각료, 야당 예비내각 각료들의 정책에 대한 지식과 비전은 놀랄 만큼 깊고 광범위하다. 젊은 각료들도 수년간의 예비각료 경험을 통해 정책에 대한 깊은 지식과 혜안을 갖게 되며, 한국에서와 같이 어느 날 장관으로 임명되어 부처 업무에 대한 파악이 끝난 지 채 1년도 지나지 않아 교체되는 경우는 없다. 그만큼 여야 간 토론과 논쟁을 통한 여과 과정을 거쳐 정책의 오류를 걸러내지만, 이 과정에서 큰 오류가 발견되지 않은 정책은 집권당이 신속히 입법화해 펴나갈 수 있다.

내각책임제는 영국에서 생성되고 발전되어온 제도이지만 독일, 일본에서도 성공적으로 운영되어온 제도다. 일본과 독일은 전후 내각책임제하에서 눈부신 국력의 신장을 이룩했다.

정권이 안정되어 있으면 내각책임제야말로 급변하는 국내외 환경에 신속하게 대처하며 정책의 변화와 조정을 일구어낼 수 있다. 또 집권당은 그들이 의석을 더 늘리고 좀 더 안정적인 의석을 확보할 수 있다고 판단되면 임기와 관계없이 언제든 의회를 해산해 선거를 실시하고 국민에게 신임을 물을 수 있다.

그러나 필자는 내각책임제가 한국에서도 최적의 제도가 될 것인지에 대해서는 아직 확신하지 못하고 있다. 한국의 정당구조나 그 기반, 정치 및 언론의 현실에 비춰볼 때 내각책임제가 자칫 정권과 정국의 불안정을 부추길 가능성도 적지 않다는 우려 때문이다. 물론 닭이 먼저냐 달걀이 먼저냐 하는 물음이 제기될 수 있다. 만약 내각책임제를 할 경우 정당의 책임성과 정책 기능이 좀 더 강화될 것이다. 그러나 아무리 다른 나라에서 잘 작동되고 있는 제도라고 할지라도 우리의 토양과 현실에 맞지 않으면 그 제도의 장점이 충분히 살아나기 어렵다.

영국의 내각책임제도 우연한 역사의 계기에 의해 그 나라의 문화와 습속이라는 토양에서 발아되고 발전된 제도다. 1714년 앤 여왕이 사망하고 후사가 없자 그 당시 왕위계승권 순위에 따라 지금의 독일 지방에 있던 하노버공국의 조지 1세가 국왕으로 즉위해 하노버왕조 시대를 열었다. 그러나 조지 1세는 영어를 전혀 이해하지 못했으며, 즉위한 당시 그는 이미 50대였다. 그는 영국의 법률과 관습에 대해서는 막연한 지식밖에 가지고 있지 않았다. 따라서 즉위 후 얼마 되지 않아 조지 1세는 각의에 임석하는 것조차 싫어해 이를 중지하고 말았다. 이러한 우연한 사정으로 그 후 오랜 세월을 두고 영국의 정치제도로 정착된 내각책임제가 생겨났다.

영국에서 오늘날의 각의와 같은 추밀원의 대신들은 원래 국왕이 마음대로 임명하고, 국정은 추밀원의 자문으로 국왕이 주도했다. 때로는 국왕이 신임하는 추밀원의 대신에게 행정의 많은 부분을 위임해 처리하게 하기도 했으나 실질적으로 국왕이 국정의 최고 책임자였다. 의회는 간헐적으로 전쟁 같은 중대사가 있을 경우에만 조세 징수를 위해 잠시 소집되는 경우가 대부분이었다. 조지 1세 이전에는 국왕이 각의에 임석했기 때문에 각의의 결정은 국왕의 결정으로 간주되는 것이 상례여서 책임내각이라는 개념이 생기기 어려웠다. 이러한 우연한 역사적 과정을 앙드레 모루아(André Maurois)는 다음과 같이 기술하고 있다.

　　의회에 대해 연대적 책임을 지는 대신(大臣)의 집단인 내각제도도 영국의 기타 제도처럼 선험적인 개념의 소산이다. 대신(minister)이란 아무런 공식 칭호도 없었고 내각은 추밀원 고문관의 집단에 불과했다. 수상(prime minister)이라는 개념과 호칭도 없었다. 그러나 국왕이 영어를 해독하지 못해서 추밀원 회의를 주재할 수 없었기 때문에 대신 중에서 한 사람이 주재하게 되었던 것이다. 그러자 대신인 월폴(Walpol)이 우수한 통솔력을 지니고 있음이 우연히 알려졌고 동료 대신들도 국사를 처리하는 동안 그의 권위를 인정하게 되었다. 그는 자신이 하원 다수파의 지지를 얻고 있으므로 권력을 유지할 수 있다는 것을 인식하고 하원의 신임을 상실할 때는 선례를 무시하고 대신직을 사임했다. 이 사직은 국왕으로서 본다면 군주대권의 침해였고, 기타 대신들은 월폴과 함께 사임하려 하지 않았다. 따라서 국왕은 수년간 수상이 없는 내각만을 갖고 있게 되었다. 수상직이 현재처럼 된 것은 소 피트(William Pitt, the Younger 1783~1801, 1804~1806) 때에 이르러서였고 수상의 칭호와 기능이 정식으로 인정된 것은 20세기 들어서였다(모루아, 1991: 387).

내각책임제가 정치 안정을 가져오기 위해서는 정당의 뿌리가 튼튼하고 양당제가 확립되는 것이 중요하다. 물론 다당제에서도 정당 간 신뢰와 타협 관계가 안정적으로 형성되어 정책 연합을 통해 안정적인 연립정권을 유지할 수도 있으나, 양당제만큼 확실한 책임정치가 되기는 어려우며 정권이 안정되기도 어렵다. 무엇보다 내각책임제는 정당이 국정을 이끌어가는 정당정치이기 때문에 정당이 안정되어 있고 정당이 추구하는 가치와 이념, 정책 방향에 일관성이 있어야 하며, 정당은 바로 이러한 가치와 이상을 공유하는 사람들로 구성되어야 한다.

그렇지만 한국의 정당은 그런 뿌리를 가지고 있지 못하다. 앞서 언급한 바와 같이 정당은 대통령이 되고자 하는, 또는 된 인물을 중심으로 이합집산을 거듭해왔으며 그들의 지지 기반은 주로 지역을 배경으로 나뉘어 있다. 따라서 내각책임제가 되었을 경우 가치와 정책에 의한 정당 간 대결보다 지역 간 대결이 더욱 치열해지고, 정책에 관계없이 지역감정에 의한 정국 대치가 잦아질 가능성을 배제할 수 없다. 행정부처의 장차관들도 의원으로 충원되기 때문에 (물론 비례대표제에 의해 어느 정도 희석될 수 있겠지만) 특정 지역 출신에 편중될 가능성이 많다. 다시 말해 영남정권, 호남정권의 성격은 더욱 짙어지고 지역 대결 또한 심화될 가능성이 크다.

민주화 이후 대통령들은 모두 5년 단임의 임기를 가지고 있었지만 임기 후반에는 예외 없이 지지율이 10%대로 떨어졌다(그림 4-1 참조). 그리고 이러한 추세는 더욱 심해져 노무현 대통령은 임기 2~3년째에, 그리고 지금의 이명박 대통령은 집권한 지 6개월도 못 되어 지지율이 10%대로 떨어지기도 했다. 이 정도 지지율로는 내각책임제에서 정권을 유지하기 어렵다. 야당에게서 끊임없이 총선을 통해 정권의 신임을 물을 것을 요구받을 것이며, 여당 내에서도 당수직에 대한 도전을 받을

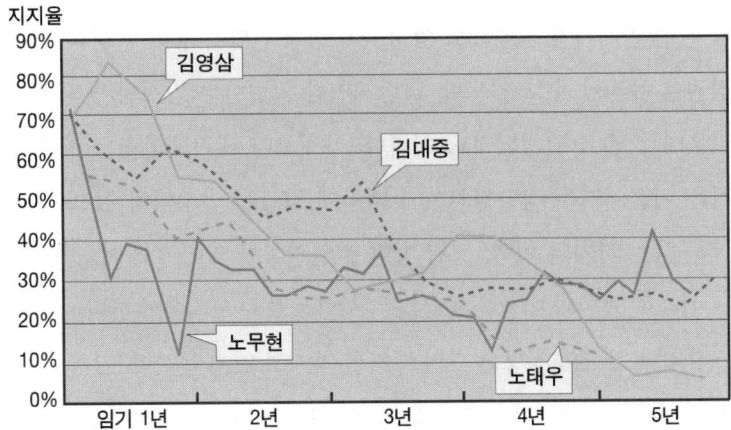

그림 4-1 **역대 대통령의 지지율 변화**

것이다.

민주화 이후 한국 지도자의 지지율에 왜 이런 일들이 되풀이되고 있는지에 대해서 한두 가지 이유로 설명하기는 어려울 것이다. 이는 개인의 리더십, 국가 지도자로서의 자질만의 문제는 아닐 것이다. 지금까지 다섯 명의 대통령이 모두 똑같은 현상을 경험했다.

왜 우리 국민은 국민 스스로 선출한 지 1년도 안 되는 정부와 대통령에 대해 그토록 낮은 지지를 보여주는가? 대통령의 잘못인가, 국민의 잘못인가, 정치제도의 잘못인가? 아니면 이 모두를 포괄하는 우리 사회의 무엇이 잘못되어 있기 때문인가?

이 문제야말로 우리 국민들이 성찰해볼 필요가 있으며, 이러한 현상에 대한 책임을 나눠 가져야 한다고 생각한다. 이는 단순히 정치제도나 대통령만의 문제는 아닐 것이다. 우리의 정치문화, 언론문화, 여론을 주도하는 지식인들의 역할, 시민단체의 의사표시문화 등 모두에 일련의 책임이 있다고 생각한다. 무슨 일에든지 비판적이어야 자신의 역할을 제대로 하는 것이라고 생각하는 지식인들은 사회와 정치 현실에 관한 논문과 칼럼에서 늘 양비론적인 관점을 제시하고 있다. 이쪽도 잘못되고 저쪽도 잘못되어 있다는, 즉 비판은 있으되 대안의 제시는 막연한 경우가 대부분이다. 이러한 관습은 언론에서도 그대로 되풀이된다.

언론이야말로 비판이 본연의 역할이지만 이는 어디까지나 사실과 현상을 객관적으로 보도하는 것을 전제로 이루어져야 한다. 그러나 우리의 방송, 언론은 어디까지가 보도이며 어디까지가 해당 언론사의 입장인지 알 수 없는 기사들을 허다하게 생산하고 있다. 무엇보다 불행한 일은 언론들 스스로가 정치세력화하고 권력화해왔다는 것이다. 언론이 관찰자가 아니라 스스로 정치의 장에 뛰어들어 선수로서 행사하기 때문에 객관적인 관점에서 사회적 이슈에 대한 보도가 잘 이루어지지 않으며, 늘 자사의 입장에서 정치를 보고 국정을 보도하며 야유나 지나친 비호로 일관하는 기사를 양산하고 있다.

우리 사회에 정론지들도 있고 정론을 펴기 위해 노력하는 언론인들도 많이 있다. 그렇지만 전반적인 흐름은 언론의 상업성이 강화되는 방향으로 흘러가고 있다. 언론사들 간에 생존경쟁이 치열해지면서 독자들의 눈을 끌기 위한 자극적인 보도나 제목이 갈수록 횡행한다. 특히 인터넷 매체가 발전하고 클릭 수에 따라 광고비가 결정되면서 클릭 수를 늘리기 위한 각종 방법이 동원된다. 언론사들은 기업으로서 생존하기 위해 보도 이외에 다른 영리사업에 점점 더 신경을 많이 쓰는 경향을 보이기도 한다. 이는 한국만이 아니라 전 세계적인 추세이기도 하다.

언론은 우리 사회에서 그야말로 일반 대중의 눈과 귀의 역할을 한다. 이러한 언론을 통해 세상사와 우리 사회의 현상을 접하는 독자는 그것에 따라 정치, 사회, 경제를 이해할 수밖에 없다. 우리의 정치제도는 어느 선진사회 못지않게 민주화되어 있으나, 불행히도 우리의 정치인, 언론인, 지식인의 수준은 선진사회에 미치지 못한다. 언론사들이 기업으로서 독자의 시선을 끌고 그들이 좋아할 기사를 쓰고 때로는 독자들을 부추기는 것이야 어쩔 수 없는 현실이라고 하더라도, 현상에 대한 깊이 있는 분석 없이 시류에 휩쓸려 그러한 언론사와 독자의 취향에 맞는 글들을 너무나 쉽게 써내는 지식인들도 오늘날 우리 정치 사회가 겪고 있는 현실에 일단의 책임이 있다고 생각한다.

어쨌거나 이러한 현상은 하루아침에 개선될 일은 아니다. 그러한 토양에서 한국이 내각책임제를 채택할 경우, 임기가 법으로 보장되어 있는 대통령책임제보다 정치와 정국의 불안정성이 더 커질 가능성이 적지 않다는 것이다. 전후 내각책임제하에서 안정적인 정국과 장수 총리들을 경험한 독일[5]이나 일본에서도 최근 들어 다당제의 구도가 심화되고 정권에 대한 언론의 원색적인 비난이 심해져 정치가 점점 불안정해지고 총리도 단명하는 경향을 보여주고 있다.

대통령중심제의 유지

지난 반세기 동안 한국의 눈부신 발전은 대통령제하에서 이루어졌다. 따라서 대통령제는 우리에게 성공적으로 작동한 제도였다고 할 수 있다. 그러나 다른 한편으로 보면 앞서도 지적한 바와 같이 대통령중심제가 우리의 정치 토양에서 유효하게 작동할 수 있었던 것은 대통령이

---

[5] 독일의 경우 전후 60년간 겨우 8명의 총리(콘라트 아데나워, 루트비히 에르하르트, 쿠르트 게오르크 키징거, 빌리 브란트, 헬무트 슈미트, 헬무트 콜, 게르하르트 슈뢰더, 앙겔라 메르켈)가 국정을 담당해 평균 재임 기간이 7.5년에 달한다.

헌법에 보장된 권한에 충실했기 때문이 아니라 당시 한국의 특유한 경제구조와 정당구성, 권력기관의 정치적 사용 및 통치도구화에 의존했기 때문이었다. 다시 말해 지난 반세기 동안 대통령제가 한국에서 성공적으로 작동한 것은 헌법에서 보장한 권력구조하의 대통령 권한이 적절해서라기보다 한국의 대통령들이 헌법에 규정되지 않은 초법적·편법적 방법으로 권한을 확대해 국회의 실질적인 역할을 무력화했기 때문에 가능했던 것이다. 정경유착에 의한 정당 및 국회의 관리, 지역 맹주로서 정당에서의 절대적 입지, 권력기관의 야당 및 국회, 언론기관에 대한 사찰 등을 통해 국가 통치의 강력한 권한을 확보할 수 있었기 때문이었다.

이제 우리의 경제구조가 바뀌었으며 권력기관도 원래의 자리로 돌아가고 있다. 국가기관들은 법에 규정된 대로 투명하게 권한을 행사해야 한다. 그것이 선진사회로 가는 길이다. 더 이상 지역 맹주를 중심으로 정당이 결성되고 지배되기를 기대해서도 안 될 것이다. 대통령은 법에서 보장하는 권력을 행사해야 하며, 그 권력으로서 국가를 효율적으로 통치할 수 있도록 제도가 마련되어야 한다.

모든 것이 투명화되어야 하는 사회에서 대통령이 임기 중에 책임지고 국정을 이끌어가는, 명실공히 대통령중심제를 유지하기 위해서는 대통령이 그에 필요한 권한을 충분히 행사할 수 있도록 법에 명시해야 한다. 민주주의의 역사가 짧고 사회적 자본의 축적이 얕은 사회에서, 그리고 이해집단의 욕구가 빠르게 변하고 분출되는 사회에서 대통령의 법적 권한과 책임은 안정된 선진사회에서의 그것보다 더 강하게 규정되어야 할 것이다.

대통령제가 유래하고 정착되어온 나라는 미국이라 할 수 있다. 미국이 영국의 식민지에서 독립해 대통령제를 도입하던 당시 미국 건국의 주역들(founding fathers)은 유럽과 같은 전제왕정의 권력 집중을 예방하는 것이 무엇보다 중요한 과제라고 믿었다. 대통령제는 이러한 믿음을 반영한 제도라고 볼 수 있다. 국가를 수립할 때 어떻게 국가권력구조를 효율적으로 창출할 것인지의 고민보다 어떻게 권력의 집중을 방지할 것인지의 고민이 더 컸던 당시 상황의 산물이라고 할 수 있다. 그래서 견제와 균형, 권력의 분산이 강조된 제도가 만들어진 것이다.[6]

적어도 20세기 초반 대공황 시기까지 미국의 대통령은 정치적인 권한이 매우 제한되어 있었고, 의회에 권력이 집중되어 있었다. 초기 미국의 정부 형태를 의회정부(Congressional Government)라고 부르는 이유도 여기에 있다. 물론 잭슨(Andrew Jackson)이나 링컨(Abraham Lincoln)과 같은 국가 비상시의 대통령은 예외적인 경우였으나, 헌법에서 부여된 대통령의 권한은 의회에 부여된 권한에 비해 미약한 수준이었다. 미국 헌법 제1조는 대통령의 권한이 아니라 의회의 권한을 다루고 있다. 그만큼 의회가 더 중요한 정부기관이라는 인식이 반영된 것이다.

이러한 상황이 역전된 것은 대공황의 경제위기와 전후 냉전체제가 도래하면서 위기 상황을 잘 관리하기 위해 대통령에게 더 많은 권한을 부여하는 것이 현명하다는 인식이 생겨났기 때문이었다. 1939년에는 「The Executive Reorganization Act」를 제정해 대통령 비서실을 만들었다. 그 이전까지는 이렇다 할 대통령 비서실도 없었다. 대통령 비서실 산하에 예산국과 무역대표부 등 여러 기관과 기구를 창설해 대통령의

---

[6] 이 부분의 논의는 서강대학교 국제대학원의 김재천 교수와 나눈 대화에서 많은 도움을 받았다.

권한을 점점 더 강화해갔다. 1947년에는 「National Security Act」를 제정해 방대한 외교안보정책기구를 창설함으로써 대통령의 외교정책권을 강화했다. 대통령의 권한이 상대적으로 강화된 대공황 이후의 미국 정부 형태를 의회정부라는 표현과 반대로 '대통령정부(Presidential Government)'라고 부른다.

이처럼 미국의 대통령제는 우리와 달리 의회에서 대통령에게 권한이 점점 옮겨오는 과정을 거쳤다. 미국에서는 대통령의 권한이 아직 국정을 효율적으로 처리해나갈 만큼 충분히 강하지 않다는 의견도 많으며, 자국의 권력구조가 영국이나 일본에 비해 비효율적이라는 논의도 제기되고 있는 것으로 알고 있다. 우리가 1948년 건국과 더불어 도입한 대통령제는 미국의 제도를 많이 모방한 것이었으나, 실질적으로 한국에서는 앞서 말한 이유로 미국보다 대통령이 훨씬 강한 권력을 행사해왔다. 그러나 1987년 민주화와 더불어 실질적인 권력의 행사가 헌법에서 규정한 바대로 투명화되면서 권력이 대통령에서 국회로 많이 이동되었다.

견제와 균형, 권력의 분산이 독재와 전횡을 막는 중요한 장치이기도 하지만, 그것을 지나치게 강조하는 것이 최선의 권력구조라고 할 수 없고, 또 반드시 민주주의의 핵심 요소라고 할 수도 없다. 국가지배구조야말로 그 국가가 처한 상황과 전통, 문화와 아우러져 효율적으로 작동할 수 있도록 각국이 창의적으로 도입해야 하는 것이다.

대통령의 임기

대통령의 권한과 책임을 강화하기 위해서는 임기의 조정을 검토할 필요가 있다. 5년 단임제하에서는 대통령에 대한 정당과 관료사회의 충성도가 떨어질 수밖에 없다. 무엇보다 지금과 같은 5년 단임제로는 장기적 시각으로 정책을 계획하고 추진하기가 어렵다.

정책은 대개 입안 단계에서 실제 추진되기까지 3년 가까운 시간이 걸린다. 1988~2006년 국회에 제출된 정부 입법 3,131건을 분석한 결과, 어떤 과제를 정책의제화해 채택하고 입법화 과정을 거쳐 실제 정책으로 시행하는 데 걸린 기간은 평균 35개월인 것으로 나타났다(대통령비서실 혁신관리수석실, 2007). 이에 따르면 실제로 5년 단임제에서 현 대통령이 시작한 정책이 그의 임기 내에 빛을 보게 되는 것은 첫 두 해에 시작한 정책 정도에 불과하다. 그리고 그 정책이 실제 시장에서 효과를 나타내는 것은 다시 최소한 수년의 시간이 경과한 이후다. 따라서 5년 단임 임기를 가진 대통령은 자신이 주도한 정책의 변화에 대한 평가를 임기 내에 받기 어렵고 그만큼 국정 운영에서 다급해질 수밖에 없다.

물론 대통령중임제도 나름의 문제를 안고 있다. 4년 중임제의 경우 중임을 위한 선거에서 우리 공무원의 속성상 선거 중립을 보장하기 어렵고, 대통령 첫 임기 3년차부터는 차기 선거를 염두에 두고 선심성 국가 예산을 집행하게 되기 쉽다.

그런데도 4년 중임제는 지금의 5년 단임제보다는 우월한 대안이 될 수 있다고 생각한다. 8년을 염두에 두고 국정을 운영하는 것이 5년을 염두에 두고 국정을 운영하는 것보다 더 장기적 시계를 가질 수 있다. 또 4년 중임제는 국회의원의 선거 주기와 맞출 수 있어, 이 경우 대통령과 여당이 함께 국정 운영의 심판을 받는다는 측면에서 정국의 안정에 기여할 것이다. 즉, 대통령이 교체되든지 재임에 성공하든지 여당이 다수당이 될 확률이 높아져 이러한 면에서도 국정의 효율과 안정에 도움이 될 것이라 생각한다.

대통령과 국회 권한의 재조정

대의민주주의의 발달사는 의회의 발달사라고 할 수 있다. 영국에서 1215년 존 왕이 마그나카르타에 서명한 이후 영국의 민주주의 발달사는 왕에게서 의회로 권력이 이동해간 과정이라고 볼 수 있다. 즉, 의회의 권한 강화 자체가 바로 민주주의의 발전으로 간주되었다. 절대왕권에 대해 국민의 대표 기관인 의회가 국민의 기본 권리를 보호하기 위해 왕권에 제약을 가해왔기 때문이다.

영국에서 대의민주주의가 시작되어 발달해왔기 때문에 우리는 국회의 권능 강화와 민주주의의 발전을 등식화해 간주하는 경향이 있다. 그러나 이에 대해 다시 한 번 생각해볼 필요가 있다.

절대왕권 시대에는 의회 권능의 강화가 그 자체로 민주주의의 발전이었다. 왕은 절대권력을 쥐고 있었고 종신토록 그 권력을 행사하며, 그 권력은 자식에게 세습하는 것이었다. 국민은 왕을 선택할 수 없었고, 오로지 신민으로서 왕에게 통치될 뿐이었다. 이러한 상황에서 국민의 대표가 모인 의회의 권한 강화는 곧 일반 시민의 권리 신장이었고 민주주의의 발전이었다.

그러나 근대 대의민주주의를 발전시켜온 영국에서도 민주주의가 발전되어오는 과정에서 오랫동안 영국 의회는 제한된 권한과 기능만을 가지고 있었다.

영국 의회의 황금기라 불리는 19세기 중반까지도 의회의 주 역할은 국가위기 시 국민을 대표해 국가의 중대사를 결정하는 것이었다. '의회(Parliament)'라는 단어의 첫 뜻은 '일시적 회합(a temporary assembly of persons)'이며, 수세기에 걸쳐 의회는 오직 잠시(briefly) 간헐적으로(sporadically) 왕의 소집에 의해 열렸다. 그리고 대개의 경우 전쟁을 위한 군사 동원, 전비 조달, 조세에 대한 동의 등을 위해 열렸다. …… 20세기 초반만 하더라도 의원(MP: member of parliament)들은 대개 본업에 종사하면서 의원직을 맡았다. 의원이 전문직업화한 것은 20세기 후반에 들어서였다(Sampson, 2004: 5).

지금 한국은 대통령중심제를 국가 권력구조의 근간으로 채택하고 있다. 대통령은 국민들이 직접선거로 선출한다. 그리고 국민에게서 권한을 위임받아 한시적으로 국정을 운영해나간다. 국민이 국가 지도자를 선출하는 것, 그리고 그 지도자가 선출 과정에서 국민에게 약속한 바대로 국정을 운영해가는 것만으로도 상당한 민주화가 이루어진 것이라고 볼 수 있다. 이것만으로도 나라의 주권이 국민에게 있다는 것을 실현했다고 할 수 있다.

절대권력은 절대적으로 부패한다는 말이 있다. 어떤 권력도 견제 받지 않으면 부패하고 남용되기 쉽다. 국민이 대통령을 잘못 선택했을 경우 짧은 임기 동안이지만 국가는 큰 비용을 치르고 국민들은 고통스러울 수밖에 없다. 대통령이, 그리고 그가 임명한 행정관료들이 국정을 바람직한 방향으로 운영하도록 감시하고 견제하는 국회의 역할은 매우 중요하다. 오늘날 언론이 발달되고 언론과 집회의 자유가 충분히 보장된 사회에서는 언론과 시민단체들도 국정에 대한 감시와 견제의 기능을 한다.

그러나 국회는 언론이나 시민단체와 달리 단순히 대통령과 정부를 감시하고 견제하는 역할에 머물지 않고 모든 주요 정책이 현실화되기 위해 필수적인 입법권을 지닌다. 언론과 시민단체가 비판하고 반대하는 정책은 현실화될 수 있어도 국회의 동의를 받지 못한 정책은 현실화될 수 없다. 만약 대통령과 국정철학을 달리하는 야당이 국회의 다수 의석을 점할 경우 대통령제하에서의 국정은 제도적으로 표류할 수밖에 없게 된다. 반드시 여소야대의 정국이 아니더라도 앞서 논한 바와 같이 대통령과 여당의 관계가 느슨해지거나 불편해진 경우에는 대통령과 정부가 여당의 협조를 받기 어렵다. 여당은 대통령보다 여론에 훨씬 더 민감할 수밖에 없으며, 특히 국회의원 선거가 대통령 임기 중에 있으면 장기적 안목의 건실한 정책에 대해서도, 득표에 해가 된다고 판단될 경우, 여당은 제동을 걸게 된다.

특히 세부적인 법령까지 모두 국회의 의결을 거쳐야 하는 경우에 정부의 정책 추진 능력은 크게 제한될 수밖에 없다. 이러한 제도가 현시점의 대한민국에 반드시 이상적인 제도라 할 수 있는지에 대해서는 깊이 생각해볼 필요가 있다.

특히 한국의 경우와 같이 정당이 이념과 정책보다 지역에 지지 기반을 두고 있는 경우에는 국회에 제출된 법안들이 정책의 합리성이나 필요성보다 정당의 정략적 관점에서 토의되고 표결되는 경우가 허다하다. 과거에 여당의 위치에 있던 어떤 특정 정당이 제안하고 주장했던 법안들도 그것이 막상 다른 당이 집권해 똑같은 취지의 법률안을 제출했을 경우, 그 정당이 과거의 주장을 아무렇게나 뒤집고 반대의 주장을 펴는 것을 우리는 자주 보아왔다. 토론과 논리로 또는 다수 의석으로 뜻을 관철할 수 없으면 의장석을 점거하고 농성해 표결을 막는다. 이런 상황에서 정책의 입법화는 거의 모두 정당의 정략적인 타협의 산물이 될 수밖에 없다. 그리고 그 정당의 정략이 이념과 가치에 기초하지 않은 채 지역적 헤게모니를 가지고 집권정당과 대통령을 무력화하여 오로지 차기 집권의 기회를 높이는 것만이 될 때, 이 나라의 정책 결정 수준과 그 정책에 의해 자리 잡게 될 제도의 수준은 열악할 수밖에 없다. 여태까지의 경우를 보면 국회에서 막바지 시한에 몰려 수십 개의 법안이 일괄 상정되어 날치기 통과되는 경우가 적지 않았다.

지난 60년 의정사에서 국정이 비교적 효율적으로 추진되었던 것으로 평가받는 박정희, 전두환 정부 26년간의 시기에는 국회가 사실상 무력화되어 있었다. 물론 이 시기에 잘못된 정책도 많았고, 국회의 기능이 제대로 살아 있었더라면 그러한 잘못된 정책을 견제하고 교정했을 수도 있었을 것이다. 그러나 전체적으로 볼 때, 만약 그 시기에도 오늘날과 같은 국회가 있었다면 그 많은 개혁과 정책을 추진해나갈 수 없었을지 모른다.

아마도 헌법상 그리고 법률상 규정된 국회의 권한은 그 시기에도 다른 어떤 나라에 비해 크게 떨어지지 않았을 것이다. 그리고 당시 독재자들은 법적으로 국회의 권리를 신장시켜주는 것에 별로 인색하지도 않았던 것 같다. 국회가 어떤 법률상·형식상 권한을 가지고 있더라도, 각종 수단을 동원해 국회가 국정 운영의 걸림돌이 되지 않도록 실질적으로 무력화할 수 있었기 때문이다. 오히려 그 때문에 국회의 권능을 신장해 민주주의를 펼쳐간다는 모양을 갖추기 위해서 형식적으로 더 많은 법률상 권한을 국회에 부여하기도 했던 것 같다. 법률상 권한에 상관없이 어차피 국회를 '시녀화' 또는 '고무도장화(rubber stamp)'할 수 있었기 때문이다.

그러나 지금은 상황이 달라졌다. 국회는 법률상 규정되어 있는 권한을 있는 그대로 행사할 수 있게 되었으며, 오히려 그러한 권한의 행사로 대통령을 무력화할 수도 있게 되었다. 2004년 국회는 취임한 지 1년

밖에 되지 않은 노무현 대통령에게 정책상 잘못도 아닌 선거에 중립적이지 않은 발언을 했다는 이유로 헌정 사상 초유의 대통령 탄핵을 의결하기도 했다.

대통령의 권한도 국회의 권한도 법에 명시되어 있는 대로 사용되고 행사되는 시대가 온 만큼, 법에 규정되어 있는 우리의 권력구조가 현재의 정치 상황과 시점에서 과연 최적의 구조인지에 대해 검토해봐야 한다.

국회의 국정에 대한 견제 기능은 지켜가야 한다. 그러나 우리의 정치 현실에 비추어 그것이 지나쳐서 국정을 정체시키는 일은 피할 수 있는 장치가 필요하다고 생각한다. 모든 국가의 상황에 관계없이 꼭 이상적으로 도입되어야 하는 제도가 있는 것은 아니며, 권력의 분산과 견제 기능도 그 국가가 처한 상황에 따라 달리 구성해나갈 수 있을 것이다. 예를 들어 국회의 **국정감사권**은 취지는 좋으나 감사 기간 중에 행정부의 전 간부가 국회로 이동해 행정을 거의 마비시키기도 하며, 국정감사장은 정책에 대한 감사보다 정략적 공격의 장으로 이용되기 일쑤다. 1987년 개헌으로 부활된 국회의 국정감사를 현재와 같이 각 상임위의 활동이 자유롭고 활발한 상황에서 굳이 지속할 필요가 있는지에 대해서는 검토가 필요하다. 우리의 정치문화가 좀 더 성숙해졌을 때 국정감사는 진정한 정책감사가 될 수 있을 것이나, 현재와 같은 정당구조와 정치문화에서는 오히려 국정의 비효율화를 초래하는 면이 크다.

나아가 조세·예산·형행 제도, 언론 및 집회의 자유와 같이 국민의 기본권과 직접적인 관련이 있는 정책의 추진이나 변화는 반드시 국회의 동의를 거쳐 입법화하도록 해야 하나, 그렇지 않은 정책은 많은 경우 국무회의의 의결을 거쳐 대통령령으로 시행할 수 있도록 입법에 관한 원칙과 절차를 재검토해볼 필요가 있다. 물론 어디까지가 국민의 기본권과 직접 관련된 사항인지는 정의하기 쉽지 않다. 그러나 지금과 같이 거의 모든 정부의 정책 행위가 국회의 입법 과정을 거치게 하는 것에 대해서는 재고해볼 필요가 있다.

주어진 예산의 규모 내에서 정부조직, 특정 부처를 몇 국, 몇 실로 한다든가 하는 것에 대한 재량권은 대통령과 총리, 해당 장관에게 주어도 무방하리라 생각하며, 그것이 빠르게 변화하는 환경에서 부처 운영을 더 효율적으로 할 수 있는 방편이 될 수 있다. 예산의 항목도 너무 세부적으로 지정하기보다 국회에서 큰 항목에 대해 의결하고 세부적인 용도는 정부가 재량을 발휘해 결정할 수 있도록 위임하는 것도 좋으리라고 생각한다.

반면 국회의 의결을 요하는 국민의 기본권과 시장 및 경제구조 등과 관련한 주요 정책 사안에 대해서는 국회가 충분히 깊이 있는 토론을 하여 정책에 대한 견제 기능을 할 수 있도록 하는 것이 바람직하리라고 생각한다. 여당과 야당이 정략적인 문제로 강경 대치해 수십 개의 법안을 표류시키다가 어느 날 일괄 상정해 기습 처리하는 식으로 국회의 입법 기능이 지속되는 것은 결코 바람직하지 않다.[7]

대통령의 **인사 자율권도** 강화되어야 한다고 생각한다. 국무위원들의 인사청문회는 국민에게 책임져야 할 고위 관료를 미리 검증한다는 측

---

7 "(1998년) 두 공동 여당은 15대 국회 후반기에 들어 3개월 이상 원 구성을 지연시키며 야당의원 영입을 통해 한나라당의 과반수 의석을 붕괴시켰고 총리 동의안은 국회에서 가결되었다. 1999년 1월에 두 여당은 한나라당의 실력저지를 무릅쓰고 교육공무원법 개정안 등 66개 안건을 일괄 상정해 기습적으로 처리하였고 그 다음날 본회의에서도 경제청문회 국정조사계획서 등 4개 안건을 강행 통과시켰다"(박찬욱, 2008).

면에서 바람직하지만, 현재와 같은 청문회 문화에서 오히려 단점이 더 많아 보인다. 청문회를 준비하는 기간에는 해당 부처의 업무에 공백이 생기고, 만약 정치적 대립으로 청문회가 지연되면 이러한 공백은 더 길어진다. 국회가 부정적 의견을 내는데도 장관의 임명을 강행할 경우, 청와대와 국회 간에 정치적 갈등만 심화되고 해당 장관도 국회의 협조를 받아 일하기가 어렵다. 국회의 동의가 반드시 필요한 것이 아니라고 하더라도 국회의 청문회를 거쳐야 하는 것만으로도 대통령의 인사권이 제한된다. 국회가 국무위원 해임건의안을 낼 수 있는 권한을 가지고 있는 상황에서 모든 국무위원들의 인사청문회를 하게 하는 것은 우리의 정치 현실을 감안할 때 얻는 것보다 잃는 것이 더 많다고 생각한다.

대통령과 여당의 협력 관계 및 공동 책임의 강화

앞서 말한 바와 같이 대통령중심제를 통해 효율적인 정부가 될 수 있기 위해서는 대통령의 권한 강화와 더불어 집권 여당이 국회의 다수당이 될 수 있는 확률을 높이는 것이 중요하다. 이와 관련해 대통령 임기의 조정과 더불어 대통령 및 국회의원 선거의 동시화를 앞서 제언한 바 있다.

그런데도 대통령과 여당의 협력 및 공조 관계는 여전히 해결되지 않은 공간으로 남아 있게 된다. 대통령과 여당과의 국정에 대한 협력과 공조, 공동 책임의식을 높이기 위해 어떤 법적·제도적 장치를 마련하기는 쉽지 않으리라고 생각한다. 그러나 지금과 같은 상황이 바람직하지 않은 것도 분명한 사실이다. 과거에는 여당이 대통령의 절대적인 영향력하에 있었으나, 이제는 대통령이 여당의 총재도 아니며, 정치자금을 지원하지도 않고, 국회의원 공천에 대한 영향력도 크게 약해졌다. 여당의원들이 대통령의 뜻에 따라 정부의 정책에 긴밀한 지원을 해야 할 이유가 줄어든 것이다. 그리고 한국의 정당이 반드시 비전과 이념을 공유하는 사람들이 모인 집단도 아니다.

한국 정당들은 중앙당 중심으로 되어 있으나 정당에서 추진하는 정책에 종합적인 비전이 결여되어 있고 그때그때 상황과 여론의 추이를 봐가며 임기응변적이고 인기영합적인 정책 성향을 보인다. 따라서 이처럼 정책적 기반이 취약한 정당이 집권 여당이 되었을 때 대통령은 자연히 당과의 협의에 의해 국정을 운영하기보다 전문관료에게 의존해 정책을 입안·추진하게 된다. 이러한 면에서 볼 때 한국은 집권 여당이라는 개념 자체가 모호하다. 여당이 대통령이 소속된 정당, 대통령을 후보로 내세워 당선되게 한 정당이라는 것 이상의 의미와 역할을 보여주지 못하고 있다.

한국의 대통령중심제에서는 사실상 당이 집권한다기보다 대통령이 집권하는 것이며, 대통령이 당으로부터 정책의 비전과 틀을 가져와 국가를 경영하는 것이 아니라 거의 독자적으로 국정을 운영해왔다. 당이 대통령 개인의 절대적 영향력하에 있거나, 그렇지 않을 경우 청와대와 여당의 관계가 유리되고 서로 정책에 대해 엇갈린 반응만 내놓게 된다. 대통령은 정당을 통해 당선되지만 그 정당의 실체와 역할, 그리고 대통령과 여당이 어떻게 권력을 나누어 가져야 하는지에 대해서는 법적으로 아무런 뒷받침이 없다. 더욱이 지금까지 정당은 국민적 인지도를 가진 정치인이 대통령이 되기 위해 스스로 만든 도구에 불과한 경우도 많았다.

이렇게 되다 보니 여당의 국정에 대한 책임성도 모호하다. 여당이 반드시 대통령과 함께 정책을 주도하는 것도 아니고 대통령과 권력을 공유한다고도 할 수 없기 때문에, 여당은 대통령 임기 후반으로 갈수록 대통령과 국정에 대한 연대감이 약해진다. 자신들의 차기 선거를 위해 대통령에게 탈당을 요구하고, 여당이라는 개념 자체가 국정에서 사라지기도 한다. 앞서 언급한 바와 같이 민주화 이후 지난 네 정부에서 모두 예외 없이 대통령이 여당을 탈당해 전체적으로 약 31개월간 한국에는 여당이라는 것이 없었다.

대통령과 여당의 협력 관계가 원활하기 위해서는 대통령이 오랫동안 당원으로 있으면서 당내에 튼튼한 기반을 쌓고 동료에게 신뢰와 존경을 받는 인물이어야 한다. 또한 당이 출신 지역이 아니라 지향하는 가치와 국정 목표를 공유하는 당원들로 구성되어 오랜 뿌리를 가지고 있을 때, 그리고 당에서 강한 정책 입안 능력을 가지고 있을 때, 대통령(행정부)과 여당은 긴밀한 정책 협력 관계를 맺을 수 있을 것이다. 따라서 대통령과 여당의 공조, 협력 관계는 정당의 구성과 정책정당으로서의 역할이 강화될 때 수월해질 것이며, 이는 법적 규정보다 정당구조와 기능의 개편을 통해 이룰 수 있는 문제다.

정당과 대통령, 행정부와의 협력·연계 관계를 강화하고 국정 운영에 대한 공동 책임을 강화하기 위해서 국회의원들을 정부의 장관이나 차관에 다수 기용하는 것도 고려해볼 수 있다. 대통령제하에서 이런 경우가 너무 잦다면 문제가 없지 않겠으나, 현재와 같이 정부와 여당의 고리가 약한 상황에서는 그리고 그것을 당장 강화할 별다른 방도가 없는 상황에서는 장점도 있다고 생각한다. 정무차관제도 같은 것을 도입해 소장 국회의원들이 일찍이 정책을 직접 다루는 경험을 하게 하는 것도 정당의 정책화에 기여하는 길이 될 수 있고, 당정 간 협조를 원활히 하는 데도 도움이 될 것이다. 또한 국회의원이 행정부의 입장에서 정책을 바라보는 시각도 갖출 수 있게 될 것이다.

관료 시스템의 개편

한국에서는 대통령이 선거에서 당선되고 나면 정권인수위를 구성하고, 곧이어 청와대 참모진과 내각을 구성해 정권을 담당한다. 대통령은 정당의 공천을 받아 정당의 후보로서 선거를 통해 국민으로부터 선출되지만, 정작 그가 구성하는 내각과 청와대의 참모진에는 오히려 정당 출신보다 정당과 무관한 관료, 학자, 전문인 출신이 많다. 그리고 이들은 새로운 정책 방향을 결정하고 국정을 담당한다. 대개 각 부처 장관은 관료 출신 중에서 발탁되는 경우가 대다수이며, 차관은 아주 예외적인 경우를 제외하고는 거의 해당 부처 출신이 맡는다. 정무직인 차관보의 경우에는 거의 100% 해당 부처 출신이 된다. 정권 후반기로 갈수록 이런 경향은 더욱 강화되고 청와대의 참모진 또한 점점 더 관료 출신들로 채워진다.

이는 대통령의 입장에서 볼 때 관료 출신들이 이미 행정 경험에 숙달해 있어 국정을 운영해가는 데 미덥고, 윗사람의 뜻을 충실히 받드는 데 익숙해져 있어 편하기 때문일 것이다. 어떻게 보면 한국 대통령은 정당의 대표로서 선거에 승리해 행정부의 수반으로서 청와대에 들어가게 되나, 그 후에는 정당에 의존하기보다 직업 관료에게 의존해 국정을 수행한다. 따라서 누가 대통령으로 당선되든 결국 나중에 실제로 정책을 주도하는 것은 두터운 직업 관료층이 된다. 이것은 정당인이 행정 부처의 정책을 직접 맡아 주도해가는 내각책임제의 국정 운영과는 크게 다르며, 심지어 같은 대통령제를 채택하고 있는 미국의 국정 운영

방식과도 차이가 있다. 미국의 경우에는 정부가 바뀌면 거의 모든 부처의 국장급 이상 고위직이 대개 대통령과 같은 당이거나 대통령과 선거 과정에서부터 뜻을 같이해온 이들에 대한 정치적 임명(political appointments)으로 채워진다.

그러나 한국의 경우에는 여야 간 정권 교체가 이루어지더라도 여전히 전임 정부에서 주요 보직에 있던 직업 관료들이 새로이 장차관으로 발탁되어 새 정부의 주요 정책을 주관한다. 다시 말해 대통령은 선거 후 몇몇 핵심 참모와 함께 거의 혼자서 정부에 들어오다시피 해, 관료들과 정책을 구상하고 준비하며 또 그들을 통해 정책을 추진한다. 이는 박정희 대통령이 장기 집권하면서 정당과 국회를 거수기로 전락시키고 주요 정책을 주로 그가 키운 직업 관료들에 의존해 입안하고 추진하던 전통이 전두환, 노태우 정부를 거치면서 지금까지 일종의 관행으로 정착되었기 때문이 아닌가 생각한다. 실제로 어느 당의 대통령이 집권하든지 처음에는 선거 때 내세운 공약을 실현하려 하고 학자와 전문가들을 적지 않게 등용하지만, 시간이 지날수록 대통령은 관료들에게 둘러싸이게 되며 정책의 주도권마저 넘기게 된다. 관료는 원래 위험을 회피하려 하며, 그들이 지닌 권한에 대한 집착이 강하고, 같은 부처 출신들끼리 단단히 뭉쳐서 늘 현상을 유지하려는 경향을 가지고 있는데, 이는 대통령 임기 후반으로 갈수록 정책이 경직되고 개혁이 지지부진해지는 또 다른 요인이 되고 있다.

따라서 한국과 같은 대통령중심제에서는 직접선거로 국정을 담당해 나갈 대통령을 뽑지만, 실제로는 국민들로부터 선출되지 않고 국민들에게 직접 책임지지 않는 관료들이 국정 운영을 주도해가는, 다시 말해 국민이 정부를 선택하지만 엄격히 보면 선택하지 못하는 현상을 보인다. 이는 국민의 선택을 받아 국정을 책임지는 민주주의 정치제도의 취지와 부합하지 않는다. 이렇게 된 데에는 여러 이유가 있겠지만, 그동안 한국 정당들의 정책 기능이 취약했던 것도 관료 주도의 내각 구성과 국정 운영이 허용된 한 요인이 되었다.

과거 한국의 발전 과정에서 이른바 관료집단을 중심으로 한 정책 추진과 국가 경영은 나름대로 많은 기여를 했다고 생각한다. 고시제도를 통해 우수한 인재들을 정부부처로 끌어들여 격무에 단련되게 하여 나름대로 자부심과 국가관을 갖춘 관료들을 양성했고, 이들은 국가발전을 위해 열심히 일해왔던 것이다. 이는 고려 시대 이후 한국의 오랜 전통이기도 하여 당분간 쉽게 변하지는 않을 것으로 보인다. 그러나 여당의 국정 참여도와 책임성을 높이기 위해서는 앞으로 여당의원들이 행정부 각료로 많이 진출할 수 있게 하는 방안도 고려해야 한다.

이와 동시에 우리의 관료 시스템, 특히 직업 관료들이 훈련받고 성장해 직무를 담당해가는 과정을 변화시켜 그들이 빠르게 변하는 국내외 환경에 좀 더 유연한 사고를 가지고 대처하며 경쟁력을 지닐 수 있게 하는 것도 중요한 일이다. 그리고 직업 관료들도 그들의 정책에 책임을 지게 하는 시스템이 마련되어야 할 것이다. 흔히 관료에게는 영혼이 없다고 하는데, 한국의 우수한 관료들이 특히 정무직에 진출했을 때에는 자신이 추구한 정책과 가치에 대해 대통령과 함께 성과에 대한 책임을 지고 필요시 자리에서 물러나는 관행을 정착하는 것이 좋다고 생각한다. 물론 그렇게 하기 위해서는 그들이 정무직에서 자기의 소신대로 제대로 일할 수 있는 충분한 시간을 주어야 한다.

필자가 보기에 한국 관료제도의 큰 문제점의 하나는 보직의 교체가 너무 잦다는 것이다. 특히 고위직의 교체가 너무 잦은 것이 문제다. 이의 가장 큰 이유는 고시를 통해 공무원의 길로 들어선 모든 사람들이 고위직을 하고 싶다는 열망을 조직이 막지 못하기 때문으로 보인다. 이는 또한 과거의 연공서열 방식의 인사 관행이 남긴 잔재이기도 하다. 이러한 관행의 부정적인 면은 국가의 중대사를 다루는 고위직이 공무원 개인에 대한 시혜처럼 쓰인다는 것이다. 모두가 한 번씩 국장이나 차관보 심지어 장차관이 되어보고 싶기 때문에 국장, 실장, 차관보는 승진해 그 자리에 앉자마자 후배들에게서 퇴진의 압력을 느끼고 1년도 채우지 못하고 자리를 내어주는 경우가 허다하다. 이렇게 해서는 책임행정, 전문성 있는 행정, 일관성 있는 정책을 기대하기 어렵다.

경제부처의 경우를 보면 대개 사무관에서 12년, 길게는 15년을 보내고 과장의 보직을 맡으며, 과장에서 약 10년을 보내고 국장이 된다. 국장은 보통 한자리에서 1~2년 이상을 지내지 못하고 승진하거나 다른 자리로 옮기게 되며, 승진해 1급 실장이나 차관보가 되어도 1년 이상 버티기가 어렵다. 이럴 경우 퇴직해 공기관이나 산하단체로 가기도 하며, 설사 차관으로 승진하더라도 1년이나 1년 반 남짓해 다시 자리를 떠나거나 장관으로 발탁된다. 12~13년 사무관, 10년 과장, 3~4년 국장, 1~2년 실장 또는 차관보, 차관 1~2년, 장관 1년을 하는 것이다. 한편 국장으로 승진하면 거의 매년 보직 이동을 하게 된다. 외환위기 직전 5년 동안 국제금융과 자본시장을 담당하는 국장이 7번 바뀌었다. 경제정책국장의 경우 지난 김대중 정부와 노무현 정부 때 각각 5번이 바뀌었다. 국제금융국장의 경우도 별로 다르지 않다. 이럴진대 정책의 전문성과 일관성을 지켜내기가 쉽지 않다. 국제금융국장의 경우 주요 국가 간 금융 협력을 위해 국제회의에 참석하는데, 한국은 매번 다른 사람이 참가하는 상황이 발생한다. 국장들이 대표로 참여하는 OECD 회의, 아세안+3 회의, 한·중·일 정례회의 등에 상대국 국장은 수년씩 한자리를 지키면서 토의되는 내용을 세세히 꿰고 있는 데 반해, 우리 대표들은 이를 새롭게 학습하는 과정을 매번 되풀이하고 있다.

영국의 경우는 직업 관료가 올라갈 수 있는 최고의 자리가 사무차관이다. 가장 우수하고 유능한 직업 관리가 검증을 거쳐 이 자리에 오른다. 그러나 한 번 이 자리에 오르면 대개 3~5년, 길게는 7년 동안 자리를 지킨다. 그가 쌓는 경험과 경륜은 시간이 지날수록 빛난다. 필자가 국제통화기금(IMF)에 근무할 때도 한 번 국장이 되면 그 자리에 10년, 길게는 18년까지 재직하는 것을 보았다. 물론 많은 동료와의 경쟁에서 뛰어났기 때문에 국장으로 승진할 수 있었던 이 사람들은 그 유능함을 바탕으로 한 보직에 10년 넘게 재직하면서 그 누구도 따라가기 어려운 전문성과 권위를 가지고 직책을 수행한다. 이러한 나라나 기관이라고 누군들 국장이나 차관보, 차관까지 해보고 싶은 욕망이 없겠는가. 그러나 철저하고 객관적인 인사평정 시스템 속에서 치열한 연례 성과평가를 통해 개인의 성과평가가 쌓여, 과장으로 올라갈 수 있는 사람과 평생 사무관 등급에 머물 사람이 결정되고, 과장들 중 가장 유능하고 뛰어난 사람을 국장으로 발탁하면 대개의 과장들은 국장이 될 기회를 갖지 못하고 은퇴하거나 다른 직장으로 옮긴다. 국장들 중에서 사무차관이 되는 과정도 비슷하다. 같은 선발 과정을 거쳐 재무부, 외무부에 입부하더라도 퇴직할 때까지 사무관의 보직에 머무르는 사람도 있고 빠른 승진을 거쳐 국장 5~10년, 차관보 3~5년, 차관 3~5년을 하는 사람도 있다.

한국과 같이 고시를 거치면 모두가 과장이 되고 국장이 되어야 하는 경우에는 과장, 국장을 1년도 채 되지 않아 바꿀 수밖에 없다. 이것은 공무원을 위해서는 좋은 제도일지 몰라도 국정을 위해서는 좋지 않은 제도다. 우리가 경쟁해야 할 상대인 선진국의 국장들은 이미 그 자리에 수년씩 있으면서 그 부문에서는 최고의 전문 지식과 경험을 지닌 사람들인 데 비해 우리의 고위 관리들이 그렇지 못하면, 국제회의에서 우리의 입지 확보는 차치하고라도 국내의 정책 입안 및 추진 수준도 그들에 비해 열등해질 수밖에 없다.

민주화 이후 장차관의 평균수명이 짧아지면서 이러한 추세는 더욱 심해졌다. 경제부총리의 경우 김영삼 정부 5년간 7명, 김대중 정부 5년간 5명, 노무현 정부 5년간 4명이 교체되었다. 잦은 장차관의 교체는 자연히 잦은 간부직의 교체를 가져온다. 박정희 대통령 때만 해도 사무관에서 과장, 과장에서 국장으로의 승진이 빨랐지만, 국장 7~8년, 차관보 5~6년, 차관 4~5년을 거쳐 장관이 되었고, 남덕우, 김학렬, 김용환 씨 같은 경우 5년 이상 장관으로 재직하기도 했다. 그들은 젊은 나이에 경제장관직을 맡았지만 오랜 기간의 국장, 차관보, 차관의 경험을 가지고 그 자리에 올랐기 때문에 장관으로서 필요한 경륜과 경험을 충분히 갖추고 있었다. 그런데 최근 직업 관료 중 장관이 되는 분들은 대개 3~4년의 국장급, 1~2년 정도의 차관보, 차관 경험을 했을 뿐 경력 대부분은 사무관과 과장으로 채워져 있어, 높은 연령에 장관이 되더라도 그들의 경륜과 시각은 실제로 사무관, 과장의 그것에서 크게 벗어나지 못하는 경우도 있다.

이러한 문제를 개선하기 위해서는 우선 잦은 장차관 교체가 시정되어야 한다. 이는 다시 앞서 논한 우리의 권력구조, 즉 대통령의 임기, 관료문화, 국회의 기능 및 역할과 연관되어 있다.

이와 동시에 중요한 것은 — 아마도 더욱 중요한 것은 — 유능한 공무원을 경쟁을 통해 조기에 발탁해 빠르게 승진시켜 주요 과장, 국장을 오랫동안 경험하게 한 다음 정무직으로 발탁해 쓸 수 있도록 하는 시스템과 관행을 세우는 것이다. 고시에 합격하면 모두 고위 관리가 되려 하고, 또 되게 해서는 지금의 문제가 개선될 수 없다. 주요 과장 보직을 서로 돌려가며 경험하고 국장으로 승진하면 동료나 후배에게 급하게 다시 자리를 내어주는 관행을 지속해서는 경쟁력 있는 정부가 될 수 없다. 이러한 관행을 개선하기 위해 필수적인 것은 **인사평정 시스템을 개선**하는 것이다. 지금의 공무원 인사평정 시스템이 형식에서는 대체로 나무랄 데가 없다. 그러나 실제로 운용되는 것을 보면 여전히 연공서열을 존중하는 식의 인사평정이 이루어지고 있다. 괜찮은 인사평정 시스템을 도입해놓고도 결과적으로 별로 도움이 안 되는 인사평정을 하는 관행을 지속하고 있다. 상관들은 자신의 직원에게 대개 우수 평점을 주고, 고참으로 승진해야 할 차례가 되는 직원에게는 최고 점수를 주는 관행이 있다. 열심히 일 잘하고 유능한 사람과 그렇지 못한 사람 간에 인사평정에 의한 점수 차가 별로 나지 않는다.

유능한 관리가 빨리 승진하고 오랫동안 주요 보직에 머물 수 있게 하기 위해서는 인사평가가 객관적으로 철저하게 이루어지고 분명한 차별성을 지녀야 한다. 이를 위해서는 무엇보다 직속 상사가 책임을 지고 차별성이 분명히 드러나도록 평가해야 하며, 직위에 따라 5년이나 10년 등 일정한 주기를 두고 더 이상 승진할 사람과 그렇지 못할 사람들을 인사위원회가 가려내어 고위공무원이 될 사람들이 그 자리에 걸맞은 경력을 쌓을 수 있도록 관리해야 한다. 객관적 인사평가가 이루어지기 위해서는 각 직책마다 정확한 직무분석이 이루어져야 하며 성과 목표가 분명히 정해져 있어야 한다.

공무원 임용제도도 개선해야 할 것이다. 기업이나 연구소, 해외 기관 등에서 일한 경력이 있는 사람들이 정부부처에서 중간관리자층으로 들어올 수 있는 기회를 지금보다 더 넓혀야 한다. 내부에서의 경쟁뿐 아니라 외부와의 경쟁도 살아 있어야 관료사회의 전문성과 역동성이 정체되지 않는다. 오늘날과 같이 기술 발전의 속도가 빠르고 다양한 정책 과제들이 부상하는 상황에서 정부 내부에서만 일을 해온 사람들이 그 모든 분야의 전문가가 되기는 어렵다. 따라서 민간 부문의 전문가를 영입해야 정부의 전문성이 높아질 수 있다. 그동안 외부 공모로 임명되는 자리가 많이 늘었는데도 실제 외부에서 들어온 숫자가 아주 미미한 것은 단순히 적격자를 찾지 못했기 때문만은 아닐 것이다. 이제 한국에서도 중고등학교 때부터 조기 해외유학을 나가는 인재들이 많아지고 있는데, 이들 중에 정부에서 일하고자 하는 사람도 많을 것이다. 이러한 인재들을 정부로 많이 끌어들일 수 있도록 공무원 임용제도가 개선되어야 한다.

정당제도의 개편

정당은 민주주의 정치제도를 받치는 기둥과 같다. 정당이 튼튼하고 뿌리가 깊지 못하면 민주주의는 제도나 형식으로만 살아 있을 뿐이다. 국민은 정당을 통해 정부를 선택한다. 정당의 정체성이나 뿌리가 약하면, 우리가 선거로 정당의 후보를 대통령으로 뽑고 국회의원으로 뽑아도 정작 그들이 어떤 국정을 운영할지에 대해서 모르고 뽑는, 형식만 민주주의인 정치제도를 갖게 된다.

우리의 60년 의정사에서 드러난 정당의 고질적인 병폐의 하나는 정당의 유동성이다. 그동안 한국에서 정당은 지도적 인물의 거취와 정치적 편의에 따라 분당, 합당, 창당 등 존폐가 무상했다. 이러한 현상은 민주화 이후 나아지지 않고 있다.

60년 의정사에서 동일한 명칭으로 10년 이상 존속한 정당은 제3, 4공화국의 민주공화당(17년 5개월)과 신민당(13년 8개월), 그리고 현재까지 11년을 다소 상회하여 지속되고 있는 한나라당을 포함해 3개 당뿐이다. 수명이 10년에 육박했던 정당을 더하더라도 1, 2공화국 시기의 자유당(9년 6개월), 5, 6공화국 시기의 민주정의당(9년) 정도다(박찬욱 2008). 이처럼 정당이 안정적으로 제도화되지 않고 무책임한 존재일진대 소속 정당의 의사와 이익을 위해 활동하는 국회위원이 책임 있는 정치인이 되기는 어려운 것이다.

정당이 동일한 명칭으로 장기간 수명을 유지해야 이념이나 정책은 물론 인적 구성에서도 정체성을 형성하게 된다. "책임정당이론이 있는데 그 요지는 다음과 같다. 즉, 정당은 선거에서 유권자들에게 정책 공약을 제시해 경쟁하고 유권자는 이를 토대로 정당을 지지한다. 선거 승리로 집권한 정당은 유권자들의 선택에 따른 위임이 이루어진 것으로 보고 선거공약에 부합하는 정책을 형성하고 집행한다. 그리고 집권당은 차기 선거에서 정책 수행의 성과에 대한 심판을 받게 된다"(박찬욱 2008).

한국 정당들의 문제점에 대해서는 이미 앞에서도 여러 번 언급했다. 가장 큰 문제는 민주노동당이나 진보신당과 같은 소수 정당을 제외하고는 정당이 추구하는 가치와 이념, 국가의 목표가 분명히 제시되지 않고 임기응변적이며 지나치게 상황대처적이라는 것이다. 정당을 구성하는 인물을 보아도 왜 그가 그 정당에 속해 있는지가 분명치 않고, 지역적 인연으로 또는 단순히 그 정당이 집권 여당이기 때문에 입당한 경우도 흔하다. 같은 당 안에도 이념적 스펙트럼이 아주 넓고 이질적 가치관과 이념을 가진 사람들이 모여 있다. 그리고 그 당의 주요 직책을 맡고 당을 주도하는 인사들의 출신 지역이 너무 편향되어 있어, 아직도 우리의 정당은 지역정당의 성격을 벗어나지 못하고 있다. 정당이 영남, 호남, 충청 지역에 강력하고 때로는 배타적인 기반을 가지고 할거하는 양상이 오래 지속되고 있는 것이다. 특정 지역에 강한 지지 기반을 둔 정당은 그 지역을 넘어서 지지를 확대할 유인이 적고 그렇게 하기에 난관이 많다. 특정 지역 주민의 배타적 지지를 업은 정당이 다른 정당을 상대할 때 타협적이 될 유인도 약하다.

한국의 정당이 가치, 이념, 정책을 추구하는 정당이 되기 위해서는 지역정당의 성격을 벗어나야 한다. 17대 총선에서 열린우리당이 거의 유일하게 전국적 기반을 가진 당으로 태어났으나, 불과 4년이 못되어 당이 분열·해체되고 통합신당, 통합민주당, 다시 민주당으로 바뀌면서 지역적 정당으로 회귀하고 말았다.

이상과 같은 관점에서 볼 때, 첫째, 현재 한국의 여당과 야당은 지지 기반을 지역에서 이념과 정책으로 넓혀가려는 노력을 강화해야 한다. 그리고 이를 당헌과 당규 등을 통해 제도적으로 뒷받침하려는 노력이 필요하다. 특히 한나라당과 민주당의 경우 호남과 영남에서 골고루 의석을 확보할 수 있도록 최대한 노력해야 한다. 영남의 주민이 모두 보수적일 수 없고, 호남의 주민이 모두 진보적일 수 없다. 한나라당이나 민주당이나 지도부에서 지역 기반에 의존한 선거를 포기할 강력한 의지를 가지고 정책 및 이념과 지도부의 비전을 통해 경쟁한다면 지역적 기반을 넓혀갈 수 있는 가능성은 충분히 있다고 생각된다.

둘째, 당 주변의 여러 연구회나 연구소를 적극 활성화해 당원 간 토론의 기회를 넓히고, 당의 철학과 이념, 추구하는 가치, 이를 실현하기 위한 구체적 정책에 대해 당내 공감대를 넓히며, 이를 국민들에게 적극 홍보해 정책정당으로서의 면모를 높여야 할 것이다. 이러한 토론에 의한 당원 간의 가치와 목표의 공유, 국민에 대한 홍보 능력의 강화 등이 이루어지면 자연히 정당과 소속 당원이 당의 전통과 당이 추구하는 가치를 존중하게 되고 이합집산을 거듭하는 일도 줄어들 것이다.

국가원로회의(가칭)

필자는 영국에 머물면서 영국의 상원제도를 흥미롭게 바라본 적이 있다. 근대 민주주의의 발상지라는 영국에서 국민으로부터 선출되지 않는 종신귀족이 양원의 한 축인 상원(House of Lords)을 구성하고 있기 때문이다. 상원은 이미 수백 년 동안 영국의 정치에서 중요한 역할을 해왔다. 원래는 세습귀족을 중심으로 구성되었으나 1958년 「Life Peerages Act(종신귀족법)」가 제정되면서 정치, 경제, 사회, 문화, 스포츠 등 사회 각 분야에서 공적을 이룬 전문가들도 상원에 진입하고 있다. 2006년 8월 현재 상원은 92명의 세습귀족과 606명의 종신귀족, 25명의 국교회 성직자로 구성되어 있다. 종신귀족은 총리의 상신에 의해 여왕이 임명한다. 세습귀족의 수를 지금과 같이 대폭 줄인 것은 1997년 노동당이 집권한 이후다. 하원 우위 원칙에 따라 상원에는 입법권이 없으며, 다만 하원에서 보내온 입법안을 수정할 수 있으나, 이도 하원이 거부하면 하원의 안이 통과된다. 그리고 하원에서 보내온 법률을 1년 이상 통과시키지 않을 경우 자동적으로 하원의 안이 확정된다.

그럼에도 영국 상원은 중요한 사회적 이슈나 입법안에 대해 오랜 경륜과 전문적 식견을 바탕으로 한 활발한 토론의 장이 됨으로써, 때로는 국민들의 인식을 높여주고, 잘못된 인식에서 비롯되었거나 지나치게 인기영합적 동기에서 비롯된 법률안을 바로잡는 데 기여하고 있다. 선거로 선출되지 않는 종신직이기 때문에 인기에 영합하지 않고 장기적인 시각에서 국가정책을 다룰 수 있기 때문으로 보인다. 더욱이 전직 수상, 장관을 비롯해 각계에서 일가를 이룬 전문가들로 구성되어, 그들의 지혜와 경험이 토론을 통해 국정에 흡수될 수 있다. 상원의원은 연봉을 받지 않고 다만 의정 활동과 관련된 비용만 국가에서 지급받는다.

영국에서는 지금 오히려 상원제도를 개혁하려는 움직임이 많다. 상원의원은 국민으로부터 선출되지 않고 임기 제한 없이 의원의 지위를 누리기 때문에, 국민에 대해 대표성도 책임성도 없다는 이유에서다. 최근 여당의 선거자금을 지원한 사람을 블레어 전 총리가 상원의원으로 상신한 것이 스캔들이 되어 물의를 빚음으로써 상원개혁안이 힘을 받고 있지만, 아직까지 상원의원을 선출직화하는 데는 반대가 많아 종래의 제도를 고수하고 있다.

한국에서 상원과 같은 제도를 만들자는 것은 결코 아니다. 우리의 정당, 국회도 충분히 정착되지 않았는데 또 다른 원을 구성하는 것은 더 많은 문제를 야기할 것이다. 다만 영국의 상원이 국가와 사회에 제공하고 있는 장점을 한국의 국가지배구조에 흡수할 수 있는 우리 나름의 제도를 고안해 정착시키는 것은 고려해볼 만한 일이라 생각한다. 한국도 지난 60년의 성공적인 발전 역사를 통해 경험과 지혜를 쌓은 이들이 많고, 선거를 통해 정치인이 되기는 꺼려하지만 국가에 대한 봉사의 기회는 마다하지 않을 전문성과 경륜을 가진 이들도 많다. 이런 이들의 지혜와 경륜, 에너지를 국정 운영에 활용할 수 있다면 좋은 일일 것이다.

현재 한국은 국민경제자문회의 등 여러 위원회에 많은 전문가를 참여시키고 있으나, 이는 때때로 열리는 회의에 참석해 미리 정해진 순서에 따라 5~6분의 발언을 하고 끝내는 형식적인 포럼에 지나지 않는 경우가 대부분이다. 그리고 위원의 임기도 1~2년에 지나지 않아 수시로 바뀐다. 참여하는 인사도 회의에 참석하는 것 외에는 평소 별다른 책임감을 느끼지 않게 된다.

경험과 나이가 많은 인사들은 아무래도 보수성이 강하다. 영국의 상원도 하원보다 훨씬 더 보수적이다. 그러나 이러한 제도는 대중민주주의에서 반드시 필요하다고 생각한다. 앞서도 지적한 바와 같이 1인 1표와 다수결에 기반을 둔 대중민주주의에서 공공정책의 결정은 늘 중간투표자의 성향에 좌우되기 쉽다. 이 중간투표자는 중산층 이하이기 때문에(중간소득자는 평균소득자보다 소득수준이 훨씬 낮음) 경제정책에서는 주로 평등과 분배를, 사회정책에서는 평준화라는 진보적 정책을 선호한다. 정치에서 선거권이 확대되는 대중민주주의화가 진행되면서 각국의 경제정책이 분배정책의 강화로 이어져온 것은 우연한 일이 아니다. 따라서 투표로 결정된 정책이나 여론조사에서 선호하는 정책보다 조금 더 보수적인 정책을 취하는 것이 국가의 미래로 보아 더 바람직할 수도 있다.

그러나 주민의 선거로 선출되는 '국회'에 이런 역할을 기대하기는 쉽지 않다. 그런 면에서 '국가원로회의' 같은 것의 기능은 긍정적이라고 생각한다. 미국의 상원제도도 비슷한 취지에서 도입된 것으로 보인다. 미국의 건국 주역들도 과거 로마의 지배구조에 큰 관심을 가지고 있었으며, 미국의 국가지배구조에 로마식 지배구조를 도입하려 한 흔적이 많다. 미국의 상원이 로마의 원로원과 같은 이름인 'Senate'인 것에도 이러한 연유가 있다. 물론 연방제도의 취지를 살리고자 한 면도 있지만, 또 다른 취지는 각 주에서 2명의 원로를 뽑아 국정에 참여시키고자 했던 것으로 보인다. 그리고 상원의 임기(6년)는 하원의 임기(2년)보다 더 길다. 이는 국가 의사 결정에 장기적 시각을 강화하고자 하는 뜻일 것이다.

필자도 어떻게 국가원로회의를 구성해야 할 것인지에 대해서는 구체적 생각을 가지고 있지 않다. 우리의 정치, 사회 현실에 비춰볼 때 어려운 일이라 생각한다. 어떤 기준으로 구성원을 선정할 것이며, 이들에 대해 어떤 예우를 해야 할지, 어떤 역할을 요구해야 할지에 대해 많은 이견과 반대가 있어 정리되기 어려울 것이다. 더욱이 사회에서 존경받는 원로가 드문 우리 상황에서 이는 쉽지 않은 일이며, 새로운 제도를 만드는 일은 항상 신중을 기해야 하는 것이다.

그러나 지금과 같은 국민경제자문회의나 각종 위원회와 같은 창구보다는 훨씬 더 책임감과 자율성을 가지고, 상시적으로 토의에 참여하며, 토론과 제안이 매체를 통해 국민들에게 직접 전달될 수 있고, 정책 방향을 결정하는 데 큰 영향력을 가질 수 있는 상설적 기구가 필요하지 않나 생각한다. 진보적 사고와 보수적 사고도 이러한 장(場)에서 좀 더 심도 있는 토론이 이루어질 수 있을 것이며, 이는 우리 국회가 주요 사회의제의 토의보다 정략에 의한 정쟁을 우선하는 상황을 보완하기 위해서도 필요하다.

제2부
경제정책

한국의 경제정책이 당면해 있는 딜레마의 핵심은 '종과 횡의 충돌'이다.
경제발전의 결과로 현재 우리가 서 있는 국내 현실이 요구하는 정책 방향과
오늘날 세계 경제 환경이 요구하는 정책 방향이 서로 충돌하고 있다.
경제 문제가 지닌 역사성과 정책이 추구해야 할 효율성이 부딪히고 있다.

경제정책 분야에는 거시, 금융통화, 재정, 조세, 대외무역, 환율, 산업, 노동, 환경, 복지, 부동산 등 여러 분야가 있다. 그러나 이 책에서는 이러한 각각의 정책 분야에 대해 논하기보다 정치경제적(political economy) 관점에서 한국의 정책결정자들이 주요 경제정책을 입안하고 추진하는 과정에서 늘 부딪히곤 하는 딜레마를 중점적으로 다루었다. 즉, 빠른 경제발전의 결과로, 오늘날 우리가 서 있는 국내 현실이 요구하는 정책 방향과 우리 경제가 오늘날 세계적 환경 속에서 처해 있는 외부 현실이 요구하는 정책 방향이 충돌(필자는 이를 '종과 횡의 충돌'로 표현했다)함으로써 쉽사리 풀어가지 못하는 몇 가지 경제적 난제를 중점적으로 다루고 있다.

경제정책에서 진보와 보수의 문제, 재벌, 중소기업, 노사문제는 많은 논쟁과 이견이 지속되어온 난제다. 이들에 대한 정책은 단순히 경제학의 논리만으로 결론을 내기 어려운 문제들이다. 물론 경제학적인 분석의 틀을 가지고 문제에 접근하고 결론을 유추해볼 수 있으나, 이 문제들이 안고 있는 역사성, 사회적 배경, 경제사회적 역학, 국가 미래에 대한 함의를 고려하지 않고서는 합리적이고 미래지향적인 해법을 내기 어렵다. 이 문제들은 그동안 우리 사회에서 견해의 차이가 컸고 극심한 갈등을 일으키기도 한 것들이며, 결국 단순한 경제정책의 문제를 넘어 정치·사회화된 문제였기에, 여기에서의 논의도 결국 정치의 영역으로 들어가게 되었다.

  제1부에서 언급한 바와 같이 경제정책에서 성장과 분배 또는 진보와 보수의 문제는 더 이상 배타적 선택의 문제가 아니다. 지금 우리가 처해 있는 국내외 환경을 볼 때 우리 경제정책은 개방, 경쟁의 심화와 사회안전망의 확충 둘 다를 껴안고 가지 않으면 안 된다. 이러한 관점에서 보수와 진보 진영 간 토론도 활발히 전개되어야 할 것이다. 경제구조의 변화는 정치와 권력구조의 변화를 가져오고, 이는 다시 경제정책의 방향에 영향을 미친다. 대중민주주의가 발전될수록 공공정책의 결정에 대한 여론의 지배가 강화되며 정책이 진보적이 되는 경향이 나타난다. 따라서 민주화가 진행되어오면서 한국의 경제·사회정책도 점점 진보화해가려는 내재적인 힘이 강해지는 것은 당연하며, 우리 사회는 이를 자연스럽게 받아들여야 한다. 서구의 정치 발전과 경제정책도 이러한 길을 밟아왔다.

  그러나 동시에 정부는 경제정책에서 여론이 원하는 것보다는 조금 더 보수적 정책 기조를 유지해가도록 노력할 필요가 있다. 우리 국민의 생활수준과 소득수준이 과거 선진국이 누렸던 것만큼 크게 향상된 것은 사실이지만 1인당 소득수준은 아직도 30위권 밖을 맴돌고 있으며, 우리의 차세대, 후손들의 시대를 위해서라도 선진국을 계속 추격해가야 하기 때문이다. 다시 말해 여론이 원하는 대로만 경제정책을 정하기에는 아직 우리의 기적이 다 이루어지지 않았고, 후세대에 대한 현세대의 책임도 다 끝나지 않았기 때문이다.

민주화된 사회에서는 정부가 정치적 세를 얻지 않고서는 어떠한 정책도 효율적으로 추진해갈 수 없다. 그리고 그 정치적 세는 국민의 여론과 지지에서 나온다. 따라서 우리의 경제정책은 사회 통합을 유지하기 위해 사회적 약자를 위한 복지제도를 확충하는 동시에 시장의 효율성을 높이도록 개방과 경쟁을 확대하는 조합을 택할 수밖에 없다. 한국의 언론과 학계는 이러한 관점에서 진보와 보수의 논쟁을 여과해야 할 것이다. 어느 한쪽이 다른 쪽을 제압하려 해서는 안 되며 제압할 수도 없다.

민주화 이후 한국의 전체적인 권력구조의 변화를 보면 국가권력은 점점 분산화·약화되어온 반면, 재벌, 노조를 중심으로 한 사적권력은 오히려 집중화·강화되어왔다. 재벌의 정치, 사회, 법조, 언론 등 각 분야에 대한 영향력은 점점 확대되어, 국가정책이 재벌과 재계의 영향력에 압도되어 공정성과 공공성을 상실하는 경우가 빈번해졌다. 노조의 경우 산별노조, 제3자 개입이 허용되면서 전국노조가 개별 기업의 노조활동을 지배하게 되었으며, 강성노조의 기반 확대는 결국 비정규직 확대를 초래해 고용의 질 저하와 사회의 양극화를 심화시키고 있다. 국가정책이 이러한 사적권력의 이익 추구에 포획되어서는 장기적 경제의 건전성과 사회정의를 이루어가기 어렵다. 제2부에서는 이들의 영향력이 지속적으로 확대되는 것을 견제하는 동시에 우리 시장의 자율성과 기업의 국제경쟁력이 지속될 수 있는 방안을 모색해야 하는 어려운 주제를 다루고 있다.

앞서 언급한 바와 같이 중소기업 부문의 구조 조정은 이제 우리가 원하는 대로 미룰 수 있는 것이 아니다. 대기업은 외환위기 이후 대폭적인 구조 조정 과정을 거쳤으나, 중소기업은 외환위기의 와중에 고용 불안 때문에 오히려 신용보증 등 지원이 대폭 확대되고 적체되어왔던 구조 조정이 지연되었다. 그동안 한국의 중소기업정책은 경제정책적인 측면과 사회정책적인 측면이 혼재되어 있었다. 그리고 실질적인 정책 내용에서는 오히려 사회복지정책적인 측면을 더 많이 내포하고 있었다. 중소기업은 늘 사회적 약자로 간주되어 보호와 지원의 대상으로 인식되었고, 중소기업정책은 어느 정책 못지않게 정치화되어 있었다.

앞으로 자원을 더 효율적으로 사용하고 중국의 부상에 따른 산업의 구조 조정을 원활히 하기 위해서는 많은 한계 중소기업들이 퇴출·합병·인수될 수 있는 제도적 환경을 조성해야 하며, 동시에 인력 재훈련, 기술 개발 지원, 고용보험 등 중소기업에 종사하는 근로자에 대한 배려는 강화되어야 한다. 이를 위해 여기서는 중소기업정책의 전반적인 재구성을 제언하고 있다. 중소기업 지원정책에서 사회정책적 목표는 사회복지예산의 확대를 통해 달성해야 하며, 반면 중소기업을 육성하려는 정책에서는 인력 훈련, 기술 개발, 산학 협력을 통한 사람에 대한 투자에 집중하되 신용보증제도 등 금융 지원의 규모는 점차 축소해나갈 것을 제안한다.

세계경제위기로 한국의 경제위기도 깊어지고 있다. 위기는 늘 취약한 부문에 가장 심대한 타격을 주고 새로운 모습을 요구한다. 태풍으로 무너진 집터에 전과 똑같은 집을 복구하려 해서는 안 된다. 지금의 위기가 훗날의 기회가 되기 위해서는 새로운 설계로 더 튼튼한 집을 지어야 한다. 지금은 한국 경제의 제도적 개편이 요구되는 시기이며, 향후 한국 경제가 진정한 선진화의 길을 갈 수 있을지 혹은 이에 실패하게 될 것인지는 어떤 제도적 기반을 다져가느냐에 따라 그 결과가 정해질 것이다.

한국 경제정책의 딜레마: 종과 횡의 충돌

경제정책은 경제논리만으로 입안되고 추진될 수 없다. 또 현실에서 그렇게 되지 않고 있다. 물론 그렇게 되는 것이 바람직하겠지만 경제와 시장은 국가의 시민이 공유하는 것이며, 그에 대한 정책은 필연적으로 정치적 과정을 거친다. 한국의 경제정책은 입안 과정에서부터 국민, 정당, 언론, 시민단체의 여론과 압력에 의해 타협의 과정을 거치며, 주요 경제정책은 거의 모두 국회의 입법 과정을 거친다. 따라서 경제정책은 정치적 과정을 거쳐 비로소 현실화된다.

이러한 경제정책을 입안하고 추진하면서 한국의 정책담당자들이 늘 부딪치는 근본적인 난제들이 있다. 이러한 문제는 단순히 경제학의 논리만으로 결론을 내기 어려운 것들이다. 물론 경제학적인 틀을 가지고 문제를 분석하고 결론을 유추해볼 수 있으나, 그러한 문제들이 기초하고 있는 역사성, 사회적 배경, 국가 미래에 대한 함의를 고려하지 않고서는 합리적인 그리고 시장에서 수용 가능한 해법을 찾기 어렵다.

이러한 근본적 문제들은 우리 경제정책의 곳곳에서 충돌을 일으키고 있다. 이는 그중에서도 특히 서너 분야의 정책적 이슈들이 상호연관성을 가지고 깊이 뿌리를 박고 있기 때문으로 보인다.

첫째는 분배와 복지를 위한 국가의 역할이다. 이는 세계 역사에서 경제정책과 사회철학의 오랜 논쟁거리이며, 이에 대해 오늘날 우리도 그

어느 때보다 진보와 보수의 관점이 첨예하게 대립하고 있다.

둘째는 재벌과 관련한 문제다. 그동안 한국에서 주요 쟁점이 되어온 경제정책들은 거의 모두 재벌과 관련되지 않은 문제가 없었다. 금융과 산업의 분리, 생명보험사의 상장 문제, 금융계열사 지분 의결권 문제, 출자총액한도제, M&A와 관련된 규제들, 외국인 투자에 대한 대응, 증권시장에서 소액주주를 보호하기 위한 각종 법규, 기업 지배구조, 공정경쟁 질서, 심지어 수도권 공장 증설 규제 등 거의 모든 문제가 재벌기업들과 직접적으로 관련되어 있다. 이 문제에 대해 새로운 방향을 도입하는 것은 단순히 산업정책적 측면을 넘어 커다란 정치적·사회적 함의를 가지고 있는 문제로서, 우리 경제정책에서 늘 쟁점화되어왔다. 국가정책의 공정성과 시장의 효율성이 크게 부딪히는 정책 분야다.

셋째는 중소기업의 문제다. 이는 재벌의 경우와 반대로 우리 사회가 중소기업을 사회적 약자로 간주하고(실제로 중소기업은 거의 대부분 가족소유 기업으로서, 이들은 우리 사회에서 부유층에 속하는데도) 이를 지원·보호해야 한다는 당위적인 정치적·사회적 논리가 중소기업정책을 지배한다. 세계화와 더불어 개방의 압력과 필요성이 더 커지고 중국 등 후발 산업국으로부터의 경쟁 압력이 더 거세지는 가운데 중소기업에 대한 전반적인 구조 조정의 필요성이 절실해지고 있는 데 반해 구조적인 대응은 지연되었으며, 그 결과 우리 경제의 전반적 효율성과 경쟁력이 제한되고 있다. 이러한 중소기업 문제 역시 경제력 집중과 양극화, 고용이라는 측면에서 심대한 정치적·사회적 함의를 내포한다.

넷째는 노사문제다. 세계경제 환경이 급변하고 국가와 기업의 경쟁우위 분야 역시 빠르게 바뀌는 상황에서 우리 경제가 경쟁력을 유지하기 위해서는 사업 구조 조정과 고용 조정이 유연하게 이루어져야 한다.

그러나 노동 부문의 경직성은 이에 큰 걸림돌이 되어왔다. 대기업을 중심으로 한 강성노조활동과 고용의 경직성은 결국 비정규직 고용을 늘리고, 이는 다시 고용의 질을 저하해 소득의 양극화를 심화시키고 있다. 노사관계 안정화와 노동시장의 유연성을 제고하기 위해 그동안 노사정위원회를 중심으로 많은 대화가 이루어져왔으나 지난 10년간 큰 진전을 보지 못했다. 노동문제야말로 한국의 경제정책 중에 가장 정치화한 문제이며, 합리적 대화와 타협이 어느 정책 분야보다 어려운 부분이다. 여기에는 과거 독재 시절의 노동운동 탄압과 민주화 이후의 억제된 요구의 과다한 분출, 노조활동의 지나친 정치화 등의 문제가 얽혀 있다.

무엇이 딜레마인가

앞서 살펴본 문제들의 좀 더 깊숙한 곳에는 바로 우리 경제의 빠른 성장과 발전이 가져온 우리 내부 현실과 우리 경제가 처해 있는 세계 환경이라는 외부 현실 간 충돌의 문제가 놓여 있다. 다시 말해 우리 사회의 종적인 또는 발전단계적인 측면에서 본 정책 방향과 오늘날 지구촌이라는 환경 속에서 우리가 이웃 경쟁국들과 함께 놓여 있는 횡적인 측면에서 본 정책 방향이 상호 충돌하고 있다는 것이다. 여기서 종적인 문제는 한국 경제발전의 시계열을 따라 발생하는 문제, 즉 빠른 성장이 진행되고 소득수준이 향상되면서 변하는 국내의 정치·경제 환경에서 새롭게 부딪치는 국내적 도전을 말하며, 횡적인 문제는 현재 한국 및 한국 경제가 놓여 있는 세계적 환경 속에서 당면해 있는 외부적 도전을 말한다. 이 두 가지 도전은 각기 다른 대응을 요구하며, 그 대응이 서로 충돌하는 처지에 놓여 있는 것이 한국 경제정책이 처한 딜레마의 핵심이다. 종적인 측면에서는 복지의 강화와 큰 정부, 횡적인 측면에서는 감세와 작은 정부가 충돌하고 있다. 종적인 측면에서 정책의 공정성과 횡적인 측면에서 시장의 효율성이 충돌하고 있다. 이러한 충돌을 어떻게 조화롭게 정책으로 여과해 우리 경제의 장기적 활력을 유지할 수 있을지가 우리 경제가 맞닥뜨린 가장 큰 도전이자 과제다.

시장경제를 중시해 국가 규제를 풀고 정부 규모를 줄여 효율과 성장을 강화해야 한다고 하는 견해는 후자, 즉 경제정책을 추진하는 데서 횡적인 측면을 더 중요시해야 한다고 보는 입장이며, 분배와 복지를 중시해 이를 위한 재정 규모를 확대하고 경제력 집중을 억제하며 사회적 연대를 강화해야 한다고 하는 견해는 전자, 즉 종적인 측면을 더 중시하는 입장이라고 볼 수 있다. 다시 말해 전자와 같은 관점은 역사성과 과거의 발전 배경보다는 오늘날 우리가 처한 세계적 환경 속에서 가장 효율적인 경제 환경을 갖추어야 한다는 입장이고, 후자는 과거의 발전 과정과 역사성을 고려해 장기적 공정성(inter-temporal fairness)을 기하면서 사회적 연대를 이루어가지 않으면 우리 사회가 장기적으로 안정적인 발전을 해나가기 어렵다는 입장이다.

우리 사회에서 이러한 경제 난제에 대해 사회적 합의가 잘 이루어지지 않았고, 정부 또한 이에 대해 방향을 명확하게 잡지 못했으며, 방향을 결정하더라도 이익집단의 강경한 반대로 국회의 입법화 과정에서 좌절되거나 원래의 방향에서 벗어나는 경우가 허다하여 그동안 경제개혁이 지지부진하고 정체되어왔다. 이러한 문제는 1987년 정치민주화 이후 심화되는 현상을 보여왔다. 정부는 문제가 깊어지는 것을 알면서도 적시에 대처할 능력을 상실했으며, 경제정책이 정치쟁점화되고 이해집단에게 포획되는 경우가 흔해졌다. 1997년의 외환위기도 그러한 과정에서 일어난 것이다. 김영삼 정부 때 금융시장의 개방화가 진행되고 각종 규제가 완화되면서, 재벌의 과잉투자를 막고 방만한 확장을 견제하며 업종 전문화를 유도하기 위해 공정거래와 관련된 각종 개혁정책이 자주 논의되었고, 노동시장을 유연화하기 위한 노동법 개혁 등이 시도되었으나 이해집단의 반대로 거의 대부분 좌절되었다. 외환위기를 겪고 나서야 우리 경제에서 절실하고 오래 묵은 과제들을 IMF의 힘을 빌려 상당 부분 정리할 수 있었다.

외환위기의 충격이 그 당시 개혁에 대한 정치적 지지를 동원해주었으나 외환위기로부터 경제가 회복한 이후 다시 우리는 유사한 현상을 되풀이하고 있다. 이러한 상황이 지속되다가는 우리 경제는 또 다른 위기가 닥쳐야만 당면한 정책 과제를 해결해나갈 수밖에 없는 위기의존형(crisis dependent) 경제가 될 가능성이 크다.

이러한 문제를 효율적으로 해결해나가기 위해 크게는 제1부에서 논한 국가권력구조, 지배구조의 개편을 시도해가야 한다. 그와 동시에 한국 경제정책이 안고 있는 문제에 대한 사회적 토론을 활성화해, 여러 다른 견해에 대한 입장을 좀 더 분명히 정리하고 설득하며 여과해가는 과정을 거쳐나가야 할 것이다. 이러한 문제들은 우리 사회에 그동안 형성되어온 관념과 문화, 가치관과 관련된 것으로서, 단순히 경제적 논리나 정부의 힘만으로 해결해가기는 어려운 과제들이다.

필자도 이러한 문제에 대해 많이 고심해왔으나 명쾌한 해법을 가지고 있지는 못하다. 워낙 깊고 넓은 정치적·사회적 함의를 가지고 있으며 다양한 관점과 입장이 엇갈려 있는 문제들이기 때문이다. 그리고 그것들을 관통하고 있는 주제는 결국 '개인의 자유'와 '사회적 평등', '효율과 형평', 국가정책의 '장기적(또는 동태적) 공정성'과 '단기적(또는 정태적) 공정성', 나아가 국가의 '장기적 안정성장 기반'을 이루기 위해 어떤 정책의 채택이 더 유효한가에 대한 견해의 차이다. 다시 말해 이곳에서도 결국 진보적 철학과 보수적 철학이 부딪치고 있는 것이다. 어려운 문제다. 그러나 이러한 과제에 대해 더욱더 활발한 토론이 진행되고 현명한 견해가 대두되어 사회적 공론이 수렴되기를 기대하면서 필자 나름의 관점을 제시해보고자 한다.

제5장 경제정책에서 진보와 보수의 문제

경제정책에서 진보와 보수의 논쟁은 오래된 것이다. 그리고 시대가 변하면서 진보와 보수라는 개념 자체도 변해왔다. 원래 진보주의는 자유주의적(liberal) 가치를 추구하는 신념을 말했는데, 'liberal'이라는 단어는 1823년 스페인 혁명 중에 절대군주제 지지파를 'serviles'라 하고 그 반대파를 'liberales'라고 부른 데서 유래한 것이라고 한다. 그러나 오늘날 그 개념이 바뀌어 경제정책에서의 진보주의(liberal 또는 progressive)는 대내정책에서 복지와 형평을 중시하고 대외정책에서 보호주의적 성향을 띠는 입장을 말하며, 보수주의(conservatives)는 평등보다 개인의 자유를 중시하고 시장에서의 자유경쟁과 개방, 작은 정부를 선호하는 이념과 이러한 가치를 추구하는 입장으로 구분해볼 수 있다.

이러한 보수와 진보의 대립은 유럽에서 산업혁명 이후 농민들이 도시를 중심으로 공장근로자화함으로써 야기되기 시작한 빈민, 실업, 주거 등의 문제가 사회적으로 공론화되면서 뚜렷해진 것이다. 보수와 진보 논쟁의 핵심에는 공공정책에 '자유'와 '평등' 그리고 '효율'과 '형평'의 문제를 어떻게 조화시킬 것인가 하는 인류 사회의 오래된 난제가 자리 잡고 있다.

서구에서는 르네상스와 종교개혁을 거치면서 개인의 자유와 평등에 대한 의식이 서서히 인류의 보편적인 이념으로 자리 잡기 시작했다. 그리고 이 자유와 평등에 대한 추구는 향후 서구 사회의 민주화를 이끌어 가는 동력이 되었다. 그러나 나라마다 자유와 평등의 이념은 서로 다르게 강조되었던 것이 사실이다. 영국에서는 귀족이나 지주계급이 왕권으로부터 자유를 확보하려는 것이 의회민주주의의 과정이었기 때문에 자유의 이념이 평등의 이념보다 좀 더 강조되었다. 모루아는 "영국은 1640년의 크롬웰혁명에 의해 전제군주국이 되기를 거부했고 1660년 왕정복고에 의해 공화국이 되기를 거부했다"고 말했다(모루아, 1991). 한편 프랑스에서는 왕정에 의한 전제정치가 18세기까지 지속되면서 불만이 누적된 일반 중소시민 등 무산계급과 부르주아들이 전제군주와 귀족들로부터 평등권을 확보하기 위한 과정이 민주화의 과정이었기 때문에 상대적으로 평등의 이념이 강조되었다. 루지에로(Guido de Ruggiero)는 다음과 같이 지적했다.

> 프랑스의 자유주의는 새로운 것이었다. 중세에 특전으로 누렸던 자유에 기초한 것이 아니라 혁명의 잿더미에서 태어났기 때문이다. …… 이 새로운 자유주의는 평등주의였다. …… 그러나 프랑스적인 새로운 개념의 자유에 독특한 의미를 부여했던 평등에 대한 강조가 지나쳐 결과적으로 자유를 뒤집고 부숴버리는 결과를 초래했다(Ruggiero, 1957: 78~82).

반면 미국은 헌법 전문에서 "우리는 모든 인간은 평등하게 창조되었으며, 창조주로부터 누구도 빼앗을 수 없는 권리인 생명, 자유 그리고 행복 추구의 권리를 부여받았다는 진리를 자명한 것이라 믿는다"고 밝히고 있다. 그러나 제퍼슨의 헌법 초안에는 "우리는 모든 인간은 평등하게 창조되었으며, 이러한 평등한 창조로부터 본유의 절대적인 권리인 생명, 자유 그리고 행복추구의 권리가 나온다는 진리를 자명한 것이라 믿는다"고 적혀 있다. 좌승희는 이에 대해 "독립 당시 다양한 계층의 이민으로 형성된 미국은 신대륙에서 이미 확보된 자유를 이들 간에 평등하게 보장하는 문제가 더 절실한 과제였을 것으로 추정된다"고 분석하고 있다(좌승희, 2006: 163). 토크빌(Alexis de Tocqueville)은 19세기 당시의 미국을 보고 다음과 같이 말한다.

> 미국에서 귀족적 요소는 그 나라가 태어났을 때부터 매우 미약한 것이었다. 그리고 현재에도 그것이 전적으로 파괴되지 않았다 하더라도 완전히 무력화되어 사태가 진행되는 과정에 어떤 영향력도 미칠 힘이 없게 되었다. …… 어떤 가문이나 단체라 하더라도 영속성이 있을 수 없고 개인의 인품상의 영향력도 영구히 지속될 수는 없다. 그리하여 미국의 국민들은 재산, 지성이라는 부분에서 그 유례를 찾아볼 수 없는 평등을 향유하고 있다(Tocqueville, 1835: 58~59).

한국은 어떤가? 한국은 20세기 초 조선왕조가 멸망할 때까지 절대왕정이 지속되었고, 그 후 약 40년간 일본의 식민지 통치로 압제가 지속되었다. 조선왕조 시대는 엄격한 계급사회였으며 부와 권력의 소유에서 지극히 불평등한 사회였다. 해방 후 우리 국민들은 역사상 처음으로 스스로를 다스릴 정부를 선출할 수 있었다. 그리고 민주주의와 자본주의 시장경제체제에 입각한 헌법하에서 자유를 갖게 되었다. 그러나 이러한 민주적 제도도 유신체제와 5공화국 체제에서 다시 중단되었다. 1987년 민주헌법으로 다시 국민이 정부를 선출할 자유를 갖게 되면서 우리는 아마도 프랑스 혁명 이후와 같이 독재와 전제정치로부터 자유를 획득하면 곧바로 국민의 정치적 권리뿐 아니라 생활의 모든 면에서 평등을 누릴 수 있게 될 것으로 인식한 것이 아닐까 생각한다. 그리고 일찍이 우리 국민이 누려보지 못한 그러한 자유가 곧바로 평등에 대한 강한 욕구를 분출시킨 것이라고 생각한다.

평등을 추구하는 국민 대중의 강한 욕구는 독재 시대와 남북 대치의 냉전 시대를 지나는 동안 상당 기간 억압되어 있다가 1987년 민주화 이후 본격적으로 분출되기 시작했다. 따라서 현재 한국의 정치적·경제적 발전 단계에서 볼 때 복지와 형평을 요구하는 진보적 정책에 대한 요구가 점점 강해지는 것은 당연한 일로 보인다. 특히 지난 1960년대부터 약 반세기 동안 급격히 진행된 산업화와 도시화를 통해 우리도 18~19세기 서구 선진 산업국이 겪은 것과 비슷한 도시 근로자의 주거, 의료, 생계 문제와 실업 문제, 소득과 부의 격차 문제가 심화되는 과정을 겪어왔다. 외환위기 이후에는 실업 문제를 비롯해 소득과 부의 격차가 더욱 심화되었다.

대다수 유럽 국가들은 지나친 시장자본주의의 폐해에 분개한 국민들에 의해 공산화되거나 이러한 시대적 조류를 맞아 20세기 초반 또는 중반 이후 사회주의 정부나 노동당 정부의 집권을 통해 의료, 연금, 실업보험 등 복지정책을 크게 강화했다. 또한 기업의 공영화도 확대되어 왔다. 이런 면에서 미국은 다소 예외적인 나라다. 그것은 당시 유럽에 비해 훨씬 평등한 사회였기 때문인지도 모른다. 그러나 미국도 대공황 이후 민주당의 루스벨트 대통령의 뉴딜정책과 1960년대 민주당의 존슨 정부가 내건 '위대한 사회(Great Society)'를 통해 복지제도를 크게 확대했다. 그 결과 선진국에서는 재정 규모가 점차 커지고 정부의 역할이 비대해지면서 경제의 효율성이 저하되고 성장이 지체되었다. 오늘날 유럽 국가들에서 정부 지출이 국민소득에서 차지하는 비중은 19세기 말의 평균 10% 미만에서 제2차 세계대전 직전에는 20%를 상회했고, 제2차 세계대전 이후에는 거의 모든 유럽 국가에서 40%를 넘게 되었다.

일본 경제의 부상, 동아시아 경제의 부상, 동유럽 경제의 시장경제체제로의 전환과 경쟁력 강화, 특히 1980년대 이후 중국 경제의 급부상은 유럽 및 미국 사회에 위기감을 불러일으켰다. 세계화의 진전으로 국가 간 경쟁이 격화되면서 유럽 국가들은 효율성 향상과 과도한 재정 부담을 줄이기 위해서 결국 더 작은 정부, 개방과 경쟁의 강화라는 우파적 정책으로 선회해왔다. '신자유주의' 정책이라는 말도 그렇게 해서 생겨난 말이다. 특히 미국의 레이건 정부, 영국의 대처 정부의 강력한 보수적 정책의 추진이 국가 경제에 활력을 불어넣음으로써, 신자유주의적 정책은 유럽 선진국에서 점점 더 힘을 얻기 시작했다. 지난 약 20년, 특히 10년 동안은 서부 유럽 국가들이 경제의 유연성을 높이고 기업 환경을 개선하기 위해 다시 우파적 경제정책을 추진하면서 정치적·사회적 갈등을 겪어오는 과정이라고 볼 수 있다. 이러한 세계적 경향으로서 정책의 우경화는 약 반세기 이상에 걸친 좌경화의 결과에 대한 회의와 반성, 급속한 세계경제 환경의 변화에 따른 국민적 공감대와 정치적 지지를 통해 이루어졌다.

그러나 한국의 경우 건국 이후 곧바로 냉전 시대의 최전선에서 전쟁을 치르면서 사회주의사상에 관한 주장과 토론 자체가 금기시되었고, 1960년대 이후 경제개발과 성장이 정책의 최우선 과제가 되면서 복지제도의 발전에 소홀했던 것이 사실이다. 반면 경제발전을 위해 재벌기업이나 민간 대기업에는 각종 조세 감면과 금융 지원을 하여 경제력 집중이 심화되었고, 이러한 과정에서 노동운동은 억압되었다. 다시 말해 지극히 우파적인 경제정책을 취해온 것이다. 그 당시 한국의 안보, 정치, 경제 상황에 비추어 이러한 우선순위의 정립은 나름대로 정당성을 지녔고, 장기적 관점에서 빠른 경제발전을 이루어낸 선택이었다고도 할 수 있다. 이른바 '트리클 다운(trickle down)'이라고 하여 선도 부분이 발전하면 자연히 그 영향이 사회 전반에 퍼지게 된다는 발전이론적 관점에서 보아도 그렇다.

대중민주주의의 발달사를 보면 민주화가 진전되면서 시민의 자유와 권리 신장은 처음에 정치 참여에 대한 평등으로 현실화되고, 이러한 정치 참여에 대한 권리의 평등화는 결국 경제적 평등을 요구하는 쪽으로 이어진다. 1980년대 후반 정치민주화 이후 한국의 경제 분야에서도 당연히 복지 증대 등 형평, 사회적 약자에 대한 안전망 강화라는 강한 욕구가 분출할 수밖에 없었고, 경제정책도 이러한 대중의 요구를 수렴해 그 방향으로 움직일 수밖에 없었다. 앞서 말한 바와 같이 공공선택이론에 의하면 선거를 통해 공공정책이 선택될 때는 중간투표자의 선호도가 결정적인 역할을 한다. 이는 다시 말해 대중민주주의가 정착되어가는 한국에서도 경제정책의 선택에서 점점 더 중간투표자의 성향을 따라 진보적 정책이 도입될 수밖에 없다는 것을 뜻한다.

유럽에서도 대중민주주의가 정착되기 시작한 것은 불과 100년도 되지 않는다. 성인 남녀 모두에게 동등한 투표권이 부여된 것은 근대 민주주의의 발상지라고 하는 영국의 경우 1928년, 미국의 경우 1920년에 와서야 이루어진 것이다. 그전의 대의민주주의에서는 일정 규모 이상의 재산을 가진 유산가, 엘리트에게만 정치에 참여할 수 있는 권리가 주어졌고, 주요 국가정책의 결정에서도 자연히 그들의 입장이 주로 대표·반영되어왔다. 유럽에서의 대중민주주의 심화는 결국 20세기 초반을 기점으로 점점 더 진보적 성향의 정부, 경제정책의 진보화를 가져왔고, 이는 정치제도의 발전과 경제정책의 발전의 상관성을 그대로 보여준다.

한국은 건국과 더불어 대중민주주의가 도입되었으나, 실제로 대중민주주의가 자리 잡기 시작한 것은 1980년대 말 민주화 이후다. 이는 냉전 종식이라는 세계적 변화와 겹치게 되었다. 대중민주주의의 발전과 더불어 한국의 공공정책도 중산층, 중간 성향의 투표자들에 의해 점점 더 크게 영향을 받아왔다. 진보적 성향의 정부가 들어선 것은 1998년 김대중 정부와 2003년 노무현 정부가 집권하면서 이루어졌다. 김대중 정부는 지극히 보수적 성향을 가진 자민련과의 연합을 통한 공동정부 성격을 가지고 집권했으며, 외환위기의 와중에서 당시 정부 여당에 대한 국민의 불신이 극에 달한 상황에서 집권할 수 있었다. 이런 관점에서 볼 때 한국에서 진보적 정부가 국민의 선택을 받아 본격적으로 출범한 것은 노무현 정부라고 볼 수 있을 것이다.

김대중 정부는 외환위기를 맞아 이미 우리 경제가 IMF의 관리체제에 들어간 이후 집권했기 때문에 경제정책에 대한 자율권이 없었으며, 당시 미국과 국제 금융시장의 대폭적인 개방 요구를 수용하고, 관치경제를 축소하는 금융구조 조정, 기업구조 조정을 단행할 수밖에 없었다. 그 결과 금융감독, 기업지배구조, M&A, 회계 및 공시제도, 자본시장에서의 소액투자자 권익 보호 등에서 국제적 규준(global standards)을 대폭 도입할 수밖에 없었다. 그야말로 신자유주의적인 정책개혁이 이루어졌다. 당시 국민들도 다른 선택의 여지가 없는 것으로 받아들였다. 진보, 보수의 공동정부이고 총리와 경제부처도 정권 초반 자민련 출신이 주로 맡았지만, 진보 성향의 대통령과 정부가 큰 폭의 자유주의적·개방적 경제개혁을 추진한 것은 당시 우리가 처한 외환위기라는 상황에서 실질적인 경제정책의 주도권을 IMF와 국제금융계가 쥐고 있었기 때문이다. 그러한 방향의 경제개혁이 실제로 추진될 수 있었던 것도 외환위기를 겪은 그 당시의 정치적 상황 때문이었다고 할 수 있다. 그리고 이러한 개혁은 김대중 대통령의 강력한 지원을 받았다. 외환위기를 빠른 시일 내에 극복하기 위해서는 이러한 개혁 외에 다른 대안이 없다는 인식이 대통령에게 있었기 때문이었을 것이다. 아시아 경제에서 개방과 글로벌 스탠더드 도입이 최선의 방법이라는 것과 관련해 김대중 대통령은 싱가포르의 리콴유 전 수상과의 토론에서 리콴유 전 수상보다 훨씬 더 자유주의적·개방주의적·친서방적 주장을 펼치기도 했다.

그러나 외환위기가 극복되고 자민련과의 공동정부가 결렬되고 난 이후인 집권 후반기에는 진보적 성향의 정책이 많이 추진되었다. 4대 복지제도의 골격이 잡혔고 사회안전망 구축이 주요 정책 초점으로 추진되었다. 그러나 김대중 정부 5년간의 정책 전부를 조감해볼 때 한국의 경제정책과 경제제도는 그 이전에 비해 훨씬 더 자유시장주의적인 개방적 제도로 변모했다.

사실 김영삼 정부하에서도 노동개혁, 재벌개혁, 금융개혁 등 많은 경제개혁정책이 시도되었다. 그러나 이러한 시도는 주로 재벌과 노조라는 양대 기득권 세력의 저항에 부딪쳐 번번이 좌절되고 정체되었다. 민주화 이후 노태우, 김영삼 두 보수 정부가 국민 대중의 여론에 부응해 아이러니컬하게도 모두 재벌개혁을 들고 나왔으나, 외환위기가 있기까지 실질적인 진전은 흐지부지했다. 노동시장의 유연성을 제고하고 경쟁력을 강화하기 위한 노동개혁도 노조의 격렬한 반대에 부딪혀 별다른 진전을 볼 수 없었다. 결국 외환위기를 맞고 나서야 IMF 관리체제 하에서 이에 대한 개혁이 진전되었다. 외환위기의 주요인을 대기업의 과잉투자와 금융기관의 부실화로 보았기 때문에, 외환위기 이후 IMF 프로그램은 주로 기업과 금융구조 조정에 집중되었고, 이와 관련한 금융감독, 회계 및 공시제도, 기업지배구조의 개선에 집중되었다. 공공부문 개혁, 노사정위원회의 설립 등 노동시장 문제도 다루어졌으나 이들은 상대적으로 덜 시급한 것으로 인식되었고 별다른 진전을 보지 못했다.

노무현 정부는 선거 과정에서 이념과 정책에서 보수와 진보의 대결로 부각하여 집권한 최초의 정부라고 할 수 있다. 물론 민주당의 대선 후보로 지역적 대결이 선거 결과를 좌우하는 데 여전히 결정적인 역할을 했으나, 영남 출신 민주당 후보로서 김대중 정부 집권 당시와 같은 영남과 호남의 지역적 대결 양상은 상당히 완화된 상태였으며, 지역적 대결 위에 진보와 보수의 대결이 부각된 선거전에서 집권했다. 그리고 IMF로부터 경제정책의 자율권을 완전히 회복한 후에 집권하게 되었다. 따라서 경제정책에서 진보적 성향의 정책을 추진할 수 있는 입지를 가진 최초의 정부였다고 할 수 있다.

그러나 노무현 대통령은 집권 후 경제정책 기조의 종합적 설정에서 진보적으로 편향된 정책을 선택하지는 않았으며, 경제정책은 주로 각기 다른 성향을 가진 경제팀 멤버들과 참모진들과의 토론과 협의로 결정되었다. 노무현 대통령 스스로는 사회적 약자나 그동안 사회적 비주류라고 일컬어진 계층에 대해 깊은 관심을 가지고 있었으나 그에 따라 경제정책의 방향을 독단적으로 결정하지는 않았다. 그의 집권 중 내각 구성을 보아도 경제부총리 4명 모두가 보수 성향의 관료 출신이었으며 청와대 경제 참모의 구성도 한쪽으로만 편향되지는 않았다.

노무현 정부 5년간의 경제정책은 전반적으로 외환위기 이후에 추진된 자유주의적·개방주의적 정책 기조와 경제제도가 그대로 유지되었으며, 주요 교역국과 자유무역협정(FTA)을 적극적으로 추진하는 등 개방을 통한 경쟁력 강화정책은 오히려 심화되었다. 노약자, 장애인에 대한 보호와 지원 등 사회안전망을 확충하고, 재정구조에서 복지예산 지출을 확대했으며, 일정 금액 이상의 부동산 자산을 소유한 가구에 부과되는 종합부동산세를 도입한 것이나 재산세제를 대폭 강화한 것은 진보적인 정책이라고 할 수 있다. 그러나 경제정책을 전반적으로 조감해봤을 때 개방과 경쟁을 촉진하는 정책 기조가 유지·강화되었다고 평가될 수 있다. 복지예산이 확대되었지만 한국은 복지제도나 이를 위한 재정지출 수준에서 볼 때 서구 선진국들과 비교하면 한국은 여전히 작은 정부라고 할 수 있다(표 5-1 참조).

국민의 조세 부담도 비교적 낮으며(표 5-2 참조), 오히려 세수는 소득세보다 간접세 비중이 높아 조세에 의한 소득 재분배 기능도 다른 어떤 선진국보다 크게 취약한 편이다(표 5-3 참조). 따라서 우리 국민들은 아직 과대 정부, 복지병을 경험해보지 않았으며, 오히려 경제적 평등과 복지정책에 대한 정치적 요구의 발전 단계로 보면 산업혁명 후 서구의 20세기 초반이나 중반쯤에 놓여 있다고 할 수 있다. 결국 한국은 실제적인 좌파정부가 집권한 적이 없다.

표 5-1 OECD 주요국의 GDP 대비 복지예산 비중

(단위: %)

구분	1993	1994	1995	1996	1997	1998	1999	2000	2001	2002	2003
벨기에	27.0	26.5	26.4	26.9	25.8	26.1	25.9	25.3	25.7	26.1	26.5
캐나다	21.2	20.2	19.2	18.4	17.7	18.0	17.0	16.7	17.3	17.3	17.3
핀란드	29.9	29.2	27.4	27.1	25.2	23.2	22.8	21.3	21.4	21.9	22.5
프랑스	28.1	28.1	28.3	28.6	28.5	28.7	28.8	27.6	27.5	27.9	28.7
독일	26.1	26.1	26.6	27.1	26.4	26.7	26.7	26.6	26.7	27.4	27.6
이탈리아	20.9	20.7	19.8	22.0	22.7	23.0	23.3	23.2	23.3	23.8	24.2
일본	12.5	13.1	13.9	14.1	14.2	14.9	15.4	16.1	16.8	17.5	17.7
한국	3.2	3.2	3.5	3.6	3.9	5.5	6.3	5.1	5.4	5.4	5.7
룩셈부르크	23.1	22.9	23.8	23.8	22.5	21.6	21.7	20.4	19.8	21.6	22.2
스페인	23.2	22.1	21.5	21.4	20.8	20.7	20.4	20.4	20.2	20.2	20.3
스웨덴	36.2	34.9	32.5	32.1	30.7	30.5	30.1	28.8	29.3	30.4	31.3
영국	21.0	20.5	20.4	20.1	19.2	19.3	19.0	19.1	20.1	20.1	20.1
미국	15.3	15.3	15.4	15.2	14.9	14.8	14.6	14.6	15.2	16.0	16.2

자료: OECD(2008a).

표 5-2 OECD 국가의 GDP 대비 조세부담률

(단위: %)

국가	2000	2001	2002	2003	2004	2005
캐나다	35.6	35	33.9	33.7	33.6	33.4
멕시코	18.5	18.8	18.1	19.0	19.0	19.9
미국	29.9	28.9	26.4	25.9	26.0	27.3
호주	31.8	30.4	31.5	30.7	31.1	30.9
일본	27.1	27.4	25.8	25.7	26.3	27.4
한국	23.6	24.1	24.4	25.3	24.6	25.5
뉴질랜드	33.4	33.3	34.9	34.3	35.5	37.8
오스트리아	43.4	45.2	44.0	43.1	42.8	42.1
벨기에	45.7	45.9	46.4	44.6	44.8	45.4
체코	39.0	38.5	39.3	37.3	38.3	37.8
덴마크	49.6	49.9	48.9	48.0	49.3	50.3
핀란드	48.0	46.0	45.9	44.0	43.4	44.0
프랑스	45.2	44.9	44.0	43.2	43.5	44.1
독일	37.8	36.8	36.0	35.5	34.8	34.8
그리스	38.2	36.6	35.9	28.1	27.1	27.3
헝가리	39.0	39.0	38.3	37.5	37.6	37.2
아이슬란드	39.4	38.1	38.1	37.2	38.3	41.4
아일랜드	32.2	30.1	28.4	28.8	30.2	30.6

국가	2000	2001	2002	2003	2004	2005
이탈리아	43.2	43.0	42.6	41.8	41.1	41.0
룩셈부르크	40.2	40.7	41.8	38.5	37.9	38.6
네덜란드	41.2	39.8	39.2	36.9	37.4	39.1
노르웨이	43.2	43.4	43.5	42.3	43.3	43.7
폴란드	32.5	31.9	32.6	34.1	33.4	34.3
포르투갈	36.4	35.6	33.9	34.7	33.8	34.8
슬로바키아	34.0	31.6	33.1	33.2	31.6	31.6
스페인	35.2	35.0	35.6	34.2	34.7	35.8
스웨덴	53.8	51.9	50.2	49.4	49.9	50.7
스위스	30.5	30.0	30.3	29.4	29.1	29.7
터키	32.3	35.1	31.1	32.8	31.3	32.3
영국	37.4	37.2	35.8	35.2	35.6	36.5
OECD Total	37.2	36.8	36.3	35.5	35.5	36.2
OECD America	28.0	27.6	26.1	26.2	26.2	26.9
OECD Pacific	29.0	28.8	29.1	29.0	29.4	30.4
OECD Europe	39.9	39.4	38.9	37.8	37.8	38.4
EU 15	41.8	41.2	40.6	39.1	39.1	39.7

주: OECD Total 및 이하 5개 지표의 값은 OECD 또는 EU 국가들의 단순 평균값을 의미.
자료: OECD(각 연도).

표 5-3 OECD 국가의 간접세 비중(2006)

(단위: %)

국가	간접세 비중	국가	간접세 비중
한국	45.5	오스트리아	43.9
호주	27.1	룩셈부르크	38.8
벨기에	37.5	멕시코	67.2
캐나다	28.8	네덜란드	49.2
체코	54.1	뉴질랜드	32.7
덴마크	34.1	노르웨이	34.1
핀란드	43.5	폴란드	60.1
프랑스	44.7	포르투갈	60.4
독일	46.3	슬로바키아	64.9
그리스	56.0	스페인	40.8
헝가리	58.0	스웨덴	35.3
아이슬란드	46.3	스위스	30.0
아일랜드	42.4	터키	67.6
이탈리아	45.2	영국	35.8
일본	29.8	미국	22.1

자료: OECD(2008b).

노무현 정부가 국민의 지지를 잃은 것은 이러한 정책들을 과다하게 추진해서가 아니라, 오히려 중도 보수 내지 개방주의적 정책을 추진해 전통적 지지층을 잃었고, 추진한 정책의 내용을 볼 때 충분히 중간계층을 지지 세력으로 끌어들일 수 있었는데도 정치적 수사에서의 진보적인 성향과 언어 사용의 잦은 부적절함, 주류 보수 언론의 좌파정권론에 매몰되어 중간층 지지 세력도 끌어들이지 못했기 때문이 아닌가 생각한다.

이런 관점에서 보면 한국의 정치경제는 지금보다 더욱 진보적인 방향으로 움직여갈 여지가 있다고 볼 수 있다. 경제의 발전은 정치의 변화를 가져오고 정치의 변화는 다시 경제정책의 변화를 가져온다는 오래된 역사적 경험으로 보아 한국도 예외가 될 수 없는 것이다.

그러나 한국이 처한 또 다른 상황은 과거 20세기 초·중반의 유럽 국가들이 걸었던 것과 똑같은 길을 걸을 수만은 없게 한다. **여기에 종적인 측면과 횡적인 측면의 충돌이 있다.**

한국은 후발 산업국으로서 국민소득이 증가해 복지정책에 대한 요구가 증대되었을 무렵에는 이미 세계화가 급속히 진행되어 자본과 기술, 심지어는 인력까지 국가 간의 장벽이 무너지고 국제경쟁이 더욱더 심화되고 있다. 이러한 세계화의 빠른 진행에 대한 각국의 대처는 경제정책 면에서 우경화의 경향을 보이는 것으로 나타난다. 자국 경제를 좀 더 유연하게 하고, 더 많은 해외 자본을 끌어들이고 일자리를 창출하며, 우수한 고급 인력을 유치해 자국 산업의 경쟁력을 높이기 위해서 정부가 취해야 할 정책의 방향은 분명하다.

그것은 법인세와 소득세율을 낮추고 자본시장을 더욱더 투명화하는 것이며, 동시에 노동시장의 유연성을 높이는 것이다. 또 외국인들이 편하게 살 수 있도록 자국의 생활과 교육환경을 개선하는 것이다. 이러한 정책은 조세수입을 낮추는 동시에 재정 적자의 폭을 확대한다. 따라서 각국 정부는 재정 적자를 줄이기 위해 세출도 줄여나갈 수밖에 없으며, 결국 복지 혜택에 대한 지원을 줄여갈 수밖에 없는 상황에 처한 것이다. 유럽은 현재 리스본조약을 체결하는 등 유럽 내 경제의 유연성을 높이고 경쟁력을 높이기 위해 많은 노력을 하고 있다. 지난 약 20년간의 유럽의 정치적 갈등은 바로 이러한 방향으로의 일보 전진과 일보 후퇴를 거듭하며 힘겨운 개혁의 길을 걸어온 과정에서 일어난 것이다. 그러나 전반적인 정책 기조 면에서는 최근까지 우경화해왔다고 볼 수 있다.

한국은 국내 경제사회의 발전과 정치적 발전의 측면(종적인 측면)에서 볼 때 복지제도 향상에 대한 국민의 요구가 높아지고 있고, 정부도 이에 호응하여 의료, 교육, 실업, 연금, 장애인 및 노약자에 대한 복지제도를 확충해가야 하는 시점에 놓여 있다. 유럽의 경험을 통해 보면 사회당, 진보당, 노동당이 국민 다수의 지지를 받아 그러한 복지 시스템을 대폭 확충해놓을 시점이거나 이미 지난 상황이다. 그러나 횡적인 측면(즉, 국가 간의 경쟁이라는 측면)에서 한국의 이러한 발전 시기는 동시에 밀어닥치는 세계화의 조류와 전 세계적인 경제정책의 우경화와 맞물리게 되었다.

따라서 우리가 취할 수 있는 현명한 정책은 서구 선진국들이 1970년대까지 밀고 갔던 복지국가의 틀로 들어서는 것을 경계하면서, 현재 우리 국민 대중이 요구하고 있는 복지 및 형평의 개선에 대한 요구를 수용해가는 것이다. 다시 말해 서구 선진국은 복지국가를 향해 갔다가 현재는 돌아 나오려 하고 있는데, 우리는 돌아 나오고 있는 그 길의 어느 지점에서 그들을 만나야지 과거에 그들이 갔던 길을 따라 그대로 뒤쫓

표 5-4 **주요국의 소득 10분위별 소득 분포(2005)**

(단위: %)

구분	1분위	2분위	3분위	4분위	5분위	6분위	7분위	8분위	9분위	10분위
한국	2.63	4.41	5.63	6.73	7.85	9.07	10.51	12.40	15.39	25.39
일본	4.85	6.62	7.61	8.43	9.20	9.99	10.86	11.91	13.43	17.10
프랑스	3.36	5.20	6.38	7.41	8.42	9.49	10.73	12.32	14.74	21.96
독일	2.33	4.18	5.49	6.70	7.93	9.25	10.80	12.79	15.82	24.70
영국	1.64	3.29	4.59	5.84	7.17	8.65	10.44	12.82	16.60	28.96
미국	1.09	2.45	3.65	4.87	6.22	7.80	9.78	12.52	17.10	34.51

자료: World Income Distribution 2006/2007, Euromonitor International PLC.

아 가서는 안 된다는 것이다. 후발 산업국으로서의 이점은 제도 면에서 선진 산업국이 갔던 길의 좋은 점과 나쁜 점을 모두 교훈으로 삼아 배울 수 있다는 것이다.

앞서도 언급했지만 대중민주주의제도하에서의 경제정책은 진보화하는 경향이 있다. 경제적 지위나 계층에 관계없이 모두 일인일표로 정부와 정책의 선택에 참여할 수 있다. 또한 지식의 정도나 교육의 정도, 그리고 투표에 의해 결정되는 정책과 제도에 대해 책임지는 능력에 관계없이 성인 남녀라면 모두 똑같은 참정권을 행사한다. 거의 모든 자본주의국가에서는 상위 10%의 계층이 전체 부의 50% 이상을 점유하고 있다. 소득에서도 상위 10%가 하위 10% 소득의 10배를 넘는 경우가 흔하다. 세상에는 상대적 관점으로 볼 때 잘사는 사람보다는 못사는 사람이 훨씬 많은 것이다. 한국의 경우에도 자산 순위 상위 20%의 평균 자산은 8억여 원으로 하위 20%의 순 자산 480만 원의 176배, 소득 기준으로는 상위 20%가 약 월 634만 원으로 하위 20%의 월평균 83만 원의 약 7.6배를 기록하고 있다. 순 자산 상위 1%의 개인은 한국 전체 개인 주식의 약 59.8%를, 순 자산 상위 10%의 국민은 한국 땅의 약 53.4%를 소유하고 있다.

따라서 사회주의가 아닌 자본주의사회에서도 정치제도 면에서 대중민주주의가 심화되면 공공정책이 점점 진보적 성향을 띠는 경우가 일반적이다. 물론 지도자의 철학과 리더십, 그 사회의 전통적 철학과 가치관, 나아가 지식층과 언론이 장기적 관점에서 진보적 편향을 막고 시장의 효율성을 존중하기 위한 노력을 하게 되며, 그 결과 정책이 어느 정도 균형을 이룰 수 있다. 그리고 진보적 정책으로 인한 복지제도의 확대나 큰 정부의 부정적 결과를 경험한 후에야 개방, 경쟁, 감세를 통한 시장의 효율성 향상이라는 방향으로 다시 정치적 지지의 추가 돌아갈 수 있다. 그러나 그 반전 역시 강한 정치적 저항에 부딪히고 긴 시간에 걸친 정체와 갈등을 거듭할 수밖에 없다.

따라서 앞서 주장한 바와 같이 필자는 대중민주주의하에서 경제의 효율성과 장기적 건전성을 유지하고 발전시켜가기 위해서는 정부가 일반 대중이 원하는 것보다 조금 더 보수적 정책을 택하려는 노력을 경주할 필요가 있다고 생각한다. 다시 말해 정부가 투표나 여론조사에서 나타나는 선호도를 그대로 반영해 정책을 펼칠 경우, 정책 기조가 진보 성향, 좌경화하기 쉬우며, 이는 경제의 장기적 효율성과 성장에 부정적으로 작용할 수 있다. 그러므로 장기적 관점에서 미래를 내다보며 정책을 추진해야 하는 정부는 일반 대중이 여론이나 투표를 통해 드러내는 정책 성향보다 다소 보수적 성향의 정책을 채택하도록 노력해야 한다는 것이 필자의 생각이다.

노무현 정부 임기 동안 보수와 진보 간 대립이 깊어진 것이 사실이다. 이는 진보정책으로 정책의 패러다임이 전환되어 보수와 진보의 이념적인 또는 철학적인 대결이 심화되었다는 측면보다는 기득권 계층과 정권의 대립과 갈등이 보수, 진보의 대결로 지나치게 부각된 측면도 크다고 생각한다. 노무현 정부가 사회정책에서는 상당히 진보적 성향을 보여준 것이 사실이다. 그러나 경제정책에서는 전체적으로 볼 때 오히려 중간 내지는 다소 보수주의적인 정책 기조를 유지했다.

그러나 일부 국내 언론과 한나라당, 보수 학계는 이러한 정책을 통째로 묶어 '좌파정책'으로, 그리고 이로 인해 '잃어버린 10년'으로 규정했다. 그러한 영향으로 형성된 국민들의 인식 때문에, 또한 한나라당의 성공적인 정치적 공세에 힘입어 선거에서 압도적인 표차로 새롭게 출범한 이명박 정부는 지난 정부가 취해온 바와는 다른 정책의 조합을 취할 수밖에 없는 입장에 놓였다. 그러나 지난 정부가 취하지 않은 경제정책은 결국 오늘날 세계적 관점에서 보든 국내적 관점에서 보든 지나치게 우파 쪽으로 편향된 정책의 조합이 될 수밖에 없다. 이것이 이명박 정부가 초기부터 어려움에 처하게 된 중요한 요인 가운데 하나라고 생각된다.

이명박 정부는 그동안 보수 언론과 한나라당이 정권 교체를 위해 성공적으로 펼쳐온 '좌파정권 심판론'으로 정권을 잡았으나, 바로 그 성공적인 캠페인의 결과 지나치게 오른쪽으로 경도된 정책을 선택할 수밖에 없는 딜레마에 처하게 되었다. 그러나 이명박 정부가 바로 자신을 출범하게 한 그 정치적 포장에 갇히면 넓은 국민적 지지 기반을 유지할 수 있는 입지를 잃게 되고 국정을 원활하게 추진해가기 어려워진다(조윤제, 2008.7.15). 노무현 정부가 보수적 성격이 강한 정책도 함께 추진했던 것처럼 이명박 정부도 진보적 성향의 정책을 조합할 필요가 있다.

성공적인 정부가 되기 위해서는 정치적 세를 가져야 하며, 그 정치적 세는 국민의 지지에서 나온다. 정권을 취하기 위한 정치적 공세와 포장은 언제나 필요하지만, 그것에 갇힌 정책 기조의 편향화는 궁극적으로 그것을 추진하는 정부와 국민 모두를 성공할 수 없게 만든다. 글로벌 시대에 시장의 기능을 강화하고 경쟁을 촉진하며 기업의 투자와 경영 환경을 개선하는 것은 반드시 해야 할 일이며 옳은 것이다. 그러나 사회적 약자를 보호하고 그들에게 인간다운 삶을 살 수 있도록 복지제도와 사회안전망을 확충하는 것, 경제에 새살이 계속 돋아나도록 진입장벽을 낮추고 공정한 경쟁의 기반을 조성하는 것, 국민 삶의 질의 형평성을 도모하는 것 또한 우리 정부가 해야 할 일이다.

우리 경제사회가 현재 처해 있는 정치적 현실과 세계적 환경을 종합해볼 때 한국은 사회안전망의 강화도 지속적으로 해야 하고, 동시에 개방과 경쟁의 강화도 지속적으로 해나가야 한다. 한쪽에 편향된 정책은 우리의 정치 현실에서 추진이 불가능하거나 우리 경제의 장기적 건전성을 위해 피해야 할 선택이다. 극도로 우경화된 정책은 투자를 장려하고 단기적으로 성장을 높이는 결과를 가져올 수 있겠으나, 분배를 악화시키고 양극화를 심화시켜 사회적 갈등과 불안정을 조성해 사회의 장기적인 안정적 성장을 기약할 수 없다. 특히 오늘날과 같은 국회의 환경에서 이러한 정책이 힘을 받아 추진되기는 어렵다. 마찬가지로 진보적으로 치우친 정책은 당장 더 많은 국민에게 지지를 받을 수 있을지 모르나, 우리 경제의 장기적 활력을 떨어뜨리고 오늘날과 같이 개방된 시장에서 외국 투자를 효율적으로 유치하기 어렵게 하여 그 영향이 금방 경제의 성과로 나타난다.

따라서 한국은 1960~1970년대와 같이 재벌과 기업 지원을 위주로 한 성장 우선정책만을 취할 수 없으며, 또한 20세기 초·중반의 서구와 같은 복지와 평등 우선정책을 취할 수도 없다. 개방과 경쟁을 확대하는 정책과 사회안전망 및 복지제도를 확충하는 정책을 함께 추진하는 것만이 현실적이며 바람직한 선택이라고 생각한다.

이는 오늘날 대부분의 선진 경제국에서도 마찬가지다. 보수와 진보의 이념 대결은 많이 희석되었으며, 실제 지난 10년간 경제학자들의 분석도 더 이상 과거와 같은 성장 위주의 정책이 최적의 정책이 아니라는 결과를 내놓고 있다.

미국의 뛰어난 경제학자이면서 재무장관, 하버드 대학교 총장 등을 지내고 오바마 정부에서 국가경제위원장을 맡고 있는 로렌스 서머스(Lawrence Summers)는 다음과 같이 주장한다.

오늘날 경제학에서는 성장이 일자리 창출을 통해 분배도 해결한다는 논리가 더 이상 잘 맞지 않는다. 지난 1970년대에는 성장이 최고의 분배정책이었으며 이것이 계량 분석을 통해서도 입증되었다. 즉, 소득분배는 매우 안정적이었으며 생산성의 증가와 임금의 증가는 거의 일정한 비율로 움직였다. 그러나 이러한 안정적 관계는 2000년대 이후에 붕괴하기 시작했다. 경제성장의 혜택은 상위 10%, 그것도 상위 1%나 0.1%에 집중되고 중산층의 소득은 전체 경제성장의 반도 안 되는 증가율만을 보였다. 더욱이 저소득층은 경제성장의 혜택을 거의 보지 못했다. 따라서 과거처럼 성장 위주의 경제정책이 더 이상 최선의 정책이라고 할 수는 없다. 그렇다고 분배 위주의 정책이 100% 대안이 될 수도 없다. 미국이 분배를 악화시키는 성장을 하면서도 그렇게 문제가 없었던 것은 바로 개방과 세계화의 덕을 보는 성장정책으로 실업률이 낮고 인플레가 낮았기 때문에 저소득층의 생활 여건 악화를 그나마 줄일 수 있었기 때문이었다. 따라서 향후 경제정책은 양극단을 피하는 것이어야 한다.

즉, 성장 위주도 분배 위주도 아닌 그 사회 환경에 적합한 조화로운 정책이 되어야 한다(Summers, 2007.6.24).

영국의 경우 이제 보수당과 노동당 사이의 경제정책에서의 차이점을 거의 찾아볼 수 없다. 진보적 학자인 앤서니 기든스(Anthony Giddens)가 저술하고 노동당의 블레어 총리가 주창한『제3의 길(The Third Way)』은 바로 이러한 진보와 보수의 경계가 흐려지고 있다는 것을 말해준다. 오늘날 영국의 보수당과 노동당의 정책에서 가장 큰 차이는 대유럽연합정책과 이에 대한 관점이다. 보수당이 유럽과의 통합에 더 소극적이며 점진적인 접근을 원하는 반면, 노동당은 좀 더 적극적인 통합을 원하고 있다. 그 외에 경제정책에서는 큰 차이점을 발견할 수 없다. 영국 국민들은 이제 보수당 또는 노동당 중 어느 정당이 더 보수적 또는 진보적 정책을 제시하는지보다는, 어느 정당이 경제를 활성화하고 교육, 의료, 교통의 질을 개선하는 데 더 유능한 정부가 될 것인지에 대한 판단으로 정당을 선호하거나 선택하고 있다.

2007년 6월 영국의 고든 브라운은 토니 블레어에게 노동당 당수직을 물려받고 9월에 총리로서 첫 노동당 전당대회에 참석하여 노동당 정부가 추구하는 가치를 다음과 같이 제시했다. 정치적인 수사와 모호함이 많이 곁들어진 표현이지만 여기서 소개해본다.

힘든 업무와 노력의 가치를 평가절하하는 '결과의 평등'이라는 개념도, 오직 몇몇만이 성공할 수 있고 나머지는 영원히 실패 선고를 받는 배타적 능력 사회를 부추기는 '기회의 평등'이라는 개념도 옳지 않다. 각자가 가진 재능을 가지고 높은 꿈을 향해 노력할 수 있는 국가, 순수한 능력사회야말로 영국의 모습이다. 모두 꿈을 꾸면서도 자신의 역할을 수행하고 서로의 의무를 인식하는 상호 책임의 국가가 바로 영국인 것이다. …… 더 강한 영국, 더 공정한 영국으로 나아가야 한다(2007년 영국 블랙플에서 열린 노동당 전당대회 연설문).[8]

중국 경제의 위세가 날로 커가고 있는 상황에서 그 이웃에 위치한 한국 경제의 활로는 결국 개방과 경쟁의 확대, 외국 기업을 유치할 수 있는 기업 환경의 개선으로 찾아갈 수밖에 없다. 이를 위해서는 우리 사회 전반에 대한 국제적 규준의 도입과 적용이 확대되어야 할 것이다. 그러나 이러한 정책의 도입이 가능하기 위해서는 사회안전망이 지금보다 더 확충되어야 한다. 결국은 개방과 비즈니스 환경 개선, 그리고 사회안전망의 확충을 동시에 해나가는 정책 조합만이 가능한 현실적 대안이라고 생각한다.

---

8 "Not the old equality of outcome that discounts hard work and effort. Not the old version of equality of opportunity — the rise of exclusive meritocracy where only some can succeed and others are forever condemned to fail. But a genuinely meritocratic Britain, Britain of all the talents. Where all are encouraged to aim high. And all by their effort can rise. A Britain of aspiration and also a Britain of mutual obligation where all play our part and recognize the duties we owe to each other. …… A stronger Britain, a fairer Britain."

제6장 재벌

우리 경제구조의 가장 큰 특징은 아마도 재벌지배적 구조를 가지고 있다는 것일 것이다.[1]

재벌이 시장과 산업을 지배하는 나라가 한국만은 아니다. 동남아시아의 여러 국가나 멕시코, 브라질과 같은 남미 국가에서도 재벌이 시장을 지배하고 있는 경우가 흔하다. 선진 산업국에서도 과거에 그러한 경험을 했던 나라가 많다. 일본이 그러했고, 미국도 산업화 과정에서 록펠러 집안 등 산업재벌이 시장지배적 지위를 누렸다. 오늘날 스웨덴과 같은 몇몇 유럽 선진국에서도 거대한 기업집단을 찾아볼 수 있다. 그러나 한국과 같이 원래 출발한 업종의 단순한 수직적·수평적 결합을 통한 기업집단이 아닌 금융과 제조업, 서비스업 등 거의 모든 업종에 걸쳐

---

[1] 재벌의 사전적 의미는 "재계(財界)에서, 여러 개의 기업을 거느리며 막강한 재력과 거대한 자본을 가지고 있는 자본가·기업가의 무리"다(국립국어원 표준국어대사전).

지배적 시장 지위를 누리는 계열 회사를 거느리며 경제와 정치, 사회에 막강한 영향력과 지배력을 행사하는 경우는 인도, 멕시코를 비롯해서 인도네시아, 태국 등 동남아시아의 몇 나라를 제외하고는 찾아보기 어렵다.

한국의 30대 기업집단이 산하 계열기업으로 지배하고 있는 기업 수는 기업집단을 지정하기 시작한 1987년에 총 490개로 평균 16.4개였다(송원근·이상호, 2005). 이후 지속적으로 확대되어 1997년 4월 1일 기준 총 819개, 평균 27개로 계열사 수가 최대에 이르렀다. 그러나 외환위기 이후 구조 조정을 거치면서 계열사 수가 감소하기 시작해 2003년 4월에는 총 620개, 평균 20.7개로 줄었다. 5대 재벌의 평균 자회사 수는 42개에 달한다. 그리고 영위 업종 수에서 30대 재벌은 2003년에 평균 15.4개, 5대 재벌의 평균은 22.6개에 달했다. 전체 기업의 자산 비중에서는 5대 재벌의 경우 21.6%, 30대 재벌의 경우 34%를 차지하고 있다. 매출액 비중에서는 5대 재벌의 경우 24.8%, 30대 재벌의 경우 36%을 나타냈다(그림 6-1, 6-2 참조).

반면 부가가치의 비중은 이보다 훨씬 낮다. 5대 재벌의 경우 15.4%, 30대 재벌의 경우 21.5%다. 고용에 대한 기여를 보면 이보다도 훨씬 낮다. 한국 재벌의 1993년과 2002년 고용 비중을 비교해보면 5대 재벌은 3.8%에서 2.4%, 30대 재벌은 6.5%에서 4.1%로 감소해, 전체적으로 크게 하락했음을 알 수 있다(그림 6-3 참조).

이러한 시장지배력은 선진 산업국에서 찾아보기 어려운 현상이다. 전체 기업 대비 재벌의 계열사 수, 매출액, 부가가치 비중은 1990년대 중반 정점을 이루다가 외환위기 이후 다소 하락세를 보이고 있다. 그러나 5대 재벌의 경우는 오히려 비중이 늘고 있다.

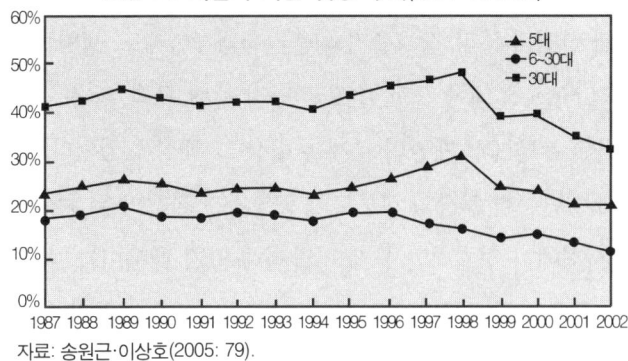

그림 6-1 재벌의 자산 집중 추이(1987~2002년)

자료: 송원근·이상호(2005: 79).

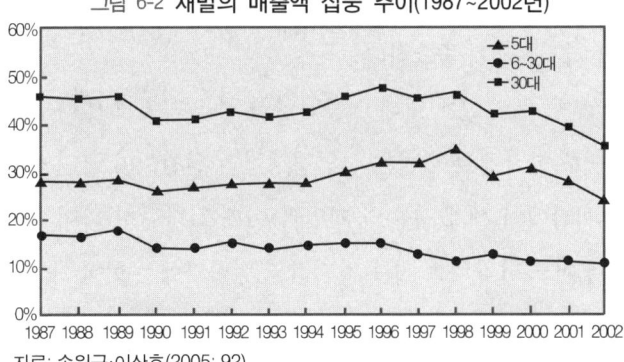

그림 6-2 재벌의 매출액 집중 추이(1987~2002년)

자료: 송원근·이상호(2005: 92).

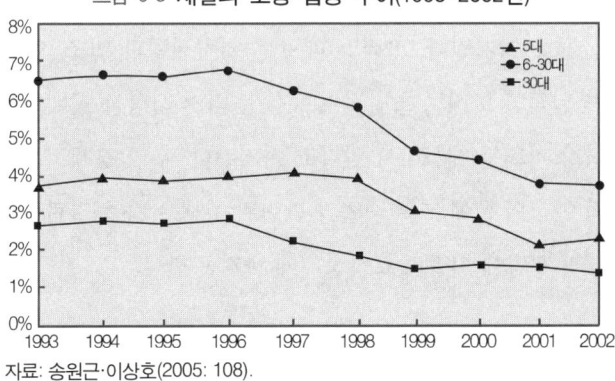

그림 6-3 재벌의 고용 집중 추이(1993~2002년)

자료: 송원근·이상호(2005: 108).

재벌은 한국의 주요 경제정책을 논할 때 항상 쟁점의 핵심이 되어왔다. 금융과 산업의 분리, 상호출자와 출자총액제한제도, 생명보험사 상장, 적대적 M&A에 대한 규제, 수도권 공장 설립 규제, 각종 규제 완화 등과 관련된 논쟁에서 재벌의 문제는 항상 그 핵심에 있었다. 이는 재벌의 문제가 단순한 시장의 집중도와 공정경쟁 질서의 문제를 넘어 이미 우리 사회에서 정치적인 문제로 발전해 있기 때문이다. 이는 또한 재벌이 한국에서 단순한 기업조직의 범위를 넘어서 정치적·사회적 조직의 범주로 들어섰다는 것을 뜻한다. 따라서 한국의 경제정책을 합리적으로 풀어가기 위해서는 우리 사회가 재벌의 문제에 대해 어떤 철학과 원칙을 가지는지가 중요하다.

우리 국민들은 재벌에 대해 이중적인 인식을 가지고 있다고 생각한다. 한편으로 한국에서 재벌은 산업경쟁력의 원천이며 국민의 자랑이다. 해외 시장에서 세계 유수의 기업과 어깨를 나란히 하며 경쟁하고 있다. 세계 어느 나라의 도시를 가더라도 번화가에는 한국 재벌기업을 선전하는 커다란 전광판을 볼 수 있다. 특히 삼성전자, 현대자동차, LG 전자, 현대중공업 같은 기업은 이미 세계적 기업으로 국가 이미지를 드높이고 있다. 그러나 다른 한편으로 우리 국민들에게 재벌은 불공정과 특혜의 산물로 여겨진다. 그리고 때로는 정치권력과 법조, 언론 등에 대한 전 방위적인 로비로 초법적 지위를 누리며 시장을 지배하고 중소기업의 성장 기회를 제한하고 있다고 여겨진다. 우리 경제정책도 이러한 양면적 인식의 틈에 끼어 재벌과 관련된 정책은 자주 일관성을 잃게 되고 정치적 쟁점에 휘말려 교착상태에 빠지곤 한다.

표 6-1 10대 재벌기업의 계열기업 수의 변화

(단위: 개)

1972년		1980년	
현대	6	현대	31
럭키	18	럭키금성	43
삼성	16	삼성	33
대우	2	대우	34
효성	4	효성	24
한진	8	한진	14
쌍용	6	쌍용	20
한국화약	7	한국화약	18
선경	5	선경	14
국제	3	롯데	18

주: 1980년 10대 재벌기업에는 국제 대신 롯데가 포함됨.
자료: 조동성(1990: 185, 203).

경제정책의 동태적(종적) 공정성과 정태적(횡적) 공정성의 문제

한국의 재벌은 1960~1980년대를 거치며 급성장했다. 물론 삼성, 현대, LG, SK 등 4대 재벌의 역사는 그보다 좀 더 오래되었다. 재벌들이 오늘날의 대기업집단으로 성장할 수 있었던 것은 창업자의 탁월한 기업가 정신과 경영 능력이 있었기에 가능했겠지만, 여기에 1960~1970년대 경제개발 과정에서 정부가 지원한 각종 금융 및 조세상의 특혜 조치가 큰 몫을 했다는 것을 부인할 수 없다. 특히 1970년대의 수출과 중화학공업 육성정책을 위해 정부가 제공한 막대한 조세·금융·관세 혜택, 정부가 명시적·묵시적으로 제공한, 외채에 대한 지급보증, 높은 관세장벽으로 보호해준 국내시장이 없었다면 이들이 오늘날과 같은 대기업집단으로 성장할 수는 없었을 것이다. 이는 표 6-1에 나타난 바와 같이 1970년대부터 불과 10년 사이에 재벌의 계열기업이 급증한 것만 보아도 알 수 있다.

재벌기업들이 과거 해외시장 개척 과정에서 가질 수 있었던 경쟁력도 결국은 국가와 국민의 지원에 도움 받은 바 크다. 정부가 금융을 지배하고 이른바 정부 주도의 경제개발전략을 채택해오면서 재벌이 겪게 되는 여러 투자 위험과 손실을 적극 나서서 떠안으며, 이를 다시 국민들의 부담으로 사회화(socializing risk)해주었기 때문이다. 그 덕분에 재벌이 통상적 기준으로 보았을 때 극히 위험한 재무구조를 가지고 위험한 투자와 마케팅전략을 구사해오면서도 국내 은행들로부터 지속적으로 자금 조달을 확대할 수 있었으며, 이러한 정부의 암묵적 동반자의 역할 덕분에 외채조달도 원활히 할 수 있었던 것이다. 그리고 손실이 초래되었을 때는 이를 국민적 부담으로 전가할 수 있었기 때문에 그러한 위험한 재무구조를 오랫동안 유지하고 투자를 확대하면서도 성공적으로 성장할 수 있었다.

과거 한국은 만성적인 자금의 초과수요 상태에 있었으며, 국내 저축이 충분하지 않은 상태에서 통화 증발을 통해 이러한 자금 수요를 충족시키는, 이른바 인플레를 통한 자금 동원(inflationary financing)이 이루어졌다(Cho, 2002). 1960~1970년대에 실질금리는 평균적으로 마이너스 수준이었다. 외자도입도 정부의 허가를 얻어야 했으며 국내 자금에 비해 금리가 싼 외자를 빌린다는 것은 정부의 특혜 조치 없이는 어려운 일이었다. 정부는 또한 국내외 경기불황으로 기업들의 자금 사정이 어려우면 1972년의 8·3 대통령긴급조치와 같은 초헌법적인 수단까지 동원해 이들의 자금 사정을 해결해주었고, 저금리·특별융자·구제금융 등을 통해 이들의 든든한 위험동반자가 되어주었다. 그 결과 이 기업들의 실질 투자리스크와 손실의 많은 부분을 국민들이 나누어 짊어지게 되었다. 국민들은 인플레에도 못 미치는 예금 금리, 높은 수입 물가, 외환

통제 등을 감수해왔으며, 수출 지원 금융, 중화학공업 지원 금융 등 방만한 통화 증발로 발생하는 만성적 인플레를 감수해왔다. 반면 국내 기업 보호를 위해 높은 관세, 비관세 수입 장벽을 설치해 국민들은 국내 기업의 제품으로 소비 선택권을 제한당하고, TV, 냉장고, 자동차 등을 국제가격보다 높은 값을 지불하고 구입해왔다. 더구나 1980년대까지 지속된 노조운동에 대한 억압으로 근로자들은 저임금을 감수해야만 했다.

다시 말해 오늘날 한국의 재벌기업들이 경쟁력을 쌓아오기까지는 국가의 적극적인 지원과 위험분담(risk sharing), 그리고 이에 수반되는 국민들의 희생이 따라주었기 때문에 가능한 것이었다. 그러한 정부의 위험동반자 역할과 위험의 사회적 분담(socializing risk)이 없었다면 한국의 재벌기업은 그 같은 과감한 투자와 때로는 무모한 시장 확대전략을 실행하기 어려웠을 것이다.

그러나 그러한 국가의 지원과 국민적 비용 충당으로 이루어진 재벌 성장에 따른 과실(果實)이 우리 사회에서 장기적으로 공정히 나누어졌다고 볼 수는 없다. 경기가 좋고 투자가 성공했을 경우의 과실은 주로 재벌기업과 지배주주 가족들의 자산 확대로 돌아가고, 경기가 침체되고 투자가 실패했을 경우에는 국가와 국민들이 대신 부담을 나누어 갖는 비대칭적 손실 부담과 과실의 향유가 이루어져왔다.

외환위기 이후 구조 조정 과정에서도 이 문제는 경제정책에서의 동태적 공정성과 원칙이라는 중요한 문제를 제기했다. 가령 재벌에 속한 계열기업이 부실해진 경우 정부는 금융기관을 통해 공적자금을 투입하여 부채를 탕감해주고 그 손실을 국민들의 조세 부담으로 전가했지만, 해당 부실기업이 과거 모기업으로서 지원해 성공한 여타 계열기업들로 하여금 이 손실을 떠안게 할 수는 없었다. 이들은 실제 경영에서는 그렇지 않았으나 법적으로는 상호 독립되어 있는 기업이기 때문이다. 삼성자동차와 같이 기업주가 손실을 개인적으로 떠안은 경우도 있었지만, 많은 경우 실패한 경영, 실패한 투자의 비용은 국민의 부담으로 전가되고, 성공한 투자의 과실은 재벌의 지배주주들에게 돌아갔다. 이러한 비대칭적 과실 향유와 손실 부담, 정부의 경제정책의 장기적 공정성 결여는 국민에게 비판의 대상이 되었으며, 정부가 경제정책에서 도덕적 권위를 잃게 된 중요한 요인 중의 하나가 되었다.

외국의 기업 팽창과 달리 한국 재벌의 성장과 팽창은 내부의 자본축적보다 주로 국내은행 대출 및 해외 차관에 의해 확대·발전되었기 때문에 부채비율이 높았다. 창업주는 당초 적은 자본금에도 불구하고 상호출자를 통해 거의 모든 계열회사를 실질적으로 지배해왔다. 다시 말해 재벌그룹의 총자산에 비해 지배주주가 가지고 있는 자본의 비율이 극히 낮았는데도 전 계열기업을 실질적으로 소유·지배할 수 있었던 것이다. 이는 국제적 기준으로 보았을 때 극히 예외적으로 높았던 부채비율과 높은 상호출자(외환위기 이후에는 순환출자)비율 때문에 가능했다. 재벌기업의 지배주주와 가족은 기업이 빠르게 성장하고 기업 공개로 자기지분비율이 축소되면서 적은 지분에도 불구하고 상호출자 등을 통해 이의 몇 배가 되는 내부지분을 확보해 지속적으로 계열기업 전체에 대한 절대적인 경영권을 행사해왔다.

외환위기 이전에 한국의 많은 재벌기업들은 부채비율이 400~600%를 초과했는데, 이런 재무구조로도 계속해서 막대한 자금을 조달할 수 있었다. 외환위기 이후 관치금융이 줄어들고 글로벌 스탠더드에 의한 대출심사기준이 정착되자, 국내 대기업들은 부채비율을 급속히 축소시킬 수밖에 없었다. 이를 통해서도 한국의 재벌기업들이 부채로 급속히 성장할 수 있었던 것은 바로 국가와 국민의 지원과 손실 분담 없이는 불가능한 일이었다는 것을 알 수 있다. 이와 같이 재벌기업들은 극히 적은 자기자본을 가지고 기업성장에 필요한 자금의 대부분을 국내 금융기관과 외채로 조달하면서도, 국가와 국민의 위험분담으로 도산의 위험을 피해가며 일가의 경영지배체제를 군혀왔다.

재벌기업들은 외환위기 이후 재무구조 개선 과정에서 유상증자 등으로 소유지분이 더욱 줄었으나, 순환출자를 통해 자기지분의 몇 배가 되는 내부지분을 확보해 여전히 전체 재벌그룹에 실질적인 경영권을 행사하고 있다. 공정거래위원회가 각 계열사의 자기자본을 가중치로 사용해서 계산한 전체 계열사 평균 내부지분으로 총수의 지배력을 측정한다면, 삼성그룹 총수의 지배력은 2003년 결산일 기준 32.9%이며, 전체 계열사 평균 총수 일가 지분은 4.7%다. 총수의 지배력이 소유권의 7배라고 말할 수 있다. 마찬가지로 LG그룹의 경우 총수 일가의 지분은 7.97%이며, 내부지분율은 35.1%다. 총수의 지배력이 소유권의 약 4.5배라고 할 수 있다. SK의 경우에는 총수 일가의 직접지분(2.1%)과 간접지분(1.0%)을 합치면 총수 일가의 지분은 3.1%인 데 비해 내부지분은 36.4%다. 한편 현대자동차는 총지분 7.46%, 내부지분 39.62%이고, 한화는 총지분 7.25%, 내부지분 53.82%다(김진방, 2005: 24, 200).

그동안 우리 경제정책에서 큰 논쟁의 대상이 되어왔던 출자총액제한제도와 금산분리제도도 결국 그 핵심에는 재벌 총수 일가의 적은 소유지분과 지배권의 확보라는 문제가 내재해 있다. 출자총액제한제는 내부지분의 확대를 통한 그룹 지배권의 유지에 걸림돌이 되어왔다. 재벌 계열 금융회사가 지닌 일반 투자자의 자산으로 취득한 계열사의 지

표 6-2 재벌그룹의 소유와 지배의 괴리 및 분포(2003년 결산일)

(단위: 10억 원, %)

순위	재벌	자본총액	순 자본 총액	내부지분 (x)	총지분 (m)	괴리도	표준편차 (σ)
1	삼성	67,305.3	53,260.4	32.89	6.24	0.81	12.98
3	현대자동차	25,165.0	16,882.8	39.62	7.46	0.81	25.16
8	현대중공업	42,173.0	3,537.1	40.29	12.82	0.68	7.79
12	현대	22,187.0	1,845.4	24.76	3.66	0.85	6.66
2	LG	27,750.1	18,021.7	44.97	13.19	0.71	14.81
14	LG전선	2,169.6	1,907.5	47.89	33.66	0.30	16.73
4	SK	15,987.3	11,294.9	36.37	3.10	0.91	13.53
5	한진	6,727.4	5,672.5	37.15	15.94	0.57	22.20
6	롯데	14,754.4	9,794.6	45.64	16.79	0.63	17.38
7	한화	6,448.5	3,308.5	53.82	7.25	0.87	13.51
9	금호	2,741.0	1,737.0	55.38	18.76	0.66	9.72
10	두산	3,301.2	1,765.3	66.89	15.32	0.77	24.04
	상·중위 12개	178,785.8	129,027.5	39.22	9.19	0.77	15.37
11	동부	3,258.1	2,207.8	55.06	26.32	0.52	13.11
13	신세계	2,194.7	1,875.1	42.59	31.54	0.26	14.55
15	CJ	2,357.1	1,834.1	43.23	23.33	0.46	21.28
16	동양	1,600.5	541.6	72.04	11.22	0.84	16.27
17	대림	2,495.7	1,748.9	49.59	16.22	0.67	30.77
18	효성	1,978.4	1,874.2	34.64	26.63	0.23	29.16
19	동국제강	1,978.6	1,311.5	61.69	26.07	0.58	8.33
20	코오롱	1,754.8	1,261.7	45.80	16.26	0.65	10.02
21	현대백화점	1,786.9	1,272.6	54.02	33.69	0.38	19.13
22	KCC	1,972.5	1,919.9	51.89	45.88	0.12	23.97
23	한솔	1,238.8	854.0	44.10	8.63	0.80	7.23
24	동원	2,623.3	1,241.1	67.23	27.66	0.59	31.04
25	대한전선	1,207.9	755.2	66.54	45.25	0.32	33.23
26	세아	1,795.0	1,157.9	67.16	46.61	0.31	24.12
27	영풍	1,602.7	1,130.0	62.29	45.53	0.27	20.79
28	현대산업개발	1,402.0	1,345.7	20.95	17.64	0.16	16.67
29	태광산업	2,080.9	1,662.4	74.57	51.86	0.30	33.13
30	부영	322.0	314.6	41.26	39.88	0.03	3.71
	오리온	827.7	486.0	55.00	17.78	0.68	6.92
	한국철강	754.1	574.0	65.77	44.68	0.32	12.28
	하위 20개	35,231.5	25,368.3	54.17	30.28	0.44	18.79
	전체 32개	214,017.4	154,395.8	41.68	12.66	0.70	17.51

자료: 김진방(2005: 74).

분에 대해 투표권을 행사하게 할 것인지 아닌지도 우호지분 확보와 연결된 것으로 주요한 쟁점이 되어왔다. 그리고 이는 재벌의 지배주주 가족의 경영권 상속에도 중요한 장애요소가 되었다.

이처럼 재벌과 관련하여 논쟁의 대상이 되는 정책들에 대해서는 우리 기업과 경제발전의 역사성에 대한 관점, 동태적·정태적 공정성, 시장의 효율성에 대한 시각의 차이에 따라 접근 방식을 달리한다. 과거의 역사성 또는 시계열적인 공정성과 상관없이 현재의 시장 자율을 존중해야 한다는 입장에서는 어떠한 지분의 행사나 금융기관(특히 은행) 지분의 매입에 차별과 규제가 있어서는 안 된다는 관점을 보이며, 다른 입장에서는 장기적·동태적인 공정성과 시장의 공정 기반 조성이 장기적 시장의 효율성과 건전성에 오히려 더 중요하다는 관점을 보인다. 전자의 경우 세계화의 추세에서 시장자유주의를 추구해야 한다는 논리를 통해, 출자총액제한제도가 다른 나라에서 찾아볼 수 없는 규제이므로 철폐해야 한다고 주장한다. 후자의 경우 한국과 같은 특이한 재벌의 소유지배구조는 세계화라는 추세와는 별도로 검토되어야 하며, 출자총액제한제도의 유지가 필요하다고 주장한다. 금융계열사의 의결권 제한, 금산분리의 원칙 역시 양 주장이 대립한다. 이러한 주장의 대립은 공정경쟁 질서의 문제, 공기업 민영화의 문제에까지 이어진다. 전자는 후자가 지원하는 정책을 좌파적·진보적 정책이라 비판하고, 후자는 전자를 친재벌적·신자유주의적 양극화 정책이라고 비판한다.

이는 한국에서 재벌과 관련한 정책이 이미 경제문제를 넘어 정치·사회문제의 영역에 들어가 있음을 말해준다. 그리고 이는 다시 우리 사회가 추구하는 기본적인 가치가 무엇인가 하는 물음을 던진다.

선진국의 경우 대부분 기업의 확대는 내부 유보이익에 의한 재투자나 합병에 의해 이루어져왔다. 대량생산에 의한 규모의 경제가 가격경쟁력을 제공해주는 상황에서 기업들에게는 생산규모를 늘리는 것이 경쟁력을 높이는 길이다. 이 경우 자금 조달이 늘 제약이 되는데, 대개 영미 계통의 선진국들은 장기 시설 투자를 위해서는 은행 대출이 제공되지 않는다. 이는 대출의 위험성이 높고 유동성이 낮기 때문이다. 반면에 은행 대출은 주로 기업에 대한 단기 운영자금에 국한되었다. 시설 투자는 자본시장에서의 주식 발행이나 장기채권 발행에 의해 조달되어야 하며, 이 경우 자본시장의 엄격한 회계분석과 신용평가를 거쳐야 한다. 그 결과 기업의 성장에는 내부이익의 축적이 주요 자금원이 되었으며, 이에 따라 성장 속도에 제약이 있었다.

이를 극복하기 위해서 같은 업종 기업과의 합병이나 외부 주식 공모가 이루어졌는데, 이 경우는 소유지분의 희석으로 결국 소유 가족의 기업에 대한 경영지배권은 점차 소멸되었다. 이러한 과정을 통해 선진 산업국에서는 기업의 성장과 더불어 소유지분이 분산되고 소유와 경영이 분리되는 과정을 거쳤다. 앞서도 논한 바와 같이 적은 자기자본과 내부 유보이익으로도 한국 재벌의 급성장이 가능했던 것은 은행의 대출로 조달한 시설 투자 확대가 있었기 때문이다. 이는 국가가 은행을 소유 내지는 통제했고, 그것에 소요된 비용을 국민들이 모두 나눠서 부담해주었기에 가능했다.

영국의 경우에도 20세기 초반까지만 해도 많은 대기업이 가족 소유 구조 형태를 가지고 있었다.[2] 20세기 말에 와서는 가족 소유 대기업은 거의 사라지고 소유와 경영이 분리되었다. 이는 주로 기업이 외적으로

---

2 이 경우에도 한국의 경우와 같이 여러 업종에 걸쳐 여러 계열기업을 거느리는 재벌의 가족 소유구조는 찾아보기 어려웠다.

표 6-3 **영국의 100년 역사 기업의 가족지분 비중**

(단위: 개)

연도	표본기업 수	25% 이상 기업	50% 이상 기업	75% 이상 기업
1900	25	18	13	12
1920	25	15	12	10
1940	25	8	7	6
1960	23	5	3	2
1980	21	1	1	1
2000	20	0	0	0

주: 1900년 이전 설립되어 현재까지 존속한 기업 중의 일부를 조사한 자료임.
자료: Franks et al.(2004).

표 6-4 **영국 상장기업의 소유구조**

(단위: %)

구분	기관투자자					정부	일반법인재단	개인	외국인	계
	보험회사	연금	은행	기타	계					
FTSE100 (대기업)	17.1	15.8	2.6	14.9	50.4	-	1.7	12.9	35.0	100.0
기타 상장기업	17.6	15.5	2.9	19.2	55.2	0.5	1.9	18.9	23.5	100.0

자료: Franks et al.(2004).

확장하는 과정에서 다른 기업을 인수·합병하는 방식을 통해 이루어졌으며, 이러한 인수 합병은 은행 대출이 아닌 존속하는 법인의 주식으로 지급했는바, 이 과정에서 증가한 주식의 발행은 기존 주주의 지분을 희석하게 되어 창업자 가족이 더 이상 지배주주 역할을 하기가 어려워졌다. 줄리안 프랭크 외(Franks et al., 2004)의 연구에 의하면, 2000년 당시 100년 이상의 역사를 가진 기업들에 대한 표본조사 결과는 표 6-3, 6-4와 같이 나왔다.

현재 한국의 재벌 문제 그리고 이와 관련된 정책적 쟁점은 주로 지배구조와 관련되어 있다. 앞서 언급한 출자총액제한제도, 계열금융사 의결권 문제, 금산분리 문제 등이 모두 그룹 전체에 대한 경영권을 어떻게 유지하고 그대로 상속할 수 있을 것인지에 그 핵심적인 갈등이 있는 것으로 보인다. 결국 재벌의 지배 가족들이 현재처럼 모든 계열기업집단에 대한 경영권과 지배권을 유지하고 이를 2, 3세들에게 그대로 물려주는 데 출자총액한도제도라는 규제가 중요한 장애가 되며, 이것이 바로 재계에서 이의 폐지를 지속적으로 요구한 주된 이유라고 생각한다. 이에 대해 재벌들은 기업의 투자 기회를 제한한다는 것을 이유로 내세웠으나, 그것이 핵심적인 문제는 아니었다고 본다. 물론 투자 기회를 제한한 면도 없지 않지만 신규 투자를 제한할 수 있는 부분은 실질적으로 그동안 거의 완화된 상태다.

최근까지 재벌에 대한 실질적인 정책적 규제는 출자총액제한제도 정도만 남아 있었다. 이것도 자산 총액 10조 원 이상의 상위 14개 재벌에만 해당되는 규제다(공정거래위원회, 2008). 그리고 정부는 이를 폐지하기로 방침을 정하고 이미 국회에 안건을 제출했다. 그 외의 정책적 규제는 금융계열사에 대한 의결권 제한과 「금융지주회사법」에 의한 비금융계열사의 소유 제한 등이다. 금산분리정책도 비은행금융기관의 경우에는 적용되지 않았으며, 오직 전국 규모의 시중 은행에 대해서만 적용되어왔기 때문에 사실상 은산분리정책이다. 정부는 이것도 완화하겠다는 방침을 정해놓고 있다. 기타 공정경쟁 질서를 위한 규제에 특별히 재벌을 대상으로 하는 규제는 없다.

국가권력과 시장권력: 재벌 문제의 정치경제

한국의 재벌은 단순한 기업조직을 넘어 정치, 경제, 사회 전반에 걸쳐 지대한 영향력을 행사하는 조직이 되었다. 재벌은 정당, 행정부, 언론, 심지어 학계와 법조계에까지 막대한 영향력의 그물을 구축하고 있다. 그들은 정치자금 지원을 통해 정당과 국회에, 광고와 직접적 소유관계를 통해 언론에, 각종 로비와 자문용역 등을 통해 정부와 학계, 법조계에 광범위한 영향력의 그물을 형성해놓고 있다. 이미 그들의 활동과 영향력은 단순히 재화와 서비스의 생산과 이윤 추구라는 경제적 영역을 넘어 우리 사회의 정치, 여론 형성 등 공적인 부분까지 깊숙이 장악하고 있다. 이미 그들이 하고 있는 역할을 보면 단순한 사기업이 아니라 공공적 영역에 들어와 있는 조직이라 할 수 있다.

제1부에서 기술한 바와 같이 지난 20년간 정치민주화가 빠르게 진전되면서 한국의 권력구조는 크게 변화해왔다. 국가 경영의 실질적 책임을 맡는 공적권력은 분산화되고 전반적으로 약화되었다. 반면에 재벌을 중심으로 한국에서 정치적·경제적·사회적 영향력을 행사하는 사적권력은 오히려 상대적으로 집중화되고 강화되었다. 이렇게 더 집중화되고 강화된 시장권력은 각종 정책에 대해 공적권력과 대립하며, 언론과 학계, 여론주도층에 대한 그들의 강화된 영향력을 바탕으로 그들의 이익과 반하는 정부의 정책 추진을 무력화할 수 있게 되었다. 이들은 정당과 정치에 대해서도 강력한 영향력을 발휘하게 되었다. 그 결과 국가의 공공정책이 이들 사적권력에 의해 자주 포획되어 국가가 해야 할 기능을 제대로 하지 못하고 경제의 장기적 발전을 위해 국가가 주도적으로 대처하기 어려워지는 상황을 종종 맞게 되었다.

1960년대 중반 이후 한국의 재벌들이 급성장과 팽창을 해오면서도 오늘날과 같이 막강한 사회권력을 갖는 것을 견제할 수 있었던 것은 한국의 국가권력구조가 집중화되어 있었고 이를 뒷받침해준 경제구조를 가지고 있었기 때문이다. 우선 정부가 은행을 국영화해 금융을 장악하고 있었다. 앞서 말한 바와 같이 정부 주도의 경제성장정책에서 기업은 은행으로부터 막대한 대출 지원을 받았고, 부채비율이 지극히 높은 상황에서 정부의 지속적인 대출 지원을 받는 것은 재벌과 기업의 사활이 걸린 문제였다. 재벌은 정부의 정책에 순응하고 정치권력과 정부에 대한 자금 지원과 로비로 정부의 호의를 유지해야 했다. 한편 정부는 높은 관세장벽, 각종 인허가권, 규제로 재벌을 보호하고 재벌기업의 성패를 좌우할 수 있는 수단을 쥐고 있었다. 나아가 여러 탈법적 영업 행위가 일반화되어 있던 한국적 상황에서 검찰, 국가정보원, 국세청을 대통령과 권력의 핵심이 장악해 재벌기업과 지배 가족에게 치명적인 타격을 줄 수도 있었다. 군부독재 시대에는 군부가 재벌의 정치적·사회적 영향력 확대에 대해 중요한 견제 세력이 되기도 했다.

그러나 이러한 권력의 구조에 큰 변화가 일어났다. 첫째, 국내시장이 개방·자율화되고 각종 규제가 완화되었으며, 관치금융이 사라진 이후 재벌은 정부에 크게 의존할 필요가 없어졌고, 정부의 재벌에 대한 통제 수단도 거의 사라졌다. 정부의 노동정책이 재벌의 경영에 많은 영향을 미치는 것은 사실이나, 이도 개별 재벌의 문제가 아니고 전체 산업계의 문제다. 따라서 개별 재벌이 이 문제와 관련해 정부와 주고받을 일은 없다. 둘째, 군부독재 시대가 종식되고 민주화가 시작되면서 권력과 정당은 여전히 막대한 선거자금과 정치자금을 재벌에 의존한 반면, 그들을 견제할 권력 수단은 점점 위축되었다. 군부권력은 퇴장했고, 노무현 정부에 들어서는 국세청, 검찰, 국가정보원에 대한 정치적 개입을 배제하면서 재벌에 대한 견제의 힘도 사라졌다. 재벌은 대부분 오랜 기간 비자금 형성 등 각종 탈법적 행위와 회계의 불투명성 관행을 이어왔기 때문에 국세청, 검찰의 세밀 조사에서 자유롭기 어려운 처지였다. 바로 이러한 연유로 재벌은 정권의 눈치를 볼 수밖에 없었으며, 이는 또한 재벌의 소유 가족들이 소비 행위나 사생활 등에서 스스로 절제하는 모습을 보여준 요인이 되기도 했다.

민주화의 진전과 더불어 재벌은 정치인에 대한 정치 자금 지원, 검찰 및 법조계, 언론계, 학계, 문화계 및 우리 사회의 여론주도층에 대한 로비로 영향력을 점점 더 확대·강화해왔다. 과거 독재정부 시절에는 재벌이 정권과 권력에 대해 막대한 자금을 제공해 공공정책을 자신들이 유리한 방향으로 끌고 가려 했다. 그렇지만 정부도 경제정책에서 자율성을 확보할 만한 충분한 견제 장치를 가지고 있었다. 민주화 이후 김영삼 정부 시절은 이러한 역학 관계의 전환기였다고 볼 수 있다. 막대한 선거비용이 들어가는 한국의 대선 구도에서 재벌은 정권을 포획할 기회를 잡을 수 있었다. 예를 들어 김영삼 정부의 재벌개혁 의지에도 불구하고 준비되던 재벌개혁 정책은 결국 재벌에 의해 좌절되었다.[3] 이후

---

[3] "신경제계획에서 거의 유일하게 살아남은 재벌정책인 업종전문화 제도는 재벌에 대한 규제의 정도가 다른 제도에 비해 약했고 따라서 정부도 재계가 별로 반대하지 않을 것으로 예상했음에도 불구하고 재계의 격렬한 반발에 부딪혔다. …… 결국 30대 기업집단은 각각 2~6개의 주력 업종 및 기업을 선정했고(10대 그룹의 반발로 3개였던 전문 기업 상한선은 6개로 확대되었음), 정부는 약속했던 금융 지원을 아끼지 않았다. …… 그러나 이러한 전문화 약속은 제대로 지켜지지 않아 유야무야되었으며 과잉중복투자의 경쟁은 억제할 길이 없었다"(윤영관, 1999: 86~87). "1996년 3월에 취임한 김인호 공정거래위원장은 계열사 간 채무보증의 완전 해소와 친족독립경영회사제의 도입을 핵으로 하는 공정거래법 개정안을 추진했다. 그러나 8월 7일 개정안이 입법 예고되자 전경련은 8월 13일 업계간담회를 갖고 개정안에 대해 반박하면서 개정안은 기업의 자율성을 저해하여 경제를 더욱 악화시킬 것이라고 주장했다. 재계는 30대 기업집단의 채무보증제한과 친족독립경영회사제의 도입을 격렬하게 반대했고 결국 재계와

터진 한보사태를 통해 재벌과 정권의 금품 수수에 의한 유착 관계가 김영삼 정부에서도 여전히 지속되고 있었음이 드러났다.

외환위기 이후의 광범위한 경제개혁 조치와 급속한 경제구조 변화로 김대중 정부하에서는 정부정책이 재벌에 의해 포획되어 좌절되는 경우는 줄어들었다. 외환위기로 IMF가 정책의 주도권을 쥐고 있었기 때문이다. 기업금융 조정 과정에서 많은 은행과 금융기관이 국유화되고 정부가 공적자금의 배분을 통해 기업 사활에 대한 막강한 권한을 행사했지만, 글로벌 스탠더드의 도입과 국제투자자들의 감시로 그 정책의 과정이 훨씬 투명화되어 정경유착의 여지는 크게 축소되었다. 현대그룹의 대북정책 지원을 정경유착이 지속된 경우로 볼 수도 있지만, 정경유착에 의해 재벌이 정부정책에 영향력을 행사할 여지는 크게 줄어들었다.

노무현 정부에 들어서 정경유착은 거의 명맥을 잃게 되었다. 「정치자금법」과 「선거법」의 개정으로 정치는 훨씬 투명화되었으며, 외환위기 이후 도입된 경제제도의 정착으로 기업회계의 투명성도 제고되었다. 일부 은행이 국유화되었는데도 은행지배구조가 개선되고 재벌기업의 은행 대출 의존도가 축소되어, 기업의 입장에서도 정경유착의 유인이 축소되었다. 그리고 재벌은 주식, 채권시장 등 자본시장의 감시와 견제를 받게 되었다. 그러나 대통령의 실질적인 권력이 위축되고 분산되면서 재벌은 그들의 막대한 자금력을 이용한 로비로 분산된 권력에 대해 쉽게 영향력을 강화할 수 있었으며, 그 결과 정부의 정책이 재벌

통상산업부의 주장에 밀려 백지화되고 말았다"(≪국민일보≫, 1996년 10월 23일자. 윤영관, 1999에서 재인용).

에 의해 포획되는 현상은 지속되고 있다.

　국가는 사회계약에 의해 국민에게서 권력을 위임받고 조세를 징수해 사회공동체와 국민의 장기적 복지 및 안전을 위해 제도를 수립하고 정책을 공정하게 수행해가는 조직이다. 이러한 국가의 기능을 수행하기 위해서는 국가가 정책의 자율성과 중립성을 확보하는 것이 중요하다. 정부는 국민의 의견 수렴 과정을 거쳐 최선이라고 판단한 정책을 추진할 수 있는 충분한 권력을 가져야 하며 또한 이를 행사할 수 있는 권위를 갖추어야 한다. 이러한 권위는 법률상 확보된 공권력뿐만 아니라 도덕적 권위에 의해서도 뒷받침된다. 정부의 도덕적 권위는 정부가 사회 각 분야에 대해 중립적으로 공정하게 장기적 국가공동체의 이익을 위해 정책을 추진해온 행적이 축적됨으로써 얻어진다. 따라서 어떤 정책이든 이를 다룰 때 역사성을 고려하는 것이 중요하다. 정부정책이 이해집단에 포획되어 공정성과 자율성을 잃으면 사회 각 부문이 각자의 이익을 보호하기 위해 목소리를 높이고 투쟁하게 되면서 사회적 신뢰가 무너지고 이로 인한 갈등과 불안정으로 국가는 정체하게 된다.

　이를 한국의 경제발전과 정치민주화의 발전이라는 큰 그림으로 보면, 한국은 압축성장을 하는 과정에서 빠르게 쌓아온 경제력의 집중 문제를 국가가 시장권력의 분산과 시장에서의 공정한 경쟁이 일어날 수 있는 제도와 장치를 제대로 설정해 일관되게 추진하기 전에, 정치민주화가 빠르게 진전되면서 국가가 이를 추진할 수 있는 능력을 상실하여, 시장권력과 노조, 시민단체에 국가정책이 자주 포획되게 된 경우라고 볼 수 있다. 다시 말해 서구 선진 산업국에서는 경제와 산업의 발달이 진전됨과 동시에 정치적 민주화가 점진적으로 심화됨으로써 국가가 시장권력을 견제하며 두 권력이 동시에 점진적으로 분산되어왔으나, 한국은 시장권력이 분산되지 않고 집중되어 있는 가운데 정치적 민주화가 빠르게 진행되면서 국가권력구조가 분산되어, 결국 국가의 정책 기능이 시장권력에 쉽게 포획되는 구조가 굳어진 경우로 보인다. 그 결과 시장만능주의, 규제완화지상주의로 정책의 흐름이 이어지는 환경이 되지 않았나 생각한다.

시장권력의 집중과 국가의 역할

시장자본주의의 역사가 깊은 서유럽 국가들뿐 아니라, 우리가 자유시장경제의 상징처럼 보고 우리와 비교하는 미국의 경우에도 그들의 시장이 건전하게 발전하도록 하기 위해 힘의 집중을 얼마나 경계했는지 유념해볼 필요가 있다. 우리와 배경은 다르지만, 아시아에서도 대만은 물론이고 일본의 경우에도 전후 사적권력의 집중을 견제하기 위해 상당히 많은 노력을 기울여왔다는 사실을 참고해볼 필요가 있다. 대기업 중심으로 밀고 나갔던 스웨덴만 하더라도 우리처럼 대기업 중심의 편향구조가 아니라, 이들과 힘의 균형을 맞출 노동의 정치세력화가 전제되었다(윤영관, 1999).

미국은 남북전쟁 이후 기술 발전과 교통·통신 수단의 발달, 인구 팽창에 힘입어 급속한 경제 성장을 이루고 있었다. 기업들도 수직적·수평적 합병 과정을 거치면서 대규모화했고, 1890년까지 이른바 거대 기업집단(트러스트)이 철도업, 가공 및 유통업에 이어 석유, 설탕, 위스키, 면실유, 아마인유 등의 업계를 장악했다. 그런데 이러한 경제력의 집중은 기존의 도시 중산층, 소기업, 전문직, 농민 계층의 경제적 위치나 기회, 사회적 지위에 큰 타격을 주었다. 예를 들어 철도업 부문에서의 집중이 농민들의 농산품 수송가격 인상을 통해 소득에 영향을 미치자 농민들은 반트러스트 운동의 주축이 되었다(양동휴, 2008). 노동계층도 집중된 경제권력을 갖게 된 트러스트 자본가 집단에게서 스스로를 보호하기 위해 집단화하면서 조직을 강화했다(Milton, 1991: 88~89). 이와 같은 반발이 전 사회계층으로 확산되어 결국 1890년 의회는 「셔먼법(Sherman Act)」을 제정했다.

셔먼법의 제정은 단순히 경제적인 관점에서의 우려 때문에 통과된 것만은 아니었다. 물론 독점이 다른 경제행위자들이 정당한 경쟁을 통해 경제적 성공을 확보할 자유를 제한하고 경제적인 효율성을 악화시킨다는 점에서 큰 문제였다. 그러나 그것 못지않게 심각한 문제는 많은 사례에서 보았듯이 독점적 기업집단이 입법 과정 등 정치적 과정을 부패시킴으로써 결국은 전 국민의 정치적 자유도 억압하는 문제가 야기되었다는 점이다. 이처럼 셔먼법의 제정은 경제적인 동기 못지않게 정치적인 그리고 도덕적·사회적인 동기가 크게 작동했다.* 독점과 기업집단(트러스트)의 문제는 단순히 경제적인 차원에서 끝나는 것이 아니고 동시에 심각한 정치 문제를 야기한다는 점을 이들은 이미 100여 년 전에 인식했고 셔먼법 제정을 통해 이에 대처했던 것이다. …… 셔먼법의 제정에 이어 1914년에는 클레이튼법(The Clayton Act)이 제정되었다. 이로써 연방공정거래위원회가 생겨나서 법무부와 함께 반독점법의 집행을 더욱 강화했다. …… 1904년의 Nothern Securities Co. vs. United States 케이스를 통해서는 연방정부가 기업 분할과 매각을 명령할 수 있는 권한을 확보하게 되었다(윤영관, 1999).

* Richard Hofstadter, "What Happened to the Antitrust Movement?," in Sullivan.

셔먼법에 의해 1911년 스탠더드 석유회사가 해체되었다. 이 회사는 전국 석유 시장의 90%를 지배하고 있었는데, 회사 측은 그것이 성공한 회사의 자연적인 성장의 결과였다고 주장했다. 그러나 대법원은 판결에서 그 지주회사의 해체를 명령했고, 그 결과 1911년 7월 28일 주주들에 대해 33개의 자회사에 대한 주식 배분이 결정되었으며, 12월 1일에 시행되었다. 판결은 스탠더드 석유 뉴저지사와 그 임직원들에 대해 자회사에 대한 어떤 종류의 지배를 행사하는 것, 불법적인 기업결합을 지속하는 것, 그리고 교역을 제한할 수 있는 어떠한 종류의 기업결합을 시도하는 것을 금지하도록 했다. 또한 12월 4일의 주주총회에서는 존 록펠러가 스탠더드 석유회사의 회장 및 이사직에서, 그리고 스탠더드 석유 뉴욕사의 사장 겸 뉴저지사의 부사장이자 두 회사 모두의 이사였던 윌리엄 록펠러가 전 직위에서 사임했다. 즉, 록펠러 가족이 경영에서 물러났고, 각 개별 회사들의 임원을 겸하는 관행이 사라진 것이다.

아메리칸 타바코 회사(American Tobacco Company)의 경우도 비슷한 경로를 밟았다. 이 회사는 여러 종류의 담배 및 담배 제조에 필요한 원료, 은박 등을 생산하는 대기업이었는데, 대법원의 판결에 의해 해체되었다. 법원이 채택한 해체안은 회사를 14개의 개별 기업으로 해체하는 것을 골자로 하고 있었다. 아메리칸 타바코 회사는 공장과 브랜드 등 자산의 일부를 이 기업들에 이전하도록 강요받았다. 이 14개 기업들 중 어느 회사도 14개 기업 중 다른 회사의 주식을 소유하는 것이 금지되었고, 불법적인 기업결합을 지속하는 것, 그리고 새로운 결합을 시도하는 것 역시 금지되었다.

뒤퐁(Du Pont)사와 상위 5대 정육회사에 대해서도 기업의 매각 및 분할 조치를 실시했다. 반독점법은 대공황기의 소강 국면을 벗어나 1938

년에서 1980년까지의 기간에 다시 한 번 강력하게 시행되었다. 바로 이 기간을 통해 반독점법은 기업가들이 일상적인 기업활동에서 매일매일 중요하게 고려해야만 하는 법체계로 자리 잡았다. 1980년 이후 기업의 자유를 강조했던 레이건 행정부 아래서도 벨(Bell) 회사의 분할과 같은 중요한 반독점 조치들이 행해졌다. 근래 들어 마이크로소프트(Microsoft)사의 빌 게이츠가 반독점법 위반소송에 휘말려 법정에서 치른 곤욕과 그 결과를 보더라도, 우리가 흔히 자유기업정책의 대표적인 국가로 생각하고 있는 미국에서도, 기업의 자유라는 것이 공정한 규칙과 게임의 법칙 아래서 이루어지도록 하기 위해 국가가 얼마나 강한 권력을 행사하고 있는지를 알 수 있다.[4]

이러한 미국의 경우와 지난 20년간의 한국 재벌 관련 정책을 비교하면서 윤영관(1999)은 오늘날 한국 사회에서 경제력 집중의 문제를 단순히 경제적 관점에서 해석하고 그 정치적·사회적 파장에 대해서는 별로 주의를 기울이지 않은 것에 대해 비판하기도 했다.

> 못살았던 시절 경제발전이라면 모든 가치를 희생할 수 있다는 급한 마음이 훗날 수많은 문제와 엄청난 비용을 치르게 되었으며, 그러한 사고방식의 잔재는 아직까지도 많은 국민들과 엘리트의 뇌리에 남아 위력을 발휘하고 있다(윤영관, 1999: 131)

이러한 그의 주장은 상당한 설득력이 있다. 이는 현 정부의 경제정책을 담당하고 있는 이들도 경청해야 할 내용일 것이다.

---

4 이 내용은 상당 부분 윤영관(1999: 129~136)에서 발췌·인용함.

최근 미국의 금융위기 발생과 관련해, 전 IMF 수석 이코노미스트이자 현재 MIT 대학의 교수로 있는 사이먼 존슨(Johnson, 2009)은 금융위기의 근본적인 원인으로 1980년대 이후의 금융규제 완화와 더불어 미국 정부가 금융기관의 대형그룹화와 시장지배력의 집중화를 허용하면서 일어난 것으로 보고 있다. 그는 특히 1990년대 중반 클린턴 정부에서 로버트 루빈을 포함해 월스트리트 출신들이 재무장관을 비롯한 백악관과 정부의 주요 포스트로 진출하면서 이들이 금융정책을 주도하고, 이를 통해 실제적으로 월스트리트의 이익 추구가 그대로 정책의 기조로 반영되면서 오늘날과 같은 대재난이 초래되었다고 분석했다. 금융인들이 모금을 통해 미국의 대통령과 상·하원 선거 과정에서 막대한 기여를 하고, 이를 통해 정부와 의회에 막강한 영향력의 그물을 형성해 정부 정책을 포획한 결과로, 상품 규제 완화, 금융기관 간 칸막이 철폐, 헤지펀드에 대한 감독 도입 포기, 유동성 공급 확대 등의 정책이 추진되도록 했다는 것이다. 또한 이 금융자본들은 주요 학자들의 연구용역, 자문, 정책 세미나를 후원함으로써 전문 지식인들과 학자들의 정책 제언과 지원까지 자기네 편으로 끌어들여 이러한 정책을 유지·강화하려 했다는 것이다. 대형 금융기관의 이러한 영향력은 금융위기 발생 이후에도 이어져, 정부로 하여금 막대한 재정을 투입해 실패한 금융기관들을 구제하게 하고 있다. 위기가 발생한 2007~2008년 당시 미국의 재무장관이었던 폴슨(Henry Paulson) 역시 월스트리트의 투자은행인 골드만삭스의 최고경영자 출신이었다. 그 결과 이번 금융위기를 통해 총국민소득의 41%에서 80%로 증가한 미국의 국가 부채와, 금융기관이 위험 투자로 고수익을 추구하다가 실패해 발생한 비용이 일반 국민들에게 고스란히 전가되었다.

존슨은 오바마 행정부가 출범하면서 월스트리트와 정부의 유착 관계를 끊고 잘못 추진된 정책을 되돌려놓을 수 있는 기회가 있었는데도 루빈 사단의 서머스(Lawrence Summers)와 가이스너(Timothy Geithner)를 각각 국가경제위원회(National Economic Council) 의장과 재무장관으로 기용함으로써 그 기회를 활용하지 못하고 1990년대의 정책을 답습하려 하는 데 깊은 우려를 표시하고 있다.

미국은 앞서도 논한 바와 같이 과거에 시장권력의 집중과 강화가 국가 행정권력(executive power)을 압도하거나 위협할 수 있다고 생각할 때는 강력한 정치적 의지로 가차 없이 이를 견제해왔다. 1830년 앤드류 잭슨 대통령이 경제력 집중을 우려하여 「연방은행법」의 연장을 거부해 두 번째 연방은행(Second Bank of United States)이 문을 닫은 것도, 1890년대 시어도어 루스벨트 대통령이 철도와 은행산업의 결합을 통한 「트러스트방지법」을 제정한 것도, 그리고 1920년대 프랭클린 루스벨트 대통령이 페코라 청문회(Pecora Hearings)를 통해 월스트리트에 대한 규제를 강화한 것도 모두 장기적으로 공공 이익을 보호하기 위해 국가권력을 시장권력으로부터 독립적이고 객관적일 수 있게 하기 위한 노력이었다고 할 수 있다.

1980년대 이후 미국의 이러한 전통적 노력이 금융산업에 대한 규제를 중심으로 희석되면서, 미국이라는 한 국가가 러시아의 독점사업자(Oligarch)나 인도네시아 등 동남아시아에서의 관계자본주의(crony capitalism) 또는 19세기의 미국 정치와 같이 경제력에 의한 정치 과정의 왜곡이 일어나고 있는 상황으로 후퇴한 것에 대해, 미국의 학계와 정치계에서 새로운 우려의 소리가 나오고 있다. 정치와 시장권력이 담합하여 행정부의 정책 기능을 장악하거나 관료들 스스로 보신과 출세를 위해 이러한 정책을 동조·지지하고 나옴으로써, 장기적 시각에서의 공공 이익과 시장의 효율성이 저해되고 있다는 것이 그 배경이다.

전후 독일도 미국 못지않게 자유주의 시장경제체제에 대한 굳건한 믿음 위에 경제정책을 추진했다. 그러나 그러한 자유주의 시장경제체제에 대한 믿음은 미국에서와는 다른 방식으로 이론화되고 제도화되었다. 독일의 자본주의는 사회적 시장경제체제(Social Market Economy)로 불리는 독특한 양식으로 전개되었다. 사회적 시장경제의 이론가이자 실천가인 뮐러-아르막(Alfred Muller-Armack)은 사회적 시장경제의 핵심을 시장적 자유(market freedom)와 사회적 균형(social balance)의 결합이라고 말한다. 독일의 정치경제체제에서 무엇보다도 중요한 것은 경제 부분에서의 집중, 즉 독점 문제에 대한 철저한 경계였다.[5]

독일이 전후 시장경제체제로 발전을 이루어갈 때 독일의 경제정책에 대해 이론적 바탕을 제공한 오이켄(Walter Eucken)은 다음과 같이 주장했다. 마치 그가 50년 후에 한국에서 전개될 상황을 예견이나 한 것처럼 들리는 주장이다.

> 한 국가에서 일단 독점이 번성하기 시작하면, 그것은 곧 상당한 정치적 영향력을 확보하게 되고 결국 그 영향력이 너무 커서 국가 스스로도 효과적으로 통제할 수가 없게 된다는 점을 강조할 필요가 있다. 따라서 경제정책은 기존의 독점세력에 의한 권력 남용을 타깃으로 하기보다는 오히려 그러한 독점세력의 존재 자체를 타깃으로 해야만 할 것이다 (Eucken, 1951: 35).

---

5 더 자세한 논의는 윤영관(1999: 142~147)을 참조할 것.

이상에서 국가가 경제력 집중에 대해서 해야 할 일을 여러 논자의 주장과 미국 및 독일의 경험을 인용해 기술했다. 이는 그것들이 오늘날 한국의 경제정책이 처한 도전에 대해서 중요한 시사점을 준다고 필자가 보았기 때문이다. 결국 민주주의와 시장경제가 지속적인 발전을 이루기 위해서는 단순한 시장만능주의, 규제의 완화, 작은 정부론만으로는 충분하지 않다고 생각한다. 시장에서의 공정한 경쟁이 이루어지고 창의적 발전이 이루어지기 위해서는 독점적 지위의 권력에 대한 견제가 필요하다. 비단 '정부의 시장 개입권력'뿐만 아니라 '기업의 시장 지배권력'에 대해서도 마찬가지의 적절한 견제와 균형이 필요한 것이다. 시장도 탐욕과 과잉에서 완전히 자유롭지 못하다. 이성과 합리성, 효율성만이 주도하는 것이 아니다. 과잉과 불균형은 장기적으로 바람직한 결과를 낳지 못한다. 시장에서야말로 공정경쟁의 기반이 중요하며, 이를 보장할 수 있는 제도적 장치를 도입해야 경제가 장기적으로 활력을 잃지 않게 된다. 또한 시장지배권력에 의한 정책형성과 추진 과정의 왜곡으로 일반국민의 공공 이익이 침해당하는 것을 줄일 수 있다.

재벌정책의 방향

재벌은 한국의 대표적인 기업으로서 산업화를 주도해왔다. 재벌은 세계시장에서 한국 산업경쟁력의 첨병이다. 오늘날 재벌들이 전 세계에 쌓아 올린 브랜드 가치와 글로벌 경영의 경험 축적, 그리고 기술 개발과 마케팅 능력은 우리 국민 모두의 자랑이며, 우리 경제의 엄청난 자산이다. 이를 지켜나가고 더욱 튼튼히 해나가는 것은 향후 우리 경제의 발전을 위해 대단히 중요하다.

오늘날 재벌이 이러한 세계적 기업으로 성장하고 국제시장에서 경쟁력을 확보할 수 있었던 과정에는 한국의 재벌이 지닌 독특한 경영구조가 중요한 몫을 했다고 본다. 재벌이 형성하고 있는 내부시장(internal market)을 통해 그룹 내 경영을 지원하고, 인재와 자금을 지원할 수 없었다면, 초기의 세계시장 진입장벽을 쉽게 뛰어넘기 어려웠을 것이다. 또한 이러한 내부시장을 통한 계열사 간 지원이 없었다면 우리 기업들이 과감한 투자 결정과 초기 출혈을 감수한 공격적인 해외시장 개척을 해나갈 수 없었을 것이다. 그리고 오늘날과 같은 브랜드 가치와 이윤을 창출할 기회를 갖지도 못했을 것이다.

재벌은 오늘날에도 이미 형성된 브랜드 가치와 선도적 기술 개발로 한국 경제의 경쟁력을 선도해가고 있다. 이러한 한국의 재벌은 외국 기업들에게는 늘 두려운 경쟁 상대였다. 자신들이 구축해놓은 시장에 어느 날 갑자기 침투해 공격적 가격 할인과 막대한 시설 투자를 통해 시장점유율을 높여왔기 때문이다. 이는 대개 단일 업종에 전문화되어 있고 투자자금을 내부 유보이익과 자본시장을 통해 조달해야 하는 선진국 기업으로서는 불가능한 일이다. 재벌이라는 독특한 구조가 지닌 경쟁력이다.

재벌이 축적한 이러한 보이는, 그리고 보이지 않는 자산과 국제경쟁력을 유지함과 동시에 향후 재벌기업이 우리 경제와 시장의 균형 있는 발전을 이루어갈 수 있는 경제단위로서 성장을 지속할 수 있도록 하는 방안을 찾아가는 것이 한국이 처한 재벌 관련 정책의 주요 과제다.

이는 실로 어려운 과제다. 정부의 입장에서는 장기적 공정성, 시장의 효율성, 한국 경제의 국제경쟁력, 우리 사회에서의 재벌의 미래 역할 등을 모두 고려해 이에 대한 정책 기조를 정해야 한다. 경제제도는 한

번 도입하면 시장참여자들이 이에 맞추어 그들의 입장에서 최적의 선택을 해나가기 시작하기 때문에 자주 바뀌어서도 안 되고, 소기의 성과를 얻기 위해서는 수년 또는 수십 년을 일관되게 추진해야 한다.

필자는 이에 대해 다음과 같이 정책 방향을 잡는 것이 좋겠다고 생각한다. 재벌들이 현재 가지고 있는 국제경쟁력을 유지하도록 도와주되, 장기적으로는 업종을 중심으로 하여 소그룹 단위로 분화하고, 점차적으로 전문경영인체제로 나갈 수 있도록 유도해야 한다는 것이다. 현재 대다수 재벌들이 소유구조에서는 이미 많이 분산되었으나 지배구조에서는 여전히 총수와 가족에 경영지배권이 집중되어 있다. 이러한 현상을 하루아침에 바꾸려 해서도 안 되고 그렇게 할 수도 없겠으나, 경영지배권도 현재의 상태에서 점차 분산되어나갈 수 있도록 제도적으로 유도하는 노력이 필요하다는 것이다.[6]

재벌의 경영권 승계 문제

이러한 관점에서 볼 때 우리 경제사회에서 재벌의 장기적인 역할과 관련해 재벌기업의 경영지배권의 상속 문제에 대해서는 깊이 토론하고 숙고해볼 필요가 있다. 앞서 논한 바와 같이 이는 이미 사적 영역을 넘어서는 일이기 때문이다. 공공적 직위의 상속을 사회가 허용하지 않는 것처럼 단순한 재산의 상속이 아닌 재벌의 모든 계열사를 묶어 기업

---

6 지배주주와 가족 경영이 반드시 나쁜 것은 아니다. 오히려 장점도 많다. 전문경영인이 가지는 대리인 문제(agency problem) 등을 극복할 수 있으며, 장기적 시각을 가지고 기업을 경영할 수 있다는 장점이 있다. 그러나 재벌의 경우 그룹 전체의 이익을 추구하는 지배주주의 경영 방침과 법적으로 독립적 단위인 개별 기업의 이익 간에 항상 상호 충돌의 가능성이 있다.

집단의 지배권을 가족에게 상속하는 문제에 대해서는 우리 사회의 깊은 토의를 통한 동의가 필요하다고 볼 수 있다.

그러나 동시에 이 문제는 반드시 우리 사회가 추구하는 가치와 원칙의 틀 안에서 접근해야 한다. 다시 말해 시장경제의 원칙과 국민 개개인의 자유와 확고한 재산권의 보호를 유지하는 틀 안에서 이 문제에 대해 접근해야 한다. 사유재산권은 어떤 경우에든 철저히 보장되어야 한다. 그것이 민주주의와 자본주의제도의 가장 핵심적인 원칙이다. 이것을 침해하게 되면 우리 사회가 추구하는 가장 기본적인 가치인 민주주의 시장경제의 원칙이 무너진다. 따라서 재산과 그것이 보장하는 경영권의 상속은 법률적으로 정해진 조세 납부를 하게 되면 반드시 보장되어야 한다.

문제는 소유한 재산, 상속된 재산 또는 소유지분이 정당화할 수 있는 경영지배권을 어떻게 정의할 수 있는가 하는 것이다. 정부가 이에 대해 아무런 제한을 두지 말아야 할 것인지, 또는 상호출자를 금지했듯이 순환출자에도 일정한 제한을 두어야 할 것인지에 대해서는 국가정책적 측면에서 판단해야 할 문제라고 생각한다. 가족이 단일 기업을 소유한 경우 이는 전혀 문제가 될 수 없다. 소유지분과 지배지분이 일치하기 때문이다. 그러나 재벌의 경우 이는 중요한 문제로 제기된다. 한국 재벌의 독특한 구조는 소유지분과 내부지분에 커다란 괴리를 가져오고 있다. 소유지분이 정당화할 수 있는 것보다 훨씬 더 많은 기업지배권을 우리 사회가 재벌의 후세들에게 지속적으로 보장해주어야 하는가 하는 것은 단순히 경제정책이 아니며 사회정책 나아가 한국의 정치·경제 구조와 연결되는 일이다.

현재의 주요 재벌 총수가 법률이 정한 정상적인 방법으로 상속세를 국가에 납부하고 자녀에게 지분을 상속했을 경우, 현재의 총수보다 자녀들의 지분이 줄어들어 더 이상 특정 자녀가 재벌의 총수로서 전체 계열사에 대한 지배권을 유지하기 어려운 경우가 많이 있다. 유지할 수 있는 방법은 몇 개 계열사에 소유지분을 집중해 지배지분을 지키고 오로지 계열사 간 순환출자의 확대로 상당한 내부지분율을 유지하여 전체 계열사에 대한 지배권을 상속받는 것이며, 이렇게 될 경우 총수 가족의 소유지분과 내부지분 간 괴리는 점점 더 커질 수밖에 없다.

이제 우리 재벌의 계열기업들은 대다수가 상장된 공개기업이며, 일반주주들이 지분의 다수를 소유하고 있다. 어떤 기업이 아무리 크다고 할지라도 개인과 가족이 절대 다수의 지분을 보유하고 지배하며 비공개 기업으로 유지될 경우, 자녀들이 기업의 경영과 지배권을 상속받는 것이라면 이는 사회적으로 아무런 문제가 될 것이 없다. 공개된 기업이라고 할지라도 상속세와 증여세를 법대로 지불하고 상속받은 지분이 여전히 지배주주로서의 입지를 보장할 만큼 다수 지분일 경우에는 경영권을 상속하는 것에 대해 충분히 보호받아야 한다. 대개 단일 대기업과 중소기업들이 이런 경우에 속한다.

소수 지분에도 불구하고 순환출자에 의해 재벌그룹 전체에 대해 실질적 지배권을 행사하고 있는 현재의 재벌 총수는 어쨌든 지금껏 한국의 법과 제도가 허용해온 범위 내에서 이러한 실질적 지배권을 확보하고 행사하고 있는 만큼, 이에 대해 국가가 새로운 제한을 가하는 것은 적절치 않다. 그러나 출자총액제한제도를 철폐하면 소유지분과 내부지분의 괴리가 장래 더욱 확대되는 길을 터주게 되는 것이며, 이는 갈수록 작아지는 소수 지분에도 불구하고 재벌의 가족 지배구조가 지속될 수 있도록 하는 제도를 국가가 도입하게 되는 것이다.

만약 현재의 재벌 가족들이 정상적인 방법으로 자녀들에게 상속과 증여를 할 경우 차세대의 지분이 크게 줄어들 수밖에 없을 것이다. 재벌에 따라 다르겠지만, 만약 출자총액제한제도가 지속되면 상당수 재벌의 경우 전 계열사에 대한 지배권을 상속받기는 어렵게 될 것이다. 이러한 상속의 과정을 거치면서 재벌 계열기업들이 점진적으로 계열에서 분리되고 독립된 기업으로 발전되어가는 것이 바람직한 방향이라고 생각한다. 재벌의 2, 3세들이 부모에게서 상속받은 재산으로 본인이 선호하는 핵심 계열사의 다수 지분을 확보하고 이를 기업에 대해 경영을 전담하되, 본인이 상속받은 재산의 지분으로 계열사 간 순환출자를 통한 내부지분의 확보가 더 이상 출자총액한도하에서 지배권을 확보해주지 못하는 계열기업은 분리·독립시켜가도록 제도적 장치로 유도하는 것이 바람직한 방향이 될 수 있다. 이렇게 해서 금융계열기업은 금융기업군으로, 전자통신은 전자통신기업군으로, 여타 제조업과 서비스업은 그 나름대로 각각 시너지 효과를 내며 독립·분화해가도록 제도적으로 기틀을 마련해주는 것이 바람직하지 않을까 생각된다.

그동안 출자총액한도제한제도에 대해서는 재계에서 줄기차게 폐지를 요구해왔다. 그리고 일부 언론과 학계에서도 이를 지지하는 의견이 많았다. 이 제도가 재벌기업들의 투자 기회를 제한한다는 이유에서다. 그러나 필자의 견해로는 이 문제의 핵심은 투자의 문제가 아니라 총수 일가에 의한 재벌의 경영지배권의 확보와 이의 2세에 대한 상속과 관련된 문제다. 출자총액제한제도가 투자를 제한하는 측면이 전혀 없는 것은 아니지만, 조사 결과에 근거해서 보면 그러한 제한은 이미 거의 완화되어 있어 신규 투자 제한 효과는 미미하다. 이를 단순히 투자에 대한 규제의 문제로만 볼 것이 아니라, 우리 경제가 특수하게 가지고 있는 재벌이라는 문제, 그리고 이의 경영지배권의 상속이라는 측면에서, 즉 미래 한국의 경제구조라는 좀 더 넓은 관점에서 이 문제에 접근했어야 하는 것이 아닌가 하는 아쉬움이 있다.

이제 출자총액제한제도를 완전히 폐지하게 된다면 앞서 제시한 바와 같은 방향으로 재벌기업이 점진적으로 분화할 수 있는 제도를 대안으로 숙고해봐야 할 것이다. 지주회사의 요건을 완화해 지주회사로의 전환을 유도하는 것이 좋은 방법이라고 생각한다. 재벌그룹의 지주회사로의 전환은 계열사 간의 교차지원(cross subsidy), 상장계열회사의 주주들 간의 이해 상충 문제, 지배주주와 계열회사 주주들 간의 이해 상충 문제 등을 줄이고 기업경영을 훨씬 투명화할 수 있는 지배구조라고 생각한다. 이 경우 지배 가족의 보유 주식이 충분하지 않을 때는 역시 일부 계열기업의 매각과 분리로 지분을 마련하는 것이 불가피해질 것이며, 이런 과정을 통해 재벌이 전문영역별로 점진적으로 분화해갈 수 있을 것이다. 그리고 지배주주가 세대를 거치면서 지주회사의 지분도 희석되어 궁극적으로는 지주회사 자체가 전문경영인체제로 전환되어 갈 수 있을 것이다.

친기업정책과 친재벌정책

세계화 시대에 국내시장 환경을 '기업하기 좋은 환경'으로 만드는 것은 중요한 일이다. 그것이 우리 경제의 국제경쟁력의 밑바탕이 되기 때문이다. 그러나 '친기업정책'은 대기업뿐 아니라 중소기업, 창업벤처기업, 외국인 투자기업 등 모든 기업생태계가 창의력과 혁신을 통해 경쟁하며 성장의 기회를 잡을 수 있는 효율적이며 공정한 시장경쟁의 생태계를 만들어주는 것이어야 한다. 지금 우리 사회에서는 '친기업' 정책을 '친재벌' 정책으로 혼동하는 경우를 흔히 본다.

한국의 재벌들은 정부의 보호와 지원으로 오늘날과 같은 성장을 이루었다. 그런데 이제 재벌은 정부가 시장에서 빠져야 한다고 주장하고, 재벌들의 견해와 이익을 대변하고 있는 전경련과 재계는 출자총액제한제도와 은행을 인수하는 것에 대한 규제(금산분리제도) 등을 반기업정책이라고 주장해왔다. 반면 M&A 규제에서는 외국인과 여타 국내 투자자에게서 경영권을 방어할 수 있도록 오히려 규제를 강화해달라고 주장해왔다. 이러한 주장은 언론과 일부 학계의 지원을 받아 최근 거의 모두 정책화되어 수용되었다.

규제가 모두 나쁜 것은 아니다. 시대와 시장 환경에 뒤떨어져 실효성도 약하면서 쓸데없이 거래 비용을 높이는 규제가 있는 반면, 시장의 규율과 공정경쟁 기반을 유지하고 경제의 장기적인 건전성을 유지하기 위한 규제도 있다. '시장 원리'는 중요한 것이나, 시장 자체가 지고의 존재성을 가지는 것은 아니다. 시장은 국민경제 속에서 자라는 것이다. 국가가 정하는 제도와 경쟁의 룰 속에서 자리를 잡아가고 모양을 갖추며 성장해가는 것이다. 시장경제원칙을 지키기 위해 국가가 시장에 대한 규제를 모두 없애야만 하는 것은 아니다. 시장이 장기적으로 건전하고 효율적으로 발전해 국민경제 속에 들어와 국민의 삶이 균형 있고 풍요로워지도록 질서를 잡아주는 것이 국가의 역할이다. 세계 어느 나라에서나 기업제도, 공정경쟁, 금융감독, 시장의 진입과 퇴출에 대한 제도가 모두 이런 것을 목적으로 시장경제제도를 지켜나가기 위해 도입되었다.

규제 완화는 단순히 시장의 지배적 주역들이 원하는 방향으로만 가서도 안 되는 것이다. 그동안 한국의 재계가 정부에 요구한 규제 완화를 보면 그 실질적 내용은 시장에서 자신들의 기득권을 지키고 더욱 공고히 하며 나아가 이를 자녀에게 원활히 상속하기 위한 것들이 많았다. 이러한 요구를 받아들이는 것이 반드시 친기업정책이며 기업하기 좋은 환경을 만드는 길이라고 할 수는 없다. 오히려 이는 장기적 관점으로 볼 때 반시장적이며 반경쟁적인 정책이 될 수도 있다. 제도는 한 번 바꾸면 그 속에서 기득권이 고착되고 다시 되돌리기가 쉽지 않다.

한국이 지난 반세기 동안 비약적인 발전을 이룩할 수 있었던 것은 바로 우리 사회가 역동성을 가지고 있었기 때문이다. 그리고 이 역동성은 누구나 열심히 노력하면 사다리의 끝까지 오를 수 있다는 인식이 우리 국민 모두에게 있었기 때문이다. 이러한 인식은 우리 사회의 계급과 계층이 고착화되어 있지 않았기 때문에 형성된 것이다. 김대중, 노무현, 이명박 같은 분들이 대통령이 될 수 있고, 과거에 이병철, 정주영 같은 많은 기업가들이 당대에 엄청난 부의 성공을 이루어 오늘날 재벌그룹을 형성할 수 있었던 것도 기득권의 제압을 받지 않고 기회가 공정하게 열려 있었기 때문이었다고 생각한다. 조선 시대의 계급사회가 일제강점기를 거치면서 무너졌으며, 해방 후 토지개혁을 통해 토지의 소유가 분산되고 6·25전쟁을 통해 거의 모든 부가 파괴되어, 우리 사회는 부와 소득에 따른 계층 간의 차이가 심각하지 않은 상황에서 산업화가 시작되었다. 그리고 바로 이러한 상황이 1960년대 한국이 경제발전을 위한 포괄적 제도·정책개혁을 할 수 있는 배경이 되었다. 즉, 기득권 계층이 고착화되어 있지 않아 경제제도나 정책을 개혁하는 데서 그만큼 국가가 심각한 저항에 직면하지 않았기 때문에 그것이 가능했던 것이다. 이 산업화 과정에서 기회는 보통 사람들에게 크게 열려 있었으며, 새로운 산업자본가 계급이 부상했다. 이러한 성공적인 산업자본가들이 스스로 계급을 형성하고 이를 고착화해가는 것은 장래 우리 사회의 역동성을 위해 좋은 일이 아니다. 사회가 역동성을 잃으면 정체되고, 계층 간 이동이 어려워지면 갈등사회로 가게 된다.

국가는 시장에서 그리고 우리 사회의 각 부문에서 늘 공정한 경쟁이 이루어져 각자가 노력을 통해 재능과 창의력을 발휘하고 성공할 수 있도록 평평한 운동장을 만들어주어야 한다. ≪포브스(Forbes)≫지가 조사한 전 세계 재산 10억 달러 이상의 자산가 중 40대 미만 부호의 68%가 자수성가로 부자가 된 사람들로 나타났다(≪Forbes≫, 2008.3.5; ≪The Atlanta Journal-Constitution≫, 2008.3.6). 그러나 한국의 경우 100대 주식 부자들 중 20%만이 자수성가한 사람으로 나타났다. 아마도 40대 미만의 주식 부자들은 그 비율이 훨씬 더 낮을 것이다(≪헤럴드경제≫, 2004.9.15).

부와 소득의 계층 간 차이가 세대를 통해 고착화되지 않고 누구에게나 자신의 능력과 노력에 의해 사다리를 타고 끝까지 올라갈 기회가 열려 있는 사회를 만드는 것은 우리 사회가 역동적으로 발전할 수 있기 위해 결코 소홀히 해서는 안 될 의무다.

제7장 중소기업

 한국 경제가 해결해야 할 또 다른 주요 당면 과제는 중소기업 문제다. 2004년 기준으로 제조업 영위 중소기업의 약 5분의 1이 손실을 기록하고 3분의 1은 영업이익만으로는 금융비용을 감당하지 못한 상태였다(IMF, 2004). 더욱이 중소기업의 상당 부분은 지난 3~4년간 은행의 대출 확대로 차입이 크게 늘어 과중한 부채 부담에 직면하고 있는 서비스업이기 때문에 실제 상황은 더 좋지 않다고 할 수 있다.

 외환위기 이후 호황기에도 중소기업의 수익성은 대기업과 달리 지속적으로 하락해왔는데, 이는 주로 구조 조정이 대기업보다 부진해 생산성 향상이 지체된 데 기인하는 것으로 보인다. 한국과 경쟁 관계에 놓여 있고 동시에 중국과 극심한 경쟁 상태에 놓여 있다는 점에서 우리와 비슷한 대만 중소기업의 순이익률은 한국의 중소기업보다 2% 포인트 정도 높은 수준이다. 또한 대만 중소기업의 진입 및 퇴출률이 모두 한국의 5배에 달하는 등 대만의 중소기업들은 훨씬 더 역동적인 모습을 보인다. 이는 대만의 중소기업들이 시장에서 기회가 생겼을 때 빨리 창업하고 시장 상황이 악화되면 빨리 퇴출되기 때문에, 우리 중소기업들에 비해 더 튼튼한 기업군을 형성하고 있는 것으로 볼 수 있다.

이 같은 차이는 많은 부분 우리 정부의 중소기업정책과 신용보증제도에서 비롯된 것으로 판단된다. 대만의 경우 정부의 신용보증이 국민총생산액의 1.5% 수준으로 한국의 6%에 비해 4분의 1 수준에 그친다. 이에 따라 대만 은행들은 대출 결정 시 정부 보증에 의존하기보다는 자체적으로 좀 더 엄격한 신용위험평가 과정을 거치고 있다. 또한 한국의 신용보증은 중견기업 위주로, 보증 기간도 계속 연장되어 평균 5년에 이른다. 이러한 구조는 시장 수요가 변하는데도 경쟁력 없는 중소기업이 연명할 수 있도록 함으로써 중소기업 부문의 생산성 향상과 역동성을 저해한다.

최근 정부는 경제위기를 맞아 다시 어려움에 처해 있는 중소기업들을 구제하기 위해 신용보증제도를 확대하고, 이미 높은 수준의 보증비율(현행 85%)을 더 늘려 도덕적 해이를 부추기고 있다. 한국의 신용보증제도가 이렇게 확대되고 또한 도덕적 해이가 심화되어온 것은 경제에 어려움이 있을 때마다 전가의 보도처럼 신용보증제도 및 기타 중소기업 지원제도를 늘려왔기 때문이다. 그리고 이의 이면에는 중소기업정책이 늘 정치적으로 민감한 정책이라는 요인이 있었기 때문이다. 또한 이는 한국의 성장과정에서 대기업, 재벌 위주의 산업정책이 1970년대 중, 후반 이후 강력한 비판의 대상이 되면서 상대적으로 중소기업 지원정책이 국민적 지지를 받아왔기 때문이다. 그러한 과정에서 지난 약 30년간 진행되어온 중소기업정책은 급속히 변하는 국내외 경제 환경에서 중소기업 부문의 역동성을 오히려 떨어뜨리고 우리 경제의 생산성과 성장잠재력 향상을 저해하는 요인이 되고 있다.

압축성장과 이중경제

한국의 산업화 속도는 이전 어느 나라가 이룬 산업화의 속도보다 빨랐다. 지금으로서는 중국이 우리의 속도를 추월할지도 모르지만, 한국은 유럽 국가들이 나라에 따라서는 수세기를 넘기며 이룩해온, 그리고 이웃 일본이 1세기 가까이에 걸쳐서 이룩한 정도의 산업화를 불과 반세기도 안 되는 기간에 이루어냈다. 서구 선진국들에서는 세기를 넘기며 수세대에 걸쳐 진행된 산업화의 과정에서 경제제도는 물론, 시민들의 인식과 사고도 산업화 및 경제발전과 병행해 변해왔다. 경제 각 분야의 발전도 또한 차이는 있으나 세대를 거치는 점진적인 발전을 하면서 비교적 각 분야가 균형적인 발전을 이루어왔다.

한국에서는 경제발전 속도가 워낙 빨랐던 데다 그러한 성장도 이른바 선도 수출대기업 위주로 일어나다 보니, 전통 및 재래식의 내수위주 산업과 최첨단 수출제조산업이 여전히 공존하게 되었다. 특히 지난 약 20년간 경제의 개방이 빠르게 진행되고 중국 경제가 급속히 부상하면서 중소기업 위주로 남아 있는 종래의 내수 경공업은 급격히 경쟁력을 잃어가고 있는데도 우리 경제에 상당한 부분으로 남아 있다. 나아가 자동차, 전자, 중화학공업 등 수출산업에서도 대기업과 하청 관계에 있는 중소기업의 경우, 대기업이 해외 아웃소싱을 늘려가면서 이들 중 많은 중소기업들이 점점 한계기업화해가고 있다. 더구나 지난 약 20년간 대기업과 중소기업의 생산성, 임금수준, 수익성, 성장성 등 모든 면에서 격차가 벌어지고 있는 반면, 중소기업의 사업체 수, 고용에서의 비중(특

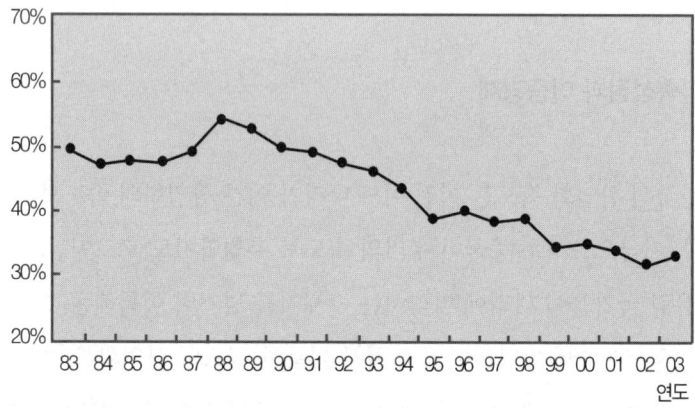

그림 7-1 대기업과 중소기업 간 노동생산성 격차(대기업=100%)

자료: 김주훈(2005: 48)에서 재인용.

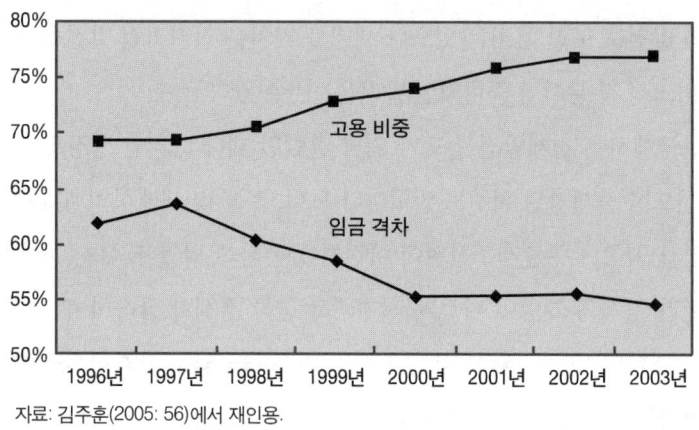

그림 7-2 중소기업의 고용 비중 및 대기업과의 임금 격차 추이

자료: 김주훈(2005: 56)에서 재인용.

히 20인 미만)은 오히려 점점 늘어나, 이는 우리 사회 양극화 현상의 주요 요인이 되고 있다(그림 7-1, 7-2 참조).

어느 나라나 이중경제가 있게 마련이지만 한국은 빠르게 성장한 만큼이나 이중경제의 문제도 깊고 이것이 고착화되는 경향을 보이고 있

표 7-1 **주요국 제조업의 평균 기업체 규모의 비교**

구분	GDP (10억 달러)	제조업 비중	제조업 규모 (10억 달러) (A)	제조업 사업체 수 (B)	A / B (1,000달러)
미국 (1997)	8,304.3 (13.7)	17.4%	1,441.1 (7.2)	666,609 (2.0)	2,166 (3.5)
일본 (2002)	3,976.7 (6.6)	22.0%	872.9 (4.3)	536,591 (1.6)	1,627 (2.6)
독일 (1998)	2,142.3 (3.5)	22.0%	471.1 (2.3)	109,744 (0.3)	4,293 (7.0)
프랑스 (1996)	1,554.6 (2.6)	18.5%	287.1 (1.4)	51,882 (0.2)	5,534 (9.0)
이탈리아 (1993)	1,025.4 (1.7)	21.0%	214.9 (1.1)	264,300 (0.8)	813 (1.3)
한국 (2003)	605.2 (1.0)	33.4%	201.9 (1.0)	326,973 (1.0)	617 (1.0)

주: 괄호 안은 한국을 기준으로 했을 때의 배율.
자료: 김주훈(2005: 61)에서 재인용.

다. 산업발전의 진행과 더불어 도태되고 퇴출되어야 할 기업들이 여전히 전통적 방법에 의존해 생존하고 있으며, 시간이 갈수록 이들의 생산성과 수익성은 선도산업들에 비해 빠르게 낙후되고 있다. 선도 대기업들은 더욱 커지고 재래 중소기업들은 더욱 영세해지고 있다. 한국에서 10대 산업 상위 3사의 시장지배율은 1990년 55.1%에서 2001년 65.9%로 증가했다. 반면 중소제조업체는 경제 규모에 비해 지나치게 사업체 수가 많고 기업 규모가 영세해 규모의 경제를 거두기가 어렵다. 표 7-1에서 보는 바와 같이 한국은 선진 산업국인 미국, 독일, 일본에 비해 전체 생산액 대비 기업체 수가 상대적으로 훨씬 더 많다. 이를 인구수 대비 환산해서 비교해보면 마찬가지거나 더 심한 결과가 나온다.

이는 한국의 중소기업이 규모의 경제를 활용할 여지가 미흡함을 뜻하며, 동시에 그동안 퇴출되고 구조 조정되었어야 할 중소기업들이 시장에서 여전히 생존해오고 있다는 것을 뜻한다. 우리 경제의 전반적인 상황 진전으로 볼 때 앞으로 이들의 퇴출과 구조 조정은 불가피해 보인다. 영세사업자와 자영업자의 경우에도 상황은 비슷하거나 오히려 더 심각하다. 이러한 문제는 그동안 한국 경제의 구조적인 문제로 고착화되면서 우리 경제의 전반적인 자원 배분의 효율성을 저해해왔을 뿐만 아니라 우리 사회 양극화의 주요 요인으로도 작용해왔다.

김종일(2006)은 1990년대 이후 한국 경제구조 변화의 특징을 다음과 같이 정리하고 있다.

첫째, 제조업의 고용 비중이 빠르게 줄어드는 탈공업화다. 이들 고용 감소는 실업률 증가보다는 불완전 고용과 고용의 질 저하로 나타나고 있다. 특히 고용 흡수력이 높은 도소매, 음식·숙박업으로의 고용 확대는 서비스업의 전반적 생산성을 낮추고 비정상적으로 높은 자영업자, 무임금 노동자 수를 지속케 했다. 둘째, 제조업 내 경공업 비중이 급속도로 줄어들고 대신 전기전자산업을 위시한 중화학공업의 일부 업종으로의 산업 특화 현상이 두드러지게 발생했다. 셋째, 서비스업의 전반적으로 낮은 생산성 문제는 도소매 음식·숙박, 개인 서비스 등 일부 전통 서비스업의 과고용 혹은 불완전 고용으로 나타난다. 이상을 종합해볼 때 한국 경제가 당면한 문제는 총량적인 성과 저하의 문제가 아니라 구조적 문제이며, 이것은 지난 1990년대 이후 급속하게 진행되고 있는 전반적인 구조 변화에 대기업을 중심으로 한 일부 산업을 제외한 다수 산업이 적응하지 못했기 때문으로 보인다(김종일, 2006).

한국도 이제 이러한 산업의 구조적 문제에 근본적으로 접근해야 할 때가 되었으며, 이 문제의 핵심은 중소·영세기업의 구조 조정에 있다. 외환위기를 겪으면서 대기업들의 과잉투자와 부실은 많이 정리되었다. 기업의 구조 조정은 은행들로 하여금 많은 손실을 떠안게 했고, 정부로 하여금 은행에 대규모의 공적자금을 투여하게 했다. 상당한 국가적 비용을 치렀지만, 어쨌든 그 결과 외환위기를 거치면서 한국의 대기업은 재무구조뿐 아니라 경영방식과 영업적으로도 구조 조정을 거쳐 훨씬 더 견실해졌다. 이 과정에서 30대 재벌그룹 중 16개 그룹이 시장에서 퇴출되었다. 그러나 중소기업은 대기업만큼 근본적인 구조 조정 과정을 겪지 않았다. 오히려 실업 증가의 위험 때문에 외환위기 중 중소기업에 대한 신용보증 확대 등의 지원책이 강화되었다. 경쟁력이 없는 기업들도 이와 같은 신용보증과 은행 대출에 기대어 생존하고 있는 경우가 많다.

대기업들의 구조 조정 과정에서 실직한 많은 근로자는 주로 음식·숙박업, 소매 부문의 자영업으로 새로운 경제활동을 시작했다. 그러나 이미 이 부문들은 영세 자영업자들로 과밀하여 불안한 고용과 생계가 지속되고 있다. 서비스시장의 개방과 더불어 자영업자들의 입지는 더욱 좁아질 것이다. 한국의 제조업은 이미 많이 개방되었다. 개방을 통해 기술력과 경쟁력도 크게 향상되었다. 그러나 제조업은 앞으로 더욱 개방될 것이고 이웃 경쟁국의 위협도 가중될 것이다. 이제 한국 경제의 장래 성장은 많은 부분 서비스업 분야의 성장과 효율성 향상에 의존해야 하는 상황이다. 제조업이 부가가치의 비중으로 볼 때 더 이상 확대되기를 기대하기는 어렵다.

서비스업의 발전과 효율성 향상도 결국은 개방을 통한 경쟁을 유발하고 대형화를 통한 규모의 경제를 실현함으로써 기대될 수 있을 것이다. 그러나 현재 서비스업, 특히 음식·숙박업, 도소매업 부문은 한국에서 영세 자영업자들의 생활수단이 되고 있다. 우리는 자영업자의 비율이 세계 어느 나라보다도 높다. 현재 한국의 자영업자 비율은 26.5%인데 비해 미국은 7.4%, 독일은 11.2%, 영국은 12.7%다(ILO Laborstatistics Internet). 우리와 소득수준이 비슷하고 소규모 가족경영의 기업이 주류를 이루는 이웃 대만의 19.5%에 비해서도 훨씬 높다. 따라서 이 부문의 개방은 궁극적으로 많은 자영업자나 재래시장 영세상인들의 일자리 상실을 초래하고, 그들의 재취업 기회가 극히 제한된 상황에서 이는 심각한 사회문제를 야기할 수 있다. 장래 경제성장의 동력을 찾는 노력은 결국 경쟁력을 상실한 중소제조업체의 구조 조정, 시장의 개방과 효율성 향상, 기존의 이중적 경제구조 극복 등의 과정을 거치지 않으면 안된다. 그러나 이는 다시 고용 문제, 나아가 정치적·사회적 문제로 귀결되어, 이 역시 우리 경제정책이 안고 있는 어려운 과제 중의 하나다.

중소기업정책: 경제정책과 사회정책의 혼재

그동안 한국의 중소기업정책에는 경제정책적인 측면과 사회정책적인 측면이 혼재되어왔다. 중소기업을 경제단위인 기업으로 보고 그들의 성장성과 경쟁력을 향상시키려는 측면과 중소기업을 우리 사회의 약자로 간주해 그들을 대기업과의 경쟁에서 보호하고 지원하려는 사회정책적 측면이 혼재되어, 중소기업정책이 뚜렷한 방향성을 잃고 잡다한 보호지원제도의 혼합으로 확대되어왔다. 그리고 이를 뒷받침하기 위해 막대한 예산이 소요되었으나 그것의 효과에 대한 검증은 충분하지 못했거나 아예 부재했다. 이는 앞서 말한 재벌 문제나 뒤에 논할 노사문제와 마찬가지로 한국에서 중소기업 문제가 가장 정치화되어 있는 정책 분야 중 하나이기 때문일 것이다.

세계 어느 나라에서나 중소기업 문제는 중요한 정치적 비중을 차지하고 있다. 이는 중소기업이 그 나라 근로자의 대다수를 고용하고 있기 때문이며, 고용이 단순한 경제적 문제가 아니라 정치적·사회적 문제이기 때문이다. 그러나 한국은 이러한 기본적인 문제 위에 과거 산업화 과정에서 제기되어온 정부정책의 장기적 공정성 문제가 더해진다. 산업화 과정에서 수출대기업들은 정부의 금융 지원을 비롯한 각종 특혜와 국민의 부담으로 급성장을 했고, 그 결과 빠르게 형성된 대기업의 시장지배력 때문에 중소기업들은 상대적인 불리를 감수해야 했으며 성장할 수 있는 공간이 협착해졌다는 것이다. 나아가 앞서 언급한 바대로 대기업 위주의 성장 때문에 중소기업이 대기업의 하청계열화하고 대기업의 압도적인 교섭력 우위로 인해 납품 단가 등을 부당하게 착취당하고 있다는 인식이 널리 퍼져 있다. 이러한 인식에 대한 정책 대응으로서 중소기업 고유업종 지정을 비롯한 각종 지원·보호책이 시행되어왔다.

한국에서 중소기업정책이 본격적으로 추진되기 시작한 것은 1970년대 중반 이후라고 볼 수 있다. 중화학공업화 정책이 추진되기 시작하면서 부품·소재 생산 부문으로서의 중소기업을 육성할 필요성이 높아진 것이 중요한 계기로 작용하여 1975년 기계류·부품 국산화시책이 전개되기 시작했고, 「중소기업계열화촉진법」도 제정되었다. 1978년에는 「중소기업진흥법」이 제정되었으며, 이를 근거로 1979년에 중소기업진흥공단이 설립되었다. 이와 더불어 신용보증기금 설립(1976년), 시설 근대화 투자 원활화를 위한 중소기업 범위 확대(1976년) 등 관련 법령의 제정과 제도 정비가 이루어졌다.

1980년대는 한국에서 보호·육성 위주의 중소기업정책이 가장 강력하게 추진된 시기로 볼 수 있다. 중소기업진흥기금에 의한 시설근대화자금이 당시로서는 막대한 규모로 지원되기 시작했으며, 1981년 '중소기업진흥장기계획(1982~1991년)' 수립을 계기로 다양한 중소기업 보호·육성시책이 전개되기 시작했다. 1980년대 후반 들어서는 「공업발전법」(1986년) 제정을 계기로 산업 지원 방식이 기능별 지원 위주로 전환되면서 중소기업 지원시책도 기술 개발 등 기능별 지원 중심으로 전환되기 시작했다.

기계류·부품·소재 국산화지원제도가 재정비·확충(1986년 3월)되고 「중소기업창업지원법」(1986년 5월)이 제정된 것도 이와 같은 정책 기조의 변화와 맥을 같이한 것이라 볼 수 있다. 1989년에는 1980년대 말의 임금 급등으로 인한 중소기업의 경영 악화 완화와 구조 조정 촉진을 위해 「중소기업의경영안정및구조조정촉진에관한특별조치법」이 제정되었다.

1990년대 중소기업정책의 가장 큰 특징은 벤처기업 육성시책을 포함한 중소기업정책이 경제정책의 중요한 부문으로 자리 잡기 시작하고 중소기업 지원행정 기능이 강화되었다는 것이다. 1996년의 코스닥시장 개설, 1997년의 「벤처기업육성에관한특별조치법」 제정 등은 외환위기 이전에 추진되었으나, 주요 정책 목표로 설정되어 본격적으로 실시된 것은 김대중 정부 출범 이후부터였다. 중소기업의 중요성이 강조되면서 중소기업 지원을 위한 행정조직도 강화되었다. 1996년 2월 중소기업청이 발족된 데 이어 1998년 4월에는 중소기업정책 개발 기능의 강화와 관련 부처 간 중소기업 육성시책의 협의·조정 및 평가를 통한 중소기업정책의 효율적 추진을 위해 중소기업특별위원회가 대통령 직속기구로 설립되었다. 그리고 외환위기가 실물경제위기로 확산되어 실업자 문제가 크게 부각되자, 중소기업에 대한 신용보증제도의 확대 등으로 정부의 재정 지원이 크게 늘어나게 되었다.

이상과 같이 과거의 중소기업정책을 되돌아보면 우리 경제의 발전 전략과 상황에 따라 조금씩 변화되어온 것을 볼 수 있다. 큰 흐름을 보자면, 중소기업을 경제적 약자나 정책적 배려 대상으로 인식하던 시각에서 시장에서의 경쟁 주체로 인식하려는 경향이 점차 증대되었다. 즉, 1980년대까지는 '보호와 육성'이라는 정책 기조를 근간으로 금융 지원 일변도에서 기능별 지원이 점차 확충되는 방향으로 정책이 발전되었으며, 1990년대 이후부터 '자율과 경쟁'을 정책 기조로 표방했다. 그러나 정책의 내용에서는 '보호적 지원'의 색채가 부분적으로 약화되는 수준에 머물러 '자율과 경쟁'이라는 정책 기조가 세부 시책에까지 제대로 관철되지 못한 것으로 평가된다. 또한 중소기업의 생산성과 경쟁력을 확충하기 위한 장기적·구조적 정책이 미흡한 채 경기 상황에 떠밀린 일과성 미봉적 정책 대응이 반복되었다.

노무현 정부에 들어와 중소기업정책을 범부처적인 정책으로 종합하여 종래의 획일적인 지원 방식을 바꾸고 기술혁신과 창의적인 벤처중소기업을 좀 더 집중적으로 지원하기 위한 시스템으로 바꾸려는 노력이 있었다. 단체수의계약제도를 폐지하고 금융지원제도를 일부 개편해 중소기업에 대한 과보호를 지양하고 경쟁을 통해서 자생력 기반을 넓히려고 했으며, 영세자영업자 대책 및 재래시장 활성화 대책을 내놓았다. 또한 중소기업과 대기업 간의 불공정거래 관행을 개선하기 위해 대기업과 중소기업의 상생 협력을 유도하기 위한「공정거래법」상의 조치와 불공정 대기업이 신용평가상 불이익을 받도록 하는 제도도 내놓았다. 획일적 보호, 지원제도에서 중소기업의 실상에 좀 더 근접하는 지원제도로 전환하기 위한 노력이 있었지만, 중소기업이 스스로 구조조정을 해나갈 수 있는 근본적인 정책 전환을 이루어내지는 못했다.

중소기업정책을 한국 경제의 현재의 효율성과 장래 성장잠재력을 제고하기 위한 방향으로 끌고 가는 것이 바람직하나, 우리 경제정책의 과거와 현재의 공정성, 사회적 형평성이라는 관점에서 볼 때 단순히 이를 효율과 성장이라는 측면에서 끌고 갈 수는 없다는 것이 중소기업정책이 당면해 있는 가장 큰 난제다. 앞서 말한 종과 횡의 충돌에 의한 경제정책의 딜레마에 부딪혀 있는 것이다. 그러는 동안 중소기업 지원을 위한 예산은 꾸준히 늘어났다. 1992~2006년에 한국의 총예산은 약 4배가 증가한 반면, 중소기업에 대한 지원 예산은 약 80배가 증가했다.

중소기업정책의 방향: 구조 조정의 촉진

중소기업을 지원하기 위해 한국처럼 다양한 지원정책을 추진해온 나라도 드물 것이다. 문제는 많은 비용을 수반하는 이러한 지원책들이 유망한 미래 중소기업들이 자라나는 과정에서 겪게 되는 자금과 기술, 시장의 문제를 극복할 수 있도록 설립 초기에 일시적으로 지원되고 있는 것이 아니라, 이 중 상당 부분이 이미 경쟁력을 상실하고 있는 중소기업들의 연명을 위해 지원되고 있는 것이다. 이미 경쟁력을 상실한 중소기업들에게 막대한 금융 및 세제 지원을 계속하여 그들의 생존을 연장시켜주는 것은 고용 유지라는 측면에서는 도움이 되지만, 장래 국가 자원 배분의 효율성을 위해서나 장기적 경제 활력을 위해서는 바람직하지 못하다. 그러나 이러한 정책은 정치적 배려 때문에 여전히 계속되고 있다.

한국의 중소기업은 크게 나누어 ① 최종 소비재용품을 제조해 주로 내수 위주로 판매하는 중소기업, ② 전자, 철강, 자동차, 조선 등 대기업과의 하청 관계에서 대기업에 부품을 납품하는 중소기업, ③ 1990년대 후반부터 집중적으로 나타난 소프트웨어, 인터넷, 게임 분야의 기업과 같은 비제조형 벤처기업군, ④ 5~9인 규모의 영세소기업군 등으로 분류해볼 수 있다. 이 중 사업체 숫자 면에서 가장 많은 그룹은 네 번째 그룹이다. 그리고 이 가운데 대부분은 음식·숙박업, 도소매업, 목욕, 이발, 수리 등 서비스업에 종사하고 있다. 한국의 약 320만에 달하는 사업체 중 약 30만 업체가 제조업에 종사하고 있으며, 이 중 5인 이상 중소제조기업은 약 11만 개에 달한다. 그동안 한국의 중소기업 지원제도는 주로 이러한 중소제조업체에 집중되어왔다. 세 번째 부류, 즉 벤처기업군에 대한 지원제도가 확대된 것은 김대중 정부와 노무현 정부에서다. 그 외 대부분을 차지하는 소기업, 영세자영업자들은 중소기업 지원정책 대상의 외곽에 있었다. 한국의 중소제조업체 중 대기업 납품에 의존하는 기업은 전체 중소제조업체의 약 70%에 달하고 있으며, 이들의 비중은 점점 더 늘어나고 있다. 반면 구미 선진국의 경우 이 비율은 40% 내외에 머물고 있다. 이는 대기업 중심으로 되어 있는 한국의 독특한 산업구조 때문인 것으로 보인다. 중소제조업의 판매액 중 타 업체에서 주문을 받아 생산·판매한 비율이 2005년 현재 85.1%에 달하고 있는 반면, 일반 시장 판매 비율은 14.9%로 2002년의 16.1%보다 줄어들었다(중소기업협동조합중앙회 조사통계팀, 2005).

이러한 중소제조기업의 구조는 한국의 경제발전 과정과도 긴밀히 연결되어 있다. 선진산업국의 경우 신제품을 개발한 중소기업들이 시장 수요의 확대로 다른 기업을 합병 또는 축출하면서 대기업으로 성장해온 반면, 한국은 후발 공업국으로 성장하여 경제의 이중구조가 고착되어 재벌 계열 조립·가공 대기업이 산업의 발전을 선도했고, 대기업의 성장을 보완하기 위한 목적으로 부품 국산화 등을 통해 중소기업의 성장이 유발되었다. 이는 일본도 어느 정도 유사한 경우라 할 수 있는데, 한국은 특히 중소기업이 생산 기능에 특화되고 제품 개발 및 마케팅 능력은 결핍되어 대기업의 협력업체 성격을 띠고 있다. 반면 구미의 중소기업들은 생산 제품의 시장이 작아 중소규모의 기업으로 머물고 있을 뿐, 대기업과의 본질적 기능은 동일한 경우가 많다.

현재 한국의 많은 중소기업이 어려움을 겪고 있는 것은 사실이지만, 중소기업 문제와 정책을 논할 때는 이상과 같은 기업들을 일괄적으로 묶어서 논하기보다 분리해서 논하는 것이 더 적절한 경우가 많다. 그들이 겪는 어려움에는 공통적인 요인과 함께 독립적인 요인이 많기 때문이다.

이 장에서 주로 논의하고자 하는 중소기업의 구조 조정 문제는 주로 첫 번째와 두 번째 그룹, 즉 최종 소비자 용품의 제조업체와 대기업의 하청 제조협력업체들이다. 세 번째 그룹의 기업들은 정부가 앞으로 시장생태계에서 잘 성장할 수 있도록 환경을 조성해주어야 할 것이며, 구조 조정을 위해 특별한 정책 변화를 시도해야 할 부분은 상대적으로 적은 것으로 보인다. 네 번째 그룹의 영세소기업과 5인 미만의 규모인 영세자영업은 그동안 중소기업 지원정책의 혜택을 거의 보지 못한 그룹이며, 그야말로 시장에서의 처절한 경쟁 속에서 진입과 퇴출이 거듭되며 지탱되고 있는 사업자들이다. 이들에게는 정부의 서비스시장 개방 등 개방정책에 의한 시장구조의 변화가 예상되므로, 사업 전환과 다른 고용 기회를 얻을 수 있도록 재훈련, 자문 서비스 등 사회정책 면에서의 배려가 정책의 주요 부분이 되어야 할 것이다.

지난 20여 년 동안의 중국 및 동남아 국가들의 급속한 산업화와 더불어 수출산업 중에서도 섬유, 의복 등 전통 산업 분야의 중소기업 제조업이 이미 큰 타격을 받고 생존에 어려움을 겪고 있다. 이렇게 중국 및 동남아 국가의 기업들로부터 타격을 받고 있는 업종은 점점 확대되고 있다. 특히 자동차, 전자 등 부품산업에서도 한국 대기업들이 국제시장에서 점점 더 치열한 경쟁에 직면하게 되어, 부품을 가격경쟁력이 높은 중국 업체 등에 의존하는 경우가 늘어나고 있다.

이러한 중소제조기업들 중에도 기술력 향상으로 경쟁력을 유지하고 성장을 거듭하는 기업들이 있는 반면, 퇴출이 불가피한 한계기업들도 있다. 현재 한국 경제에서는 후자가 점점 더 많이 늘어나고 있는 실정이지만, 퇴출장벽이 높아 자본과 노동력, 경영 에너지가 이에 묶여 있는 경우가 많다. 퇴출장벽이 높은 요인은 은행의 대출이나 정부의 신용보증이 기업주의 개인 재산의 담보를 요구하기 때문이다. 기업주의 입장에서 볼 때 퇴출은 단순히 회사의 중단과 종업원의 실직 문제를 일으키는 것뿐만 아니라, 기업인의 가정과 사회생활에도 막대한 영향을 주므로, 퇴출을 최후의 방편으로 생각하게 되는 것이다. 동시에 정부의 신용보증제도와 각종 지원제도가 이러한 한계기업들이 연명할 수 있게 하는 것도 퇴출장벽을 높이는 요인이라고 할 수 있다.

현재 한국의 중소기업 지원제도의 목표에는 중소기업을 장래 성장 기업으로 육성한다는 면도 있지만, 이는 대체로 세 번째 그룹의 혁신

중소기업의 기술 개발 지원, 창업 지원 등에 해당된다. 결국 여전히 중소기업 지원제도의 초점은 신용보증제도와 각종 중소기업 지원제도로서 현존하는 중소기업에 대한 자금 비용과 수익성을 보조하는 역할을 하고 있다. 이는 다시 한계 중소기업들의 구조 조정과 퇴출을 지연하는 역할을 한다. 혁신 벤처 중심기업에 대한 정부지원도 결국은 이 중소기업들의 시장 가치를 정부의 지원 없이 결정되는 원래의 가치보다 높임으로써, 시장에서 M&A가 활발히 일어나는 것을 저해하는 요인으로 작용하고 있다.

필자는 참여정부 초기에 대통령 경제보좌관으로 일하면서 한국의 중소기업정책을 전반적으로 재검토하고 이와 관련해 신용보증제도를 축소·개편할 것을 건의했으며, 이것이 정책으로 추진되었다. 원래 신용보증제도는 거래 실적을 통해 신용도를 쌓지 못한 신생 중소기업이 금융기관으로부터 자금을 조달하지 못해 성장의 기회를 놓치는 금융시장의 구조적 취약성을 극복할 수 있도록 국가가 나서서 대출 보증을 서주는 제도다. 그러나 국가가 개별 금융기관에 비해 기업의 장래 건전성에 대해 판별할 수 있는 능력이 더 나은 것이 아니기 때문에, 일정한 보증료를 받고 신용보증을 제공하더라도 장기적으로 신용보증 대상 기업의 부도가 많아지면 상당한 적자가 누적되어 국민의 조세 부담이 가중된다. 따라서 이 제도는 보증기관의 신용평가 기능을 보강해가면서 상당히 조심스럽게 운영해야 도덕적 해이를 줄이고 국민의 부담을 최소화할 수 있다.

그러나 한국은 1976년 신용보증기금을 설립해 이 제도를 도입한 후 보증 규모가 꾸준히 확대되어, 국가 총생산 수준에 비해 세계에서 가장 많은 액수의 신용보증을 제공했다. 신생 기업이 아닌 기존 기업에 대해서도 수년 또는 십년 넘게 반복적으로 신용보증을 제공하는 사례가 빈번해졌다.[1] 국가가 장래성 있는 중소기업의 금융기관 신용을 쌓게 하는 촉매 역할을 하는 것을 넘어, 실제로 기존 중소기업의 대출에 대해 국가의 예산으로 담보를 제공하는 것과 같은 역할을 하게 되었다. 특히 성공할 확률이 극히 낮은 벤처기업을 대상으로 하는 기술신용보증은 낮은 보증수수료를 받고 실패한 기업에 대한 보증을 정부가 책임지는 대신 성공한 기업의 수익분에는 전혀 참여하지 못하여, 극히 비용이 높고 도덕적 해이가 심한 중소기업 지원제도라고 판단되었다. 이를 제공받는 중소기업과 제공받지 못하는 중소기업은 경쟁력에 차이가 발생함으로써 신용보증 자체가 하나의 특혜가 되었다. 따라서 기존 신용보증제도 중 상당 부분을 창업 및 혁신 중심 중소기업에 대한 지원을 확대하는 데 돌리되, 신용보증보다 창업 중소기업에 자본 투자를 하는 창업투자회사 등에 자금을 지원하는 방식의 비중을 늘리는 방식을 채택했다.

그러나 얼마 후 나타난 효과는 창업투자회사에 대한 자금 지원이 중소벤처기업들의 주식가격을 본래의 시장가격보다 높여, 벤처기업생태계의 효율성을 위해 시장에서 원활히 일어나야 할 인수, 합병을 저해하는 요인으로 작용한다는 것을 알게 되었다. 원래 벤처기업을 인수하는 투자자들은 높은 위험을 감수하고도 장래의 높은 수익성을 보면서 투자하는데, 이미 시장가격이 본래의 가치보다 높아져 있어 미래에 높은

---

[1] 한국이 중소기업에 제공하는 신용보증 규모는 GDP의 약 6.5%에 달하는 데 비해 미국과 독일은 약 1% 내외이며, 중소기업이 우리보다 훨씬 발전한 대만의 경우도 1.5%에 지나지 않는다. 최근 정부가 금융위기와 관련하여 신용보증제도를 확대하고 보증비율을 높임에 따라 이 비율은 더욱 높아질 것으로 보인다.

수익률을 기대할 수 없게 됨으로써, 그만큼 인수합병의 리스크를 택하지 않게 되고, 그 결과 창업투자회사에 대한 자금 지원은 오히려 이 부문으로의 민간 자본 유입을 저해하는 효과를 낸 것이다.

이를 통해 필자가 얻은 교훈은 중소기업에 대한 정책 변화의 방향은 기존 중소기업 지원 방식을 개편하는 것뿐 아니라 정부의 기존 지원제도 규모 자체를 축소해가는 것이어야 한다는 것이다. 그것만이 시장에 의한 원활한 구조 조정과 시장의 효율적인 작동을 위해 최선책이 될 수 있다. 풍선과 같이 한쪽을 줄여서 다른 부분을 늘리면 결국 또 다른 부분의 왜곡이 초래되기 쉽다는 것이다. 따라서 현재 한국의 중소기업 문제를 근본적으로 다루기 위해서는 중소기업 지원을 위한 신용보증제도 등 각종 금융지원제도의 규모를 점차 줄여가는 것이 필요하다고 생각한다. 예를 들어 보증 비율을 현행 85%에서 50% 수준까지 점차 낮추는 한편, 신용보증의 기존 중견기업에 의한 독점 현상을 방지하는 차원에서 보증 만기를 연장하는 기업에 대해 고율의 수수료를 부과하는 방식으로 수수료체계를 개편할 필요가 있다. 근본적으로는 신용보증제도를 줄여가야 하며, 보증 규모를 연차적으로 매년 국민총산액(GDP)의 0.5% 내지 1%씩 줄여나가는 방안도 검토해보아야 한다. 그리고 중소기업에 대한 지원은 주로 중소기업의 신기술 개발 등 혁신력을 함양하는 데 우선순위를 두어야 한다.

중소기업 부문에서 국내외 경제 환경 변화에 따른 원활한 구조 조정과 퇴출이 일어나고 새로운 중소기업의 진입 기회를 확대해 경제의 활력을 유지하기 위해서는 결국 퇴출과 진입에 장애가 되는 정부의 지원 제도를 축소해가야 한다. 반면에 기존의 재원으로 중소기업의 구조 조정이 시작되면서 야기되는 문제에 대한 직접적인 지원을 늘려야 한다.

즉, 인력의 재훈련, 재취업 알선을 위한 서비스 강화, 실업보험의 확대 등 사회안전망 강화를 위한 지원 예산을 확충하는 것이다. 이는 과거 유럽의 농업지원정책의 경험에서 유사한 시사점을 얻을 수 있다. 정부의 지원이 효율성과 경쟁력의 향상을 가져오는 것이 아니라, 지원에 대한 과도한 의존으로 비효율적 생산에 대한 정부의 지원 비용만 높아진다. 결국은 농자에 대한 직접 소득 지원(소득직불제 등)이 농업에 대한 지원보다 농부의 실업 방지와 복지를 위한 정책적 목표에 더 잘 부합할 수 있게 된 것이다.

경제정책과 사회정책의 분리

앞서 중소기업정책에는 경제정책과 사회복지정책이 혼재되어 있다고 말한 바 있다. 경제정책을 표방해왔으나 실상은 사회정책의 성격이 훨씬 더 강했다. 이것을 100% 분리하는 것은 현실적으로 불가능하다. 그러나 중소기업 문제에 근본적으로 접근하기 위해서는 이를 어느 정도 분리하려는 시도가 필요하다고 생각한다. 현재 한국에서 매년 중소기업 지원을 위해 소요되는 명시적 비용만도 전체 예산의 약 1.5%에 달한다. 중소기업 지원을 위해 존재하는 기구 및 인력의 비용과 금융적 지원을 포함하면 이보다 훨씬 더 커질 것이다. 이를 중소기업에 종사하다 실직한 근로자의 복지를 위해 지출하는 것이 한계중소기업을 연명하게 하기 위해 지출하는 것보다 훨씬 효율적이며 사회정의에도 더 부합되는 길이 될 수 있다.

앞으로 중소기업정책의 방향은 크게 첫째, 기업에 대한 지원제도와 규모를 점차적으로 축소하고, 둘째, 기업에 집중된 현재의 지원 방식에서 기업에 종사해온 인력에 대한 투자와 지원을 확대하는 제도로 전환하는 것이 되어야 할 것이다. 그리고 중소기업에 대한 지원도 이들의 기술력 향상과 혁신력 함양에 우선순위를 두어야 할 것이다. 나무를 키울 때도 솎아주어야 잘 자라는 것처럼 중소기업의 생태계에서도 시장기능에 의해 퇴출이 원활히 이루어져야 한다. 그동안 한국의 중소기업 정책은 수많은 지원제도로 오히려 중소기업의 영세화를 촉진해왔다. 중소기업들이 정부의 지원 혜택을 계속 받기 위해 종업원을 늘리고 대기업화하는 것을 기피해온 경우도 적지 않다. 규모가 성장하면 회사를 둘로 나누는 경우도 있었다.

이와 관련하여 그동안 정부가 각종 지원제도를 통해 규모를 증가시켜온 중소기업에 대한 정부지원(결국은 국민의 지원)의 궁극적인 수혜자가 누구였는지에 대해서도 검토해볼 필요가 있다. 한국에서 중소기업은 대기업에 비해 분명히 약자이지만, 중소기업인들 대부분은 사회적 약자가 아니다. 중소기업은 대개 가족에 의해 소유·경영되고 있으며, 중소기업을 소유·지배하는 기업주는 대부분 우리 사회에서 부유층에 속한다. 평일에 골프장을 찾는 사람들도, 자녀를 해외에 유학 보내는 사람들도, 해외 부동산을 구입하는 사람들도 대부분 우리 사회의 고소득자에 속해 있는 중소기업인들이다. 중소기업에 대한 국가의 지원은 고용을 확대하는 측면도 있지만, 중소기업에 대한 수익성을 보조함으로써 이 중 상당한 부분이 그러한 중소기업 소유 가족에게 돌아간다.

중소기업 지원의 또 다른 궁극적 수혜자는 대기업 노조다. 앞서 말한 바와 같이 한국 중소제조기업의 약 70% 이상이 대기업의 하청중소기업이다. 이들은 대기업과의 거래 관계에서 교섭력(bargaining power)이 크게 열위에 놓여 있다. 대기업의 강경노조들이 임금 협상에서 성공을 거둘 때마다 그 비용이 궁극적으로 어디에 전가되겠는가? 물론 대기업의 생산성 증가로 흡수될 수도 있겠지만 이는 생산성 증가가 빠른 일부 대기업의 경우에 한하고, 많은 경우에 이는 부품의 납품 단가 인하로 전가되며, 결국 하청중소기업의 수익성과 노동생산성 저하로 귀결된다. 중소기업들이 한계적 상황에서 겨우 생존하게 되는 수준까지 대기업의 납품 단가가 조정될 수 있다고 본다면, 결국 중소기업에 대한 정부의 지원은 궁극적으로 대기업의 노조와 대기업 근로자의 임금 상승으로 흡수되고 마는 것이다. 한국의 중소기업 근로자 임금수준과 대기업 근로자 임금수준의 격차는 갈수록 커지고 있으며, 중소기업 근로자의 평균 임금수준은 가족의 최저생계비 수준에서 크게 벗어나지 못한다.

김대일(2008)은 외환위기 이후 노동시장의 변화와 분석을 통해 다음과 같이 주장한다.

> 노조의 임금 인상에 따른 고용 비용의 상승은 …… 가장 직접적으로는 복잡한 하청 관계를 통해 대기업 노사관계의 경제 비용이 하청 중소업체로 전가되는 효과가 심화되고 있고, 이에 따라 기업 규모별 부가가치와 임금격차가 확대되고 있다. …… 이와 같은 부정적 노동시장 성과에도 불구하고 대기업 노사관계에서 대립적 구도가 존속되고 있는 데에는 (우리나라의 대기업) 노사관계가 시장경쟁을 통한 시장규율에서 벗어나 있다는 것이 가장 중요한 원인으로 작용하고 있다. …… 특히 우리나라처럼 시장지배력을 보유한 기업이 비합리적인 대립적 노사관계에 따른 비용을 해당 노사가 아닌 소비자와 하청업체에 전가할 수 있는 경우에는 더욱더 노사가 협력할 유인이 작아질 수밖에 없다(김대일, 2008: 197~200).

어떤 경제정책이 추구하는 목표와 실제로 그 정책이 가져오는 효과가 다른 경우가 자주 있다. 이는 주로 정책이 조준하는 목표가 분명하지 않거나 정책의 설계가 잘못되어 있기 때문이다. 한국의 중소기업정책도 예외는 아니라고 생각된다. 우리의 중소기업정책이 추구하는 바는 아마도 중소기업의 건전한 발전과 성장일 것이다. 그리고 이를 통해 고용을 창출·유지하고 한국 경제의 활력을 높이며, 나아가 시장 경쟁의 효율성과 사회적 균형을 제고하고자 하는 것일 것이다. 아쉽게도 이러한 목표를 정부의 지원제도로 성취할 수 있는지에 대해서는 경제학에서도 오래된 질문 사항으로 남아 있다.

만약 우리가 지향하는 중소기업정책의 유효성을 높이려 한다면, 두 번째 정책 방향인 기업에 대한 지원보다 중소기업에 종사하는 사람에 대한 지원으로 더욱 집중화해가는 노력이 필요하다. 기업에 대한 지원은 그 기업이 외부 환경의 변화나 경영 능력의 한계로 실패할 경우 소모되어버리고 만다. 그러나 그 기업에 종사하는 근로자의 훈련과 재교육, 기술 개발을 지원하는 비용은 비록 그 기업이 퇴출되더라도 우리 사회의 인적 자산과 지식으로 남는다. 따라서 향후 중소기업 지원제도는 중소기업의 인력에 대한 훈련, 재교육 프로그램의 확대, 기술 개발과 관련한 인력에 대한 지원을 중심으로 개편하고, 여타 지원들은 점점 축소하는 방향으로 나아가는 것이 바람직하다.

중소기업의 경우 임금수준이 열악해 기술을 개발할 수 있는 능력을 갖춘 인력이 모이지 않는다. 그러다 보니 기술 개발이 되지 않고 경쟁력이 더욱 뒤처지는 악순환이 계속되고 있다. 중소기업의 기술 개발을 위한 지원도 내부의 기술 인력이 부족해 낭비되어버리는 경우가 많다. 따라서 이러한 문제에 대한 접근은, 지방대학이나 연구소가 중소기업과 협력하여 기술 개발 연구를 할 때 이에 참여하는 연구 인력에 대해 비용을 지원하는 것이 해당 중소기업에 직접 지원하는 것보다 더욱 효율적일 수 있다. 기술 개발에 실패하더라도 기술 인력의 경험과 지식을 향상시키는 효과는 남을 것이기 때문이다. 지방대학 이공계 석·박사 졸업자들이 중소기업과 직접 협력해 학위논문을 쓸 경우 이를 지원해주는 것 등이 좋은 방법이 될 것이다.

또한 어차피 많은 한계 중소기업들의 퇴출이 불가피한 이상, 업종 전환을 위한 자문 서비스, 중소기업 근로자의 재훈련, 재취업을 알선할 수 있는 프로그램과 서비스를 확대하기 위한 국가의 지원을 크게 늘려가야 할 것이다. 그리고 업종 전환이나 재취업이 어려운 근로자를 위한 복지제도를 보완하는 방향으로 정책이 개편되어야 한다. 다시 말해 그동안 중소기업정책에 내재되어 있던 사회정책 부분을 명시적으로 뽑아내어 복지 대책 확대로 추진하는 것이, 그 정책이 지향하는 수혜자 그룹에게 더 확실히 수혜가 돌아가도록 할 수 있고 정책의 목표와 효과가 좀 더 일치될 수 있다. 중소기업정책에서 경제정책 부분은 현재의 국내외 환경의 변화를 고려한 기술 개발, 인력 훈련의 부문에 집중하고, 중소기업 부문의 구조 조정이 향후 경제 활력과 잠재성장률을 높이기 위해 불가피한 만큼 이를 원활히 할 수 있도록 지원제도를 개편하는 것이다. 물론 정치적으로 어려운 과제이기는 하지만, 세계화가 빠르게 진행되어온 환경에서 한국 경제에 요구되고 있는 과제다. 그리고 이는 그동안 국내외에서 진행되어온 경제 환경 변화를 수용하고 장기적 경제 활력을 유지하기 위해 일관성을 가지고 추진해야 할 과제다.

중소기업회계의 투명화 유도

이와 동시에 추진해야 할 몇 가지 과제가 있다. 첫째로, 중소기업의 회계 투명성 제고다. 중소기업의 구조 조정을 원활히 하기 위해서는 중소기업 간 합병이나 인수가 활발히 이루어질 수 있어야 한다. 앞에서도 언급했지만, 대개 선진 산업국에서는 중소기업 간 합병이나 인수를 통해 규모의 경제가 달성되어 수익성이 향상되고 대기업으로 성장해가는 과정을 거쳤다. 그러나 한국에서는 중소기업 간 인수 및 합병이 원활히 이루어지지 않고 있다. 정부의 과도한 지원도 한 요인이 되고 있다는 것은 앞서 언급한 바다. 그러나 여기에는 다른 요인도 많이 있다. 중요한 요인 중의 하나는 바로 중소기업의 회계 및 경영의 투명성 부족이다. 기업회계가 투명하지 않고 잘 갖추어져 있지 않다 보니 기업가격의 산정이 어렵다. 여기에는 세금 탈루를 위한 목적도 있지만 불투명하고 부도덕한 거래 관행도 한몫을 차지한다. 납품과 관련한 리베이트 관행, 기업의 비용과 개인 및 가족의 비용을 확실히 구별하지 않고 사용하는 관행이 남아 있는 한 기업회계가 투명해지기 어렵고 기업가치의 산정이 제대로 이루어지지 않는다. 대기업의 경우에 거의 사라졌지만, 아직도 한국의 중소기업 같은 경우에는 기업주 개인이나 가정에서 쓰는 비용과 기업이 쓰는 비용의 구별이 제대로 이루어지지 않고 있다.

우리 사회에서 법질서의 확립이 단순히 거리의 불법 시위자에게만 해당되는 것은 아닐 것이다. 이러한 기업의 비리에 대해서도 엄격한 법의 적용이 이루어져야 한다. 나아가 과세 기반의 형평성을 높이기 위해 세정도 개선되어야 한다. 그렇게 되면 그것을 바탕으로 소득세제도 정상화될 수 있을 것이다. 앞서 말한 바와 같이 중소기업은 대기업에 비해 시장에서 약자이지만 중소기업인까지 우리 사회의 약자인 것은 아니다. 그들의 경영 행위도 엄격한 법의 적용을 받아야 한다. 그것이 우리 사회의 투명성을 높이고 시장의 효율성과 경제의 잠재성장력을 높이는 길이다.

둘째로, 우리 사회의 법률 서비스의 비용을 낮추는 일이다. 중소기업의 큰 어려움 중 하나는 대기업 간의 거래 관계에서 부당한 경우를 많이 당한다는 것이다. 많은 중소기업의 경우 물품을 납품하는 대기업이 매출의 전부 혹은 대부분을 차지하기 때문에, 부당한 거래를 강요받고서도 이를 어떻게 할 수가 없다. 거래 관계가 끊기는 것보다는 부당한 거래라도 생존이 지속될 때까지 받아들이는 것 외에 다른 대안을 찾기 어렵다. 교섭력이 절대 열위에 있기 때문이다. 때로 중소기업이 개발한 부품 기술을 대기업이 무단으로 가져가 내부에서 부품을 생산하는 경우도 있다고 한다. 이러한 경우에 중소기업은 소송을 제기하거나 법에 호소하여 스스로의 권익을 보호해야 한다. 지난 정부에서 중소기업의 교섭력을 높여주기 위한 노력이 있었다. 예를 들어 신용평가기관에 대기업이 행한 중소기업과의 부당 거래 기록을 남기게 하는 것 등이다. 그러나 높은 법률 서비스 비용도 교섭력을 높이는 데 장애가 되고 있다. 대기업은 대개 내부에 변호사를 고용하고 있거나 자문변호사를 두고 있으나, 중소기업 특히 영세기업의 경우 법률 서비스 비용이 너무 높아 이러한 부당 행위로부터 법적 보호를 받기가 어렵다.

중소기업이 대기업과의 거래 관계에서 교섭력을 높일 수 있도록 도와주는 방법을 찾기가 쉽지는 않으나, 중소기업이 소송에 필요한 법률 서비스를 좀 더 용이하게 받을 수 있게 해준다면 분명히 도움이 될 것이다. 따라서 단기적으로는 중소기업이 법률 서비스를 필요로 할 경우 그 비용이 낮아지도록 정부가 지원하는 방안을 모색해야 하며, 좀 더 장기적으로는 변호사 공급을 늘림으로써 법률 서비스 비용을 낮추어 가야 한다. 최근의 법학전문대학원 제도의 도입은 그러한 면에서 긍정적인 역할을 할 것으로 기대된다. 법률 서비스 비용을 낮추는 것은 단순히 중소기업의 협상력을 높이기 위해서만 필요한 일이 아니다. 일반 시민들이 부당한 경우를 당했을 때 법의 보호를 좀 더 쉽게 받을 수 있기 위해서도 필요한 일이다. 그래야 우리 사회에서 법질서가 확립될 수 있다. 그렇지 않은 경우 강자가 약자의 권리를 침해하는 경우가 허다해지고, 약자는 스스로를 방어하기 위해 목소리를 높여 떼를 쓰거나 길거리 시위에 나서는 것밖에 도리가 없다고 느끼게 된다.

나아가 대기업의 노조 문제도 개선되어야 한다. 대기업의 시장지배력 때문에 대기업의 노사관계에서 시장규율이 잘 적용되지 않는 상황에서 한국의 임금구조는 계속 왜곡될 수밖에 없다. 이는 대기업 중심인 한국의 시장구조가 가지고 있는 문제에도 기인하고, 더불어 대기업 노조의 협상력을 높이는 제도에도 문제가 있다고 생각한다. 대기업 노동시장이 경직되어 있다 보니 대기업은 높은 임금을 지불하고 또한 많은 고용 조정 비용을 치르게 되며, 이의 비용은 점점 더 늘어나는 비정규직 근로자와 중소기업 근로자에게 전가되고 있다. 결국 대기업 노조의 강한 협상력은 임금노동자 간의 이중구조와 양극화를 심화시키고 있다. 이 문제에 대해서는 다음 장에서 더 자세히 논하겠지만, 대기업의 노사문제가 개선되면 중소기업정책의 부담도 많이 줄어들 것으로 기대된다.

제8장 **노사관계**

노동시장의 경직성과 파행적 노사 관행은 한국 경제가 안고 있는 또 다른 주요 난제다. 얼마 전까지 외국 신문에 가장 자주 등장하는 한국 경제 관련 사진은 머리에 붉은 띠를 두르고 주먹을 불끈 쥔 대기업 노조의 투쟁 모습이었다. 앞서 논한 재벌이나 중소기업의 문제와 같이 이 역시 한국 경제의 발전 과정이 남긴 유산의 한 모습이다. 한국의 노동운동은 1980년 중반까지 억압되었다. 노동자들은 열악한 환경에서 장시간의 노동을 견뎌야 했고 노동 3권은 충분히 보호받지 못했다. 우리는 이러한 노동자들의 희생 위에 세계경제사에 유래를 찾아보기 어려운 빠른 산업화와 경제성장을 이루어냈다.

1987년 민주화와 더불어 노동쟁의는 오랫동안 지하에 뜨겁게 갇혀 있던 용암이 분출하듯 터져 나왔다. 그리고 20여 년이 흘렀다. 지난 수년간 한국은 노사분규의 발생 건수, 분규 참가자 수, 이로 인한 근로손실일은 줄어드는 추세를 보이고 있으나, 아직도 노동쟁의로 인한 손실일수는 이탈리아, 스페인과 함께 OECD 국가 중 최고 수준을 기록하고 있다.² 2002~2006년 근로자 1,000명당 근로손실일수는 OECD 평균이 31일인 데 비해 우리는 83일을 기록하고 있다(노동부, 「노사분규 DB」).

현재 노동 부문의 문제는 한국의 국가경쟁력을 제한하는 중요한 요인으로 지적된다. IMD의 국가경쟁력 비교에 의하면 한국의 2006년 국가경쟁력 순위는 38위로 평가받고 있다. 반면 노사관계의 경쟁력은 최하위인 것으로 평가되었다. 그리고 이러한 노사관계의 경쟁력 순위는 해가 갈수록 떨어지는 것으로 나타난다(2000년 44위, 2001년 46위, 2002년 47위, 2003년 59위, 2004년 60위). 마찬가지로 산업정책연구원(IPS: The Institute for Industrial Policy Studies)의 평가에 의하면 한국의 전체 경쟁력 순위는 22위이지만, 근로자 부문 평가 순위는 총 66개국 중 61위를 차지하고 있다(산업정책연구원, 2005).

그동안 정부는 노사문제를 개선하기 위해 다각적인 노력을 시도해왔다. 1996년 12월 김영삼 정부에서 노사관계위원회의 논의를 토대로 시도된 노동 관계법 개정은 국회 통과 후 노조의 격렬한 반대에 부딪혀, 3개월 후에 다시 정리해고제를 유예하고 상급 복수노조를 허용하는 수정안이 통과되었다. 외환위기 이후 정부는 노사정위원회를 구성하고 이를 통해 노측과 사측 간의 대화와 타협을 통해 노사관계에 관한 법제도와 관행의 개선을 시도해왔다. 노사정위원회는 1998년 외환위기 때 시급한 상황에서 정리해고 요건의 완화 등 노사의 합의를 이끌어 위기

---

2 한국의 노조 파업에 의한 근로손실일수는 현대-기아자동차 등 몇몇 대기업을 제외하면 최근에는 빠른 안정화 추세를 보이고 있다.

를 극복하는 데 도움을 주었고, 지난 정부에 들어서서는 노사정 대화의 우여곡절 끝에 2006년 12월 '노사관계선진화법'에 대한 합의를 끌어내기도 했다. 그러나 정작 그동안 노동 부문의 개혁과 관련해 주요한 쟁점이 되어왔던 부분들에 대해서는 합의를 끌어내지 못했으며, 2006년 제정된 '노사관계선진화법'은 2007년부터 시행하기로 되어 있던 노조전임자 급여 문제 등의 시한에 쫓겨 최소한의 합의를 입법화하는 데 그쳤다.

노동 부문: 무엇이 문제인가

한국의 노사관계 문제는 법제도와 그동안 노사 간에 정착된 관행에서 기인하는 문제가 뒤엉켜 있어 이를 풀어내기가 쉽지 않다. 또한 앞서 논한 경제 문제들과 마찬가지로 이러한 관행은 과거 성장정책과 개발 과정에서 비롯된 구조적 환경에 뿌리를 두고 있는 것이기 때문에, 그 역사성을 고려하지 않고 해법을 찾아나가려 하면 항상 벽에 부딪히게 된다. 예를 들어 한국에서는 회사가 노조전임자들에게 급여를 지급하고 노조의 운영비를 지원하는 등 다른 나라에서 찾아보기 어려운 관행이 자리 잡았다. 개별 기업들이 독자적으로 이 관행을 바꾸기는 어렵기 때문에 1997년 노동관계법 개정에 의해 사용자로부터의 경비 원조, 노조전임자에 대한 급여 지급 및 노조운영비 지원 등을 부당 노동 행위로 금지하게 되었다. 그러나 이 법의 적용은 2006년 말 노사 간 합의로 2009년 말까지 유예되어버렸다.

부당 노동 행위가 있더라도 국가가 이에 대해 법 적용을 제대로 엄격히 하지 못하는 경우가 흔히 있어왔다. 이것은 노측의 부당 행위뿐만 아니라 임금을 체불하고 부당하게 근로자를 내쫓는 중소기업주 등 사측의 부당 행위에 대해서도 마찬가지였다. 대기업의 사측은 사측대로 과거 비자금 조성 등 스스로의 도덕적 정당성을 확보하지 못해, 노조와의 협상에서 원칙을 지키지 못하고 쉽게 타협하는 경우도 왕왕 있었다. 노조를 달래어 적당히 파업을 무마하는 관행이 정착되어오다 보니 이상과 같은 파행적인 노사 관행이 자리 잡게 된 것이다.

우리 사회에서 법질서의 엄격한 적용의 부재는 비단 노동쟁의에만 해당되는 문제가 아니다. 예컨대 도시의 동네 좁은 길 구석구석마다 당국이 주차를 금지한다는 팻말을 붙여놓고 노란 선을 그어놓았는데도, 주민이 반발한다는 이유로 불법 주차를 거의 단속하지 않고 방치해 유사시 소방도로의 기능이 마비되고 있는 것도 바로 이와 유사한 우리 사회의 한 단면을 보여주는 것이다. 따라서 노동 부문에만 유독 엄격한 법질서의 확립을 요구하기도 쉽지 않다. 그러나 한국에서 노동 부문의 문제가 기업과 국가의 경쟁력을 제한하는 주요한 요인이 되고 있는 것은 분명하며, 이를 개선하기 위해서는 역시 법제도의 개선과 엄격한 적용, 파행적 관행의 토양이 되어온 환경을 개선하려는 노력부터 해야 할 것으로 보인다.

한국의 노사관계에서 개선을 요하는 가장 두드러진 문제점으로는 다음과 같은 몇 가지를 들 수 있을 것이다. 첫째, 앞서 지적한 바와 같이 높은 파업 성향이다. 다른 나라들에서는 지난 10년간 파업 성향이 낮아지는 데 비해, 한국은 외환위기 이후 오히려 높아지는 경향을 보였다. 지난 2004년을 정점으로 이러한 추세는 안정되어가고 노사분규 및 노동손실일수는 줄어들고 있으나, 아직도 한국의 파업 성향은 높은 편이다(조성재, 2007). 이것이 우리 기업의 경쟁력, 외국인 투자의 유치경쟁

등에 주요한 애로 요인이 되고 있다. 둘째, 상급 노조 단위의 정치화가 심하고, 그 결과 노사분규가 발생했을 때 합리적 대화와 타협이 쉽지 않다는 것이다. 한국의 노동쟁의는 상당 부분 작업장 단위의 노사 갈등보다 정부정책에 대한 노조의 집단행동 등 노정 간의 갈등의 양상을 보여왔다. 셋째, 노동시장 내부의 양극화 문제가 깊고 이것이 점점 더 심화되어왔다는 것이다. 정규직과 비정규직, 대기업 근로자와 중소기업 근로자 간의 양극화가 심화되어왔으며, 이는 나아가 우리 사회 전체의 빈부 격차 심화와 고용의 질 저하, 사회 안정을 저해하는 요인으로 작용하고 있다.

높은 파업 성향

한국은 노조 조직률이 다른 나라에 비해 크게 낮은 데 비해 노사분규의 발생과 근로손실일수는 다른 나라들보다 훨씬 높다. 표 8-1에서 보는 바와 같이 한국의 노조 조직률은 2002년 11%로서 대만 38.4%, 일본 20.2%, 영국 29%에 비해 크게 낮으며, 노조 조직률이 낮은 미국(13%)에 비해서도 낮다. 그리고 이 비율은 다른 나라에서와 같이 지속적인 하락세를 보이고 있다. 반면 한국의 파업 성향은 표 8-2에서 보는 바와 같이 다른 어느 나라보다도 높다. 파업이 거의 일상화된 것으로 알려진 이탈리아와 거의 비슷한 수준을 보여왔다.

이러한 높은 파업 성향은 지난 3~4년간 상당한 개선을 보이고 있다(대통령자문 정책기획위원회, 2008). 특히 사업장 단위 단체교섭 관련 노사분쟁은 2004년 이후 매우 안정적으로 관리되어왔다. 2006년 자동차업계의 분규가 장기화함으로써 근로손실일수가 일시적으로 상승하는 모

표 8-1 노조 조직률 국제 비교

구분	1990	1991	1992	1993	1994	1995	1996	1997	1998	1999	2000	2001	2002
미국	16.1	16.1	15.8	15.8	15.5	14.9	14.5	14.1	13.9	13.9	13.5	13.4	13.2
영국	38.0	37.0	36.0	35.0	33.0	32.1	-	27.3	26.9	27.0	29.5	29.1	29.0
독일	37.5	41.6	40.1	38.4	37.2	36.0	35.3	28.2	27.1	26.1	22.4	22.7	22.3
프랑스	9.8	-	-	-	-	9.1	-	-	-	-	-	8.0	8.0
한국	18.4	17.2	16.4	15.6	14.5	13.8	3.3	2.2	2.6	11.9	12.0	12.0	11.0
호주	41.0	-	40.0	-	35.0	33.0	31.0	30.3	28.1	25.7	24.7	24.5	23.1
일본	25.2	24.5	24.4	24.2	24.1	23.8	23.2	22.6	22.4	22.2	21.5	20.7	20.2
싱가포르	16.3	16.4	16.8	17.1	16.4	15.7	17.1	14.2	14.6	15.4	15.0	16.5	19.3
대만	43.3	48.0	48.1	44.5	48.9	46.6	44.6	42.2	41.1	40.0	38.5	39.4	38.4

주: 2003년 한국의 노조 조직률은 11.0%임.
자료: 조준모(2006: 92).

표 8-2 전 산업 1,000인당 근로손실일수 국제 비교

구분	평균				
	1986~1990	1991~1996	1997~2001	2002~2006	1997~2006
한국	470.5	133.4	97.0	83.0	90.0
덴마크	204	43	292	38	164
프랑스	105	88	20	10	15
독일	4	15	1	6	4
아일랜드	219	109	86	15	47
이탈리아	264	175	62	111	88
네덜란드	14.3	27	5	11	8
스페인	474	403	178	164	170
스웨덴	244	46	4	34	20
영국	117	29	14	28	21
호주	88	131	65	40	46
일본	4	2	1	0	1
미국	65	42	54	15	34
OECD 평균	123	63	43	31	37

주 1) 몇몇 피용자 수치는 추정되었음.
  2) 자료를 이용할 수 있었던 각각의 연도들의 연평균치를 고용으로 가중하여 계산함.
자료: 노동부, 「노사분규 DB」.

습을 보이기는 했으나, 2004년을 정점으로 안정적 추세를 보이고 있다. 현대-기아자동차 등 몇몇 대기업 노사분규를 제외하면 한국의 노사관계는 수치상 상당히 안정화되어가고 있다고 볼 수 있다. 이는 노동쟁의와 노조활동에 대한 국민의 여론적 지지가 크게 줄어들고, 지나친 노동쟁의가 우리 경제에 부정적 영향을 미치고 있다는 대중적 인식에도 영향을 받은 것으로 보인다. 또한 지난 정부에서 노사정위원회를 통해 대화의 노력을 계속했고, 개별 분쟁에 대한 정부의 개입을 자제했으며, 2004년 이후 부당 노동 행위에 대해 법질서를 보다 엄격히 적용하려 노력한 것도 제도적 절차에 따라 갈등을 조정하려는 질서가 조금씩 자리 잡고 노사분쟁이 안정적으로 관리되는 데 기여한 것으로 보인다.

또한 그동안 한국의 과격한 노사분쟁의 장이 되어온 대기업들이 지난 수년간 높은 수익을 올림으로써, 노조의 요구를 수용할 수 있는 여력이 비교적 높아진 것도 한 요인이 된 것으로 보인다. 나아가 한국 대기업들의 경영투명성이 높아지면서, 노조에 대해 상대적 협상력이 제고된 것도 파업 성향을 줄이는 요인이 되었을 것으로 보인다. 현재의 경직적인 고용보호법제는 실질적으로, 조직화되어 있는 대기업의 정규직을 중심으로 한 근로자에게 주로 적용되고 있다. 반면 중소기업들은 경영사정이 어려움에 처해 있는 경우가 많고 노조의 조직률도 낮아 대기업에 비해 고용의 경직성이 훨씬 낮은 편이다.

이러한 추세가 자리 잡아가고 있는 것은 대단히 바람직스러운 일이다. 그러나 아직도 상대적인 관점에서 보면 한국의 파업 성향은 대단히 높고 쟁의가 격렬할 뿐 아니라, 이것이 외국인 투자의 유치에 중요한 장애 요인이 되는 동시에 한국 제조업의 해외 이전을 촉진하는 요인이 되고 있기도 하다. 특히 한국의 노사쟁의는 대기업을 중심으로 많이 일어나고 있어, 이러한 현상의 지속은 결국 양질의 일자리를 해외로 이전시키고 국내에 남는 일자리는 점점 열악해지는 결과를 낳아, 결과적으로 사측과 노측 모두에게 도움이 되지 않는다.

상급 노조단위의 지나친 정치화

한국의 노조활동은 처음부터 정치성이 강했다. 오랜 기간의 개발독재체제하에서 노조활동이 탄압을 받아왔고, 이는 자연히 노조활동과 민주화투쟁이 접목되게 했다. 민주화 이후에도 이러한 성향은 지속되어 노조가 사회정책적 이슈로 파업을 단행하는 일이 빈번했다. 또한 민주화 이후 노조의 쟁의는 이른바 '선 파업 후 교섭' '벼랑끝 전술', '전투적 조합주의'로 표현되는 격렬한 방식으로 확산되면서, 노사 간 대립과 갈등이 지속되고, 정부가 수출경쟁력 유지를 위한 임금 안정과 사회안정을 위해 노동쟁의에 자주 개입하게 되었다. 그 결과 '불법 파업-공권력 개입'의 악순환이 지속되었고 노동운동의 정치화도 고착되었다. 외환위기를 계기로 우리 경제에서 구조 조정과 노동시장의 유연화가 주요 과제로 떠오르면서 고용안정을 둘러싼 노사 및 노정 간 대립이 심화되었으며, 이와 관련한 대형 분규가 끊이지 않았다. 민주노총과 한국노총 간의 선명성 경쟁과 이들 조직의 내부 문제는 대정부 투쟁을 강화해온 요인이 되기도 했다. 상급 노조는 개별 기업 단위의 근로자 복지 문제와 상관없이 장관의 퇴진이나 정책의 철폐 투쟁을 흔히 주도해왔다. 최근의 미국산 쇠고기 수입 파동과 관련해 반대 시위에 주동적으로 참여한 것 등이 좋은 예다. 이러한 노조활동의 정치화는 노사정 간 합리적인 대화와 타협을 어렵게 하는 주요 요인이 되어왔다.

노동시장 내부의 양극화

세계화와 더불어 세계 어느 나라에서나 부와 소득의 양극화가 심화되고, 임금근로자 간에도 소득 격차가 벌어지고 있다. 이는 한국에서 지난 10년간 더욱 심각한 문제로 대두되고 있다. 특히 임금근로자 간 소득 격차, 즉 대기업 근로자와 중소기업 근로자, 그리고 정규직 근로자와 비정규직 근로자 간의 임금 및 고용의 질의 양극화가 점점 심해지고 있다. 이러한 문제가 야기된 것은 노동 부문의 외적 요인, 즉 성장잠재력의 약화, 시장 환경의 변화, 중국의 부상 등으로 인한 산업구조적인 문제(즉, 대기업과 중소기업, 경공업과 중화학공업의 성과 격차)에 따른 것이기도 하지만, 노동 부문 내부의 경직성에서 기인하는 바가 크다.

그림 8-1에서 보는 바와 같이 10~29인을 고용하는 사업체의 임금을 100이라고 할 때, 500인 이상 대기업의 임금은 1997년 138.3을 기록했으나 2004년에는 그 값이 171.1로 상승했다.

고용 형태별로도 상용직 대비 일용직 임금 비율은 2000년의 42.3%에서 2004년에는 38.3%로 차이가 확대되었으며, 상용직 대비 임시직의 임금 비율도 유사한 추세를 보이고 있다(그림 8-2 참조).

고용안정성에서도 이러한 양극화는 심화되고 있다. 외환위기 이후 전체 임금근로자의 평균 근속 기간이 짧아졌지만, 정규직일수록 고용안정성을 신속히 회복한 것으로 나타나 정규직 근로자와 비정규직 근로자 사이의 고용 불안정성의 양극화가 심화된 것으로 나타나고 있다. 무엇보다 지난 10년간 임시직·일용직 근로자의 비중이 크게 늘어나고 있다(그림 8-3 참조). 1993년 41.1%에서 2000년에는 52.1%로 늘어났다. 2000년을 정점으로 지난 수년간 다소 하향 안정세를 보이고 있기는 하

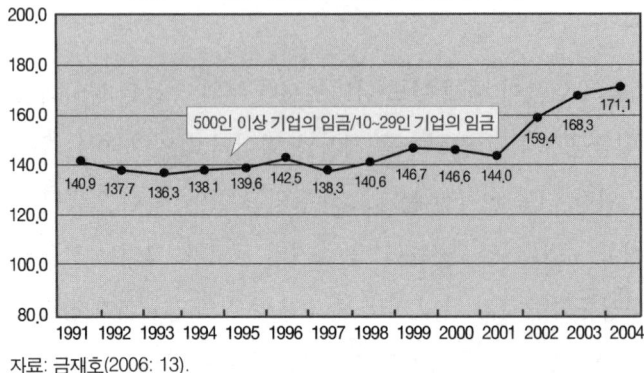

그림 8-1 기업 규모와 임금의 상대적 크기

자료: 금재호(2006: 13).

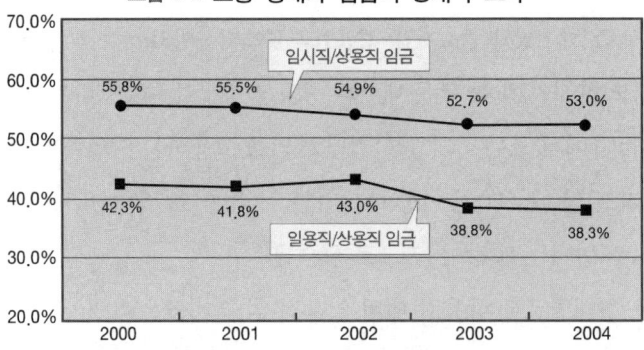

그림 8-2 고용 형태와 임금의 상대적 크기

자료: 금재호(2006: 14).

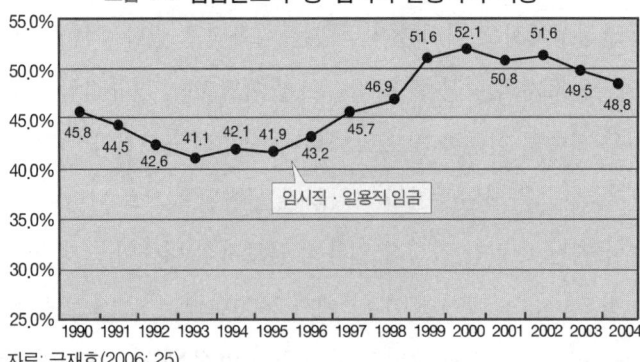

그림 8-3 임금근로자 중 임시직·일용직의 비중

자료: 금재호(2006: 25).

지만(2005년 48.8%) 여전히 높은 수준을 유지하고 있다. 한국의 임금근로자에는 임시직·일용직의 비중이 약 절반을 차지하고 있다. 정규직과 비정규직 근로자의 기준에서 보면 비정규직 근로자의 비율은 2001년 26.8%에서 2005년 36.6%로 크게 늘어났다. 여기에 더해 높은 영세자영업자의 비율은 한국의 고용안정성이 전반적으로 상당히 낮음을 시사한다. 대기업 정규직 근로자와 여타 근로자 간의 임금격차, 고용안정성에서의 양극화 심화는 우리 사회 전반의 양극화를 심화시키는 주요인이 되고 있다.

　이러한 양극화의 원인은 크게 세 가지로 나누어볼 수 있다. 첫째, 세계화, 정보화의 빠른 진전과 이에 따른 국내외 경제 환경의 변화다. 1990년대 이후 우리 경제도 이러한 변화에 따라 생산요소의 양적 측면보다 질적 측면이 중요해지면서 인력과 기술의 차이가 성과에 미치는 영향이 확대되었으며, 중국의 부상 등으로 경쟁이 치열해지고, 기업의 인력 활용 양태가 변화하여 노동집약적 산업의 구조 조정이 이루어지고, 외국인 산업근로자들의 유입으로 저기술·비숙련노동의 임금이 정체된 것을 한 요인으로 들 수 있다. 둘째, 우리의 수출 주력 산업이 IT 등 고기술 분야로 옮겨가면서 수출의 고용 창출 효과가 낮아지고, 또한 잠재 경제성장률이 떨어짐에 따라 기업의 고용 흡수력이 낮아졌다. 그 결과 고기술근로자와 비숙련노동자의 처우에 차이가 확대되어왔다. 셋째, 노동시장 내부요인으로 법제도 및 관행의 경직성을 들 수 있다. 경직적인 고용보호법제 아래에서 고용 조정으로 기업은 경영 환경의 변화에 신속하게 대응하기 어렵고, 또한 정규직 근로자의 임금 비용이 생산성에 비해 높기 때문에 기업은 정규직보다는 비정규직 근로자를 선호해오고 있다. 더불어 생산공정의 일부를 낮은 임금에 근로자를 고용하는 중소하도급업체에 아웃소싱하여 생산비 경감을 추진하게 된다. 대개 대기업은 독점적 위치에서 중소하청업체에 대해 강력한 협상력을 행사하기 때문에, 흔히 대기업의 임금 인상에 따른 부담은 하청중소기업의 납품 단가 인하로 전가된다. 따라서 대기업 노조활동이 강해지고 임금이 상승할수록, 이는 오히려 비정규직 근로자를 늘리고 중소기업 근로자들의 임금수준을 열악하게 하는 효과로 나타난다.

노사관계 및 노동시장 여건의 개선 방향

이상과 같은 한국 노동 부문의 과제를 개선하기 위해서는 무엇보다 대기업 및 공공 부문의 정규직을 중심으로 한 노동시장의 경직성을 완화해주려는 노력이 강화되어야 할 것으로 보인다. 이는 물론 노사정 간 충분한 대화를 거쳐 타협을 이루어가야 할 것이다. 그러나 여태까지의 경험을 볼 때 이러한 대화와 타협의 과정은 대단히 힘들고, 타협은 결국 담합에 의해 문제를 해결하기보다 유예시키는 쪽으로 기울어져왔다. 따라서 정부가 이러한 과정에서 좀 더 주도적인 역할을 강화해가야 할 것으로 보인다.

시간이 흐름에 따라 전투적 노조운동, 상급 노조의 강경한 노정 투쟁은 점점 대중적 지지 기반을 잃어갈 것으로 예상된다. 우선 제조업의 우리 경제 전체에서 차지하는 비중이 향후 더욱 축소되어갈 전망이고, 제조업 중에서도 점점 고기술, 정보산업 등의 비중이 커질 것으로 예측되기 때문에, 결국 제조업 분야에서의 노동의 수요, 특히 비숙련노동의 수요는 점점 더 줄어들 것이다. 영국에서도 1980년대 들어 노조의 빈번한 쟁의 활동이 줄어든 것은 대처 수상의 강경한 대응도 주효했지만 무엇보다 당시 영국의 경제구조가 이미 비제조업화, 지식서비스업 중심의 성장 패턴으로 접어들었기 때문으로 분석된다. 따라서 과거 한국 노동 부문의 큰 과제였던 높은 파업 성향, 전투적인 파업 행태와 노사 간의 격렬한 대립, 상급 노조의 지나친 정치화 문제 등은 시간이 흐를수록 그 지지 기반이 약해져 점차 개선될 것으로 예상된다. 그리고 이미 그러한 추세는 2004년을 기점으로 조금씩 나타나고 있다.

그럼에도 불구하고 노동 부문에서의 양극화와 이것이 초래하는 우리 사회 전체의 양극화의 심화 문제, 여전히 남아 있는 고용의 경직성으로 인한 기업경쟁력 저하의 문제는 정부와 기업, 노동계가 함께 힘을 합쳐 풀어가야 할 중요한 과제로 남아 있다. 지난 2006년 12월 노사정 간의 합의로 타결된 '노사관계선진화법'은 노동 부문이 안고 있는 문제를 제대로 해결했다고 할 수 없다. 오히려 지난 정부에서 시간에 쫓겨 타협이 가능한 부문을 중심으로 최소한의 진전을 이루어낸 것이라고 볼 수 있다. 해고 요건과 고용의 경직성 문제에서 큰 진전을 보지 못한 가운데 비정규직 보호법안을 비슷한 시기에 입법화함으로써, 오히려 노동시장 전체로 볼 때 고용의 경직성은 더 높아졌다고 볼 수 있다.

비정규직을 보호하기 위해 이에 대한 고용 규제를 강화하면 결국 기업은 스스로를 방어하기 위해 또 다른 방법으로 이들의 정규직 고용을 회피하려 할 것이며, 그 피해는 결국 정규직을 얻지 못하는 근로자에게 돌아간다. 따라서 비정규직의 증가로 발생하는 근로자들 간의 양극화, 그리고 대기업과 중소기업 근로자 간 임금의 양극화는 결국 대기업 정규직 부문에서의 고용경직성을 완화하는 방향으로 풀어야 할 것으로 보인다. 정규직의 해고가 좀 더 유연해지면 기업은 정규직 고용에 대해 좀 더 적극적으로 대하게 될 것이며, 그 결과 고용에서 정규직의 비중이 늘어날 수 있다. 대기업 고용의 유연성이 높아지고 대기업 노조의 상대적 협상력이 줄어들면 대기업과 중소기업 간의 임금격차도 줄어들고, 특히 대기업 강경노조의 임금 인상 요구를 수용함으로써 발생하는 비용을 하청중소기업에 전가하는 경제적 압력도 줄어들 것으로 보인다.

따라서 현재 남아 있는 노동 부문의 가장 중요한 과제는 바로 대기업과 공공 부문을 중심으로 고용의 유연성을 개선하는 것이며, 이는 법제도의 개선, 임금체계의 개선, 노사 관행의 개선 등으로 접근해볼 수 있을 것이다.

법제도의 개선

정부는 2003년 '노사관계제도선진화 연구위원회'를 발족하고 노동관계법과 제도의 개선 방안을 마련하도록 했으며, 이와 병행하여 노사정위원회도 노사관계 발전을 위한 중장기 방안을 마련하기 위해 '노사관계발전추진위원회'를 발족했다. 이후 연구위원회가 마련한 '노사관계법·제도 선진화 방안'을 중심으로 노사정위원회에서 노사정 각 대표들이 여러 차례 회합과 토의를 거쳤다. 그러나 원래의 안에 대해 이견을 좁히지 못하고, 우여곡절 끝에 최소한의 타협안을 찾아 2006년 12월 '노사관계선진화법'을 국회에서 통과시켰다.

무엇보다 아쉬운 것은 오랜 기간의 노력에도 불구하고 이 법이 그동안 한국 노동 부문의 주요 과제였던 고용의 유연성 개선이라는 측면에서 큰 진전을 가져오지 못했다는 것이다. 그리고 그동안 노사 간에 첨예한 의견 대립을 보였던 복수노조 및 노조전임자 문제에 대해서는 시행을 2009년 말까지 다시 유예하기로 했다. 파업의 장기화에 대해서도 직권중재를 폐지하고, 대신 필수공익사업에 혈액공급사업, 항공운수 사업 등을 포함시키는 데 그쳤다. 필수공익사업에 대한 대체근로 허용도 파업자의 50% 내로 허용 한도를 설정하는 데 그쳤으며, 경영상 해고 시 사전 통보 기간도 60일에서 45일, 30일, 15일로 줄이는 안이 제시되었으나 일률적으로 50일로 줄이는 개선에 그쳤다. 노사정 타협을 통해 개선안을 법제화한 것은 긍정적으로 평가할 수 있으나, 그 내용은 실제 우리 노동 부문의 과제를 개선하기에 크게 미흡한 것이라 평가된다.

현재 한국의 법제도에서 무엇보다 개선되어야 할 문제는 크게 두 가지라고 생각된다. 첫째, 고용 조정의 유연성을 확대하는 것, 둘째, 대체근로 허용 대상을 확대하는 것이다.

정리해고의 요건은 그동안 대법원 판례 등으로 사실상 많이 완화된 것이 사실이다. 국제적인 기준에 비해 크게 경직적이라고 할 수는 없다. 다만 우리의 노사 관행상 많은 비용을 지불하고서야 이를 실행할 수 있다는 것이 문제다. 기업이 이미 경영상 어려움을 겪고 나서 정리해고를 할 수 있게 되는 것은 기업이 경쟁력을 확보하는 데 큰 보탬이 되지는 않는다. 경영상의 어려움에 대한 조금 더 넓은 해석과 정의가 필요하지 않을까 생각한다. 그리고 실질적으로 고용 조정을 어렵게 하는 것은 노동법에 의한 제한보다 노사 간의 단체협약에 의한 제한 때문인 경우가 많은데, 이에 대해서는 향후 점진적인 단체협약의 재조정이 필요할 것으로 보인다.

해고의 유연성을 제고하기 위한 법제도의 개선에서는 무엇보다 개별해고에 대한 유연성을 확보해주어야 한다고 생각한다. 기업이 경영상의 어려움에 처하지 않더라도, 기업에 필요 없다고 생각하거나 말썽을 일으키는 근로자, 나태한 근로자 등 기업의 효율적 경영에 부정적 영향을 미치는 근로자를 기업이 정당하게 해고할 수 있는 길을 열어주어야 한다. 한국에서는 「근로기준법」에 고용주가 '정당한 사유' 없이 근로자를 해고했을 경우는 부당해고 행위에 해당하고 이는 형사처벌의 대상이 된다. 「근로기준법」상의 이러한 규정을 철폐하고 이를 고용인과 피고용인 간의 개별적 고용계약의 문제로 넘기는 것이 옳다고 생각한다. 이미 고용되어 있는 근로자의 경우 현재의 해고 요건을 존중해주되, 새로 고용되는 근로자의 경우에는 좀 더 유연한 해고 조건을 적용하는 것과 동시에 실업보험 대책을 강화하는 등의 노동시장 유연성 강화를 위한 접근 방식을 고려해봐야 할 것이다.

대체근로도 현재는 필수공익사업에 한하여 허용되며, 그 필수공익사업의 범위도 극히 제한되어 있다. 이의 범위를 확대해야 한다고 생각한다. 단순히 필수공익사업뿐 아니라 노조가 불법파업을 했을 때 일반기업의 경우에도 대체근로자를 사용할 수 있도록 해주어야 할 것이다. 이렇게 할 경우 대기업 강성 노조의 협상력을 줄이고, 그 결과 불법파업과 부당쟁의를 줄일 수 있을 것이다. 나아가 대기업 노조의 강성 쟁의 활동과 이로 인한 임금의 지나친 인상이 줄어들면 하청중소기업 근로자들에게 임금 인상의 비용이 전가되는 현상도 그만큼 줄어들 것으로 본다.

임금체계의 개선

한국의 대기업과 공공 부문은 외환위기 이후 성과급과 직무급제도를 도입했으나 아직도 대부분의 기업은 기본적으로 연공급체계를 벗어나지 못하고 있다. 연공급 위주의 임금체계하에서 근속년수가 일정 기간을 초과하면 임금이 생산성을 초과해, 이는 중·고령자 조기 퇴출 및 비정규직 선호의 요인으로 작용하고 있다. 직장에서 퇴출된 근로자의 경우 대부분 자영업 분야로 진출하거나 전 직장의 임금보다 훨씬 낮은 저임금 직장으로 옮기게 되어, 생존한 근로자와 퇴출된 근로자의 임금격차가 확대되고, 이는 양극화 심화의 한 요인이 된다.

따라서 임금체계의 유연성 개선은 노동 부문의 양극화 심화를 줄이는 중요한 방도가 될 수 있다. 임금경직성으로 인한 소득 양극화의 문제를 완화하기 위해서는 임금이 가능한 한 근로자의 생산성과 일치하도록 임금체계를 혁신해야 한다. 이를 위해서는 각 작업장에서의 정확한 직무 분석을 통한 기초 자료의 축적과 이를 위한 노사 간의 협력이 중요하다. 이론적으로 보면 임금이 생산성과 일치한다면 기업은 근로자를 해고할 이유가 없다. 따라서 생산성과 임금이 일치하도록 임금체계를 유연화하려는 노력이 근로자의 고용을 보호하고 기업의 경쟁력을 확보하며, 나아가 소득 양극화를 완화하는 가장 근본적인 방안이 될 수 있다.

노사 관행의 개선

노조전임자 급여 지급을 부당 노동 행위로 금지하는 문제는 2009년 말 유예기간이 지나면 반드시 노사 관행으로 정착되어야 할 과제라고 생각한다. 노조는 스스로 노조전임자에 대한 급여를 지급해야 한다. 지금과 같이 노조가입률이 낮고 또 이것이 점점 줄어드는 추세에서 노동계가 이에 대해 우려를 가지고 있는 것은 충분히 이해되는 일이다. 그러나 이는 한국의 노사관계가 선진화·정상화하기 위해서는 반드시 정착해가야 할 과제다. 잠정 기간을 정해 이 기간 동안 최소 범위 내에서 '부당 노동 행위'의 예외로 인정하는 유급 전임자를 둘 수는 있을 것이다. 그 수는 조합원 수의 규모에 따라 향후 노사 간 협의를 거쳐 결정되어야 하겠지만, 조합원 수가 일정 규모 이하인 경우(예를 들어 100인 이하)에는 유급 전임을 부인하고 시간 전임제 등을 인정하는 것도 고려해 볼 수 있을 것이다.

현재 노조법상 사용자가 전임자에게 임금을 지급하는 행위는 법의 저촉을 받지만, 부당한 전임자 임금 지원을 요구한 노동조합에 대한 처벌 규정은 없다. 이런 상태에서 이 법의 유예기간이 끝나 사용자에 의한 전임자 임금 지급을 완전 금지한다고 하더라도, 법을 어기는 전임자 지원에 노동조합이 소를 제기할 가능성은 매우 낮을 것으로 보인다. 따라서 2009년 이 법의 유예기간이 끝나기 전에 진행될 제도 논의에 부당한 전임자 임금 지급을 요구하는 노조 행위를 규제할 제도적 장치도 있어야 할 것으로 보인다.

노사관계 개선의 전체적인 방향은 대기업의 노조가 지나친 강경투쟁을 지속하지 않도록 제도적인 개선을 해나가는 것이어야 하나, 사용자 측에서도 노력해야 할 부분이 많다. 무엇보다 기업회계와 경영을 더 투명하게 해야 한다. 그렇지 못할 경우 노조의 부당 행위에 대해 노사가 담합하여 건전한 노사 관행의 정착을 저해하는 경우를 피하기 어렵다. 또한 사측은 협력적 노사관계 문화를 위해 근로자를 존중하는 문화를 정착시키고, 기업경영 상황에 대한 정보를 적절히 공유함으로써 일체감을 높이려는 노력을 강화해야 한다. 경영 정보를 경중에 따라 등급을 나누어 노조와 근로자에게 제공하고, 회사 발전을 위한 비전 수립에도 근로자를 참여시켜야 할 것이다. 단체교섭 사항에 대해서도 사전 대화와 협의를 통해 충분히 의견 접근을 하는 관행을 정착하도록 해야 할 것이다.

체불임금에 대한 행정의 실효성도 강화해야 할 것으로 보인다. 나아가 근로자에 대해 임금과 퇴직금을 체불하는 사용자에 대해 적시에 적절한 제재가 가해질 수 있도록 체불임금에 대한 행정의 실효성을 높이는 방안도 꾸준히 강구해야 할 것이다.

산별노조 확대의 견제

앞서 재벌 문제를 다루면서 지난 20년간 한국의 공적권력은 분산화해온 반면, 시장권력 및 사적권력은 오히려 집중화해왔다고 언급한 바 있다. 그리고 이것이 세계화 시대의 국내외 환경 변화에서 시의적절한 개혁을 이루어내야 하는 국가 기능을 점점 위약하게 해왔다고 언급했다. 노동 부문에서도 지난 20년간 비슷한 상황의 변화 추세를 보였다. 산별노조의 확대, 중앙단위노조의 정치화, 제3자 개입 허용은 노조권력의 집중화를 가져왔다. 사업장 규모나 고용 형태에 관계없이 동일한 산업에 종사하는 근로자를 하나의 조합 단위로 하는 전국적인 규모의 산별노조의 확산과 제3자 개입의 확대는, 노동조합의 쟁의가 고용주와 근로자 간의 임금 및 근로 조건에 관한 단순한 쟁의와 협상을 넘어 자주 정치적 쟁점을 다루면서, 노조의 정치화를 강화해왔다. 산별교섭의 상대방인 사용자 단체가 제대로 구성되어 있지 않은 상태에서 산별노조가 확대되어, 이중파업, 3중교섭 등 교섭 비용을 확대시키며 노사 갈등, 노정 갈등, 노노 갈등을 확대시키는 경향을 보였다. 최근의 노사분규를 보면 병원, 금속, 공공 부문, 운수 등의 업종에서 산별교섭을 둘러싼 분규가 많았다.

지난 20년 동안 대다수의 선진국에서도 노조활동이 점점 더 분산화되어가는 경향을 보이고 있다. 단체교섭이 산업이나 지역 수준에서 기업, 작업장의 수준으로 하향하고 있으며, 이것이 노조활동의 비정치화, 단체협상의 해당 근로자 복지에 대한 협상의 집중화와 효율화를 가져오고 있다고 평가된다. 한국에서도 산별노조가 지나치게 확산되어가는 것은 경계해야 할 일이라고 생각한다. 산별노조의 확대를 막기 어렵다면, 비교적 근로조건이 유사한 소산별 또는 업종별 교섭체계를 권장할 수 있도록 제도적 장치를 마련해가는 것이 바람직하다. 작업장 혁신이 향후 노사관계의 핵심이 되어야 할 것이며, 중앙단위 노사관계에서 사업장 단위의 노사관계로 중심이 이동되어야 할 것이다.

에필로그

 이 책의 초고를 끝낸 지 거의 1년이 지나 에필로그를 쓴다. 책이 출간될 즈음 에필로그를 쓰겠다고 생각하고 있었는데, 책의 출간이 이런저런 이유로 늦어졌기 때문이다.

 프롤로그에서 언급한 바와 같이 이 책에서 논의하고 있는 주제들은 향후 우리 국가, 사회의 발전에 중대한 함의를 가진 주제들이다. 그만큼 이에 대한 우리 국민들의 관점도 다양하고 이를 논의하는 과정에서 이견의 노출과 갈등을 많이 겪어온 주제들이다. 필자는 이러한 주제를 다루면서 많은 두려움과 함께 지식과 지혜의 한계를 절감하기도 했다. 이 책에서 다루고 있는 주제들에 대한 필자의 논의와 분석, 주장도 아직은 미완성이라고 할 수밖에 없다. 앞으로도 이 주제들에 대한 탐구와 모색은 계속해나갈 것이다. 그리고 그러한 탐구와 모색을 우리 사회의 많은 분들과 함께했으면 하는 것이 필자의 바람이다.

 필자가 연구보고서나 학술논문이 아닌 '저서'를 출간하는 것은 1993

년 한국에 귀국한 이후 이 책이 처음이다. 그러나 이것이 마지막 저서라고는 생각하지 않는다. 앞으로 더 넓게 공부하고 더 깊이 사색하여, 우리 사회가 가지고 있는 여러 문제들에 대해 필자 나름대로의 분석을 제시하고 이를 풀어나가기 위한 제도적 개선책을 제시해보고자 하는 바람이 있다. 그것이 필자가 살아오면서 우리 사회로부터 받은 말할 수 없이 큰 은혜에 조금이나마 보답하는 길이라고 생각한다.

작년 여름 이 책의 초고를 끝낸 후 곧이어 리먼 브라더스의 파산과 더불어 세계적·세기적 금융위기가 시작되었다. 이번 금융위기가 지난 1980년대 이후 지구촌에서 빠르게 진행되어온 세계화의 물결을 되돌려놓지는 않을 것으로 생각한다. 시장자본주의 체제를 부정하게 되지도 않을 것이라고 생각한다. 그러나 1980년대 이후에 진행되어온 금융규제완화, '시장지상주의', '신자유주의'에 대한 재조명이 불가피해질 것이며, 이와 더불어 정부와 시장의 역할에 대한 새로운 발상, 새로운 금융시장 규제제도, 나아가 새로운 경제 시스템에 대한 모색이 시작될 것이라 생각한다. 또한 제2차 세계대전 이후 지금까지 국제금융질서의 근간이 되어온 '브레턴우즈(Bretton Woods) 체제'의 개편과 새로운 국제금융질서의 정립에 대한 요구도 높아질 것이다. 이 책에서는 이러한 변화와 흐름에 대해서는 별로 다루지 못했다. 아쉬운 부분이다. 아마 다시 책을 쓰게 된다면 이러한 변화와 흐름에 대해, 또는 이를 주제로 삼아 다룰 수 있을 것이다.

지금 세계는 역사의 전환기에 서 있다. 역사의 전환기는 늘 승자와 패자를 가른다. 이 책에서 논의한 바와 같이 선진국들이 당면한 과제와 개혁의 방향이 한국이 현재 처한 상황과 개혁의 방향과 같을 수는 없다. 그것은 우리 사회와 경제가 서 있는 역사적 지점과 당면한 현실적 도전이 그들과는 다르기 때문이다. 최근 국내외에서 자본시장에 대한 규제를 높이고 개방도를 낮추어야 한다는 주장이 힘을 얻고 있으나, 필자는 이 책에서 주장하는 바와 같이 우리 경제는 오히려 전 분야에서 개방과 국제화를 확대해가야 한다고 생각한다. 이에는 물론 위험이 따른다. 하지만 큰물에서 놀아야 도약할 기회도 얻을 수 있는 것이다. 위험을 피하려고만 해서는 경쟁력이 높아질 수도, 기회를 얻을 수도 없다. 그러나 이와 동시에 시장의 안정성과 유연성을 강화할 전반적인 제도와 시스템의 개편이 필요하다. 노동시장의 유연성 제고, 사회안전망 강화, 거시경제정책 당국과 금융감독 당국의 더욱 긴밀한 협조와 이들의 정치적 중립을 담보할 제도적 보완 등이 이루어져야 한다.

그리고 무엇보다 정책 대응이 신속히 이루어질 수 있는 국가지배구조, 의사 결정구조가 갖추어져야 한다. 이 전환기에 한국이 승자와 패자, 어느 편에 서게 될지는 지금 한국이 어떤 제도와 시스템을 구축해 가느냐에 달려 있다. 이 책은 한국이 갖추어야 할 국가지배구조에 대해 논함으로써, 그리고 경제정책에서의 보수와 진보의 문제에 대해 논함으로써, 지금과 같은 전환기에 우리 사회가 모색하고 추구해나가야 하는 제도의 개편에 대해 독자들에게 많은 생각거리(food for thought)를 제공해주리라 기대한다. 만약 그렇게 된다면 많은 두려움을 안고 이 책을 내는 필자의 노력이 헛되지 않았다고 위안 받을 수 있을 것이다.

참고문헌

강영훈. 2008. 『나라를 사랑한 벽창우: 강영훈 회고록』. 동아일보 출판사.
공정거래위원회. 2008. 「2008년도 상호출자제한기업집단 등 지정」. 보도자료(2008.4)
금재호. 2006. 「노동시장 양극화의 현황과 전망: 무엇이 잘못되었나」. 금재호·조준모 지음. 『한국경제 무엇이 문제인가: 글로벌화 시대의 고용문제와 노사관계』. 국가경영전략연구원.
김대일. 2008. 「외환위기 이후 노동시장의 변화와 분석」. 박영철 외 지음. 『한국의 외환위기 10년: 전개과정과 추후 과제(하권)』. 한국경제연구원.
김종일. 2006. 「1990년 이후 한국경제 구조변화의 특징」. 신인석·한진희 엮음. 『경제위기 이후 한국경제 구조변화의 분석과 정책 방향』. 한국개발연구원 연구보고서 2006-07. KDI.
김주훈 엮음. 2005. 『혁신주도형 경제로의 전환에 있어서 중소기업의 역할』. 한국개발연구원 연구보고서 2005-05.
김진방. 2005. 『재벌의 소유구조』. 나남출판.
김충남. 2006. 『대통령과 국가경영: 이승만에서 김대중까지』. 서울대학교출판부.
노동부. 「노사분규 DB」.
대통령비서실 혁신관리수석실. 2007. 「주요 정책 소요시간 분석 및 시사점」.
대통령자문 정책기획위원회. 2008. 「노사관계 개혁: 대립과 갈등을 넘어 법과 원칙, 대화와 타협으로」. 『참여정부 정책보고서』.
모루아, 앙드레(André Maurois). 1991. 『영국사』. 신용석 옮김. 기린원.
박명림. 2008. 「한국의 정당발전과 민주주의: 이런 무정당, 반정당 통치를 계속할 것인가?」. 대화문화아카데미 주최 제1회 여해포럼 '사이·너머': '헌정 60년,

새로운 정부형태 필요한가?' 발표문.
산업정책연구원. 2005. 「IPS 국가경쟁력 보고서 2005」. 산업정책연구원.
송원근·이상호. 2005. 『재벌의 사업구조와 경제력 집중』. 나남출판.
양동휴. 2008. 「미국의 반 대기업 정서와 독점규제」. 서울대학교경제연구소. ≪경제논집≫, 2008년 9월호.
윤영관. 1999. 『21세기 한국정치경제 모델』. 신호서적.
장하준. 2004. 『사다리 걷어차기』. 부키.
조동성. 1990. 「한국재벌연구」. 매일경제신문사.
조성재. 2007. 「조직과 분규 통계로 본 노사관계 20년」. 한국노동연구원. ≪노동리뷰≫, 2007년 6월호(통권 제30호).
조윤제. 2008.7.15. "이명박 정부 성공의 길". ≪이코노미스트≫.
조준모. 2006. 「글로벌시대의 노사관계, 무엇이 문제인가」. 금재호·조준모 지음. 『한국경제 무엇이 문제인가: 글로벌화 시대의 고용문제와 노사관계』. 국가경영전략연구원.
좌승희. 2006. 『신국부론』. 굿인포메이션.
중소기업협동조합중앙회 조사통계팀. 2005. 「중소기업실태조사보고」. 중소기업청.
≪국민일보≫. 2008.11.16. "역대 장관 10명 중 7명, 국면전환용 교체".
≪헤럴드경제≫. 2004.9.15. "한국의 100대 주식부호: 지분흐름 보면 '경영 후계구도' 보인다".

Cho, Yoon Je. 2002. "Financial Repression, Liberalization, Crisis and Restructuring: Lessons of Korea's Financial Sector Policies." Asia Development Bank Institute.
Eucken, Walter. 1951. *This Unsuccessful Age or The pains of Economic Progress*. Hodge.
Franks, Julian et al. 2004. "Spending Less Time with the Family: The Decline of Family Ownership in the UK." in *History of Corporate Ownership: The rise and Fall of Great Business Families*. NBER(National Bureau of Economic Research).
ILO Laborstatistics Internet.
IMF. 2004. State Report on Korea.
Johnson, Simon. 2009. "What Next for the Global Crisis?" June 2009. Retrieved from http//BaselineScenario.com

Millon, David. 1991. "The Sherman Act and the Balance of Power." in E. Thomas Sullivan. *The Political Economy of Sherman Act: The First One Hundred Years*. New York & Oxford: Oxford University Press.

OECD. 2008a. Social Expenditure Database.

_____. 2008b. *Revenue Statistics of OECD Member Countries 1965-2007*. Paris: OECD.

_____. 각 연도. OECD Revenue Statistics.

Ruggiero, Guido De. 1957. *The History of European Liberalism*. Boston: Beacon Press.

Sampson, Anthony. 2004. *Who Runs This Place?: The Anatomy of Britain in the 21st Century*. John Murray.

Summers, Lawrence. 2007.6.24. "Harness Market Forces to Share Prosperity." *Financial Times*.

Tocqueville, Alexis de. 1835. *Democracy in America*, vol. 1. Penguin Classics.

Wanlin, Aurore. 2006. "The Lisbon Scorecard VI: Will Europe's Economy Rise Again?." March 2006. UK: Centre for European Reform.

"Buffett Climbs Atop Forbes' 'World's Richest' List." 2008.3.6. *The Atlanta Journal-Constitution*.

"The World's Billionaires." 2008.3.5. *Forbes*.

지은이 조윤제

서울대학교 무역학과를 졸업하고 미국 스탠퍼드대학교에서 경제학 박사학위를 받았다. 이후 국제통화기금(IMF)과 세계은행(World Bank) 선임 이코노미스트, 미국 조지타운대학교 겸임 교수, 한국조세연구원 부원장, 부총리 겸 재정경제원 장관 자문관, 대통령 경제보좌관, 주영국 대사 등을 거쳐, 현재 서강대학교 국제대학원장으로 재직 중이다.

주요 논저로는 「한국경제 어떻게 보고 어떻게 대응할 것인가」, *Credit Policies and Industrialization of Korea*(공저), *Lessons from Financial Liberalization in Asia: A Comparative Study*(공저) 등이 있으며, 그 밖에 국내외 학술지에 금융정책, 금융자유화, 금융위기에 관해 다수의 논문을 발표했다. 1995년 매경 이코노미스트상을 수상했다.

한울아카데미 1145
한국의 권력구조와 경제정책
새로운 정치, 경제의 틀을 찾아서

ⓒ 조윤제, 2009

지은이 • 조윤제
펴낸이 • 김종수
펴낸곳 • 도서출판 한울

편집책임 • 이교혜
편집 • 최규선
표지디자인 • 김현철

초판 1쇄 발행 2009년 7월 24일
초판 2쇄 발행 2009년 9월 30일

주소 • 413-832 파주시 교하읍 문발리 507-2(본사)
　　　121-801 서울시 마포구 공덕동 105-90 서울빌딩 3층(서울 사무소)
전화 • 영업 02-326-0095, 편집 02-336-6183
팩스 • 02-333-7543
홈페이지 • www.hanulbooks.co.kr
등록 • 1980년 3월 13일, 제406-2003-051호

Printed in Korea.
ISBN 978-89-460-5145-4 03320 (양장)
ISBN 978-89-460-4088-5 03320 (학생용)

* 책값은 겉표지에 있습니다.
* 이 책은 강의를 위한 학생판 교재를 따로 준비했습니다.
　강의 교재로 사용하실 때는 본사로 연락해주십시오.